동남아
문화 돋보기

동남아 문화 돋보기

예술, 종교, 문화 유산으로
즐기고 느끼고 생각하는
동남아 문화 이야기

박장식 엮음

눌민

서문

2019년은 한국과 아세안Association of South-East Asian Nations이 관계 수립 30주년을 맞이하는 해이며, 오는 11월에는 이것을 기념해 '한·아세안 특별정상회의'가 부산에서 열릴 예정이다. 이 외에도 동남아와 관련된 많은 교류가 오가고 있어, 이처럼 뜻 깊은 해에 『동남아 문화 돋보기』를 출판하게 되어 매우 기쁘고 감회가 새롭다.

부산외국어대학교의 동남아지역원은 2009년부터 한국연구재단의 인문한국HK연구소로 선정되어 지난 10년 동안 충실히 연구를 수행해왔으며, 일반인들에 동남아를 쉽게 알리기 위해 강좌를 마련하고 서적을 발간하는 등 노력을 해왔다. 특히 2017년에 아세안문화원이 부산에 개원하면서 '동남아'와 '부산'과의 연계성이 강화되고 있는 가운데, 우리 동남아지역원도 지역 사회에 동남아에 관한 지식을 나누기 위해 적극 동참하고 있다. 그동안 출판과 강연, 북콘서트 등을 개최하여 독자와 가까이 소통하는 의미 있는 자리를 마련하기도 했다. 이 책 또한 동남아에 관한 지식을 사회에 확산한다는 취지로 기획되었으며, 전국 독자들의 호응을 많이 받았던 『동남아 문화 이야기』에 이어 두번째로 출판하게 되었다.

이 책은 총 2부로 구성된다. 1부에서는 동남아시아의 유·무형 문화유산을 중점적으로 살펴본다. 11개국으로 구성된 동남아시아는 일반적으로 불교문화권인 대륙부와 이슬람 문화권인 도서부로 분류된다. 그런데 동남아를 방문해본 적이 있는 일반 독자들은 다음과 같은 의문을 가지기도 한다. 태국은 대표적인 상좌부 불교 국가이고 인도네시아는 세계 최대의 이슬람 국가인데, 왜 이들 두 국가는 국장國章속에 힌두교 색채가 강한 '가루다'를 사용했을까? 외부에서 전래된 종교와 토착신앙이 구분되지 않고 혼재하는 것은 무슨 연유일까? 1부에는 이와 같은 의문에 대한 힌트가 담겨 있다. 즉 동남아시아 개별국의 유·무형 문화유산을 통해 동남아 사회의 저변을 이루고 있는 인도 문화 유입의 흔적들과 외부 문화가 유입되기 이전부터 존재했던 기층문화 요소들을 알기 쉽게 풀어내고자 했다. "아는 만큼 보인다"고 했으니 이 정도의 가이드라면 동남아의 문화를 충분히 즐길 수 있을 거라 생각한다.

그리고 2부에서는 다양성이 공존하는 동남아시아의 사회와 문화에 대해 살핀다. 특히 동남아 전문가들이 현지에 대한 경험과 해석을 바탕으로 동남아 사회의 다양한 문화와 역사 이야기를 생생하게 전달하며 독자들이 접근하기 쉽게 풀어냈다. 특정한 주제에 깊이 집중하기보다는 동남아시아의 사회적 현상들을 통해 그들의 생활이나 사고의 양상들을 읽어내는 데 도움이 되었으면 하는 바람에서 쓴 글들이다. 동남아시아를 방문하면 흔히 볼 수 있는 것들이지만 그 의미를 모르면 잘 알 수 없는 사회문화적 현상들을 전문가들이 일반 대중이 쉽게 이해할 수 있도록 설명했으니 흥미롭게 읽을 수 있을 것이다. 그런 의미에서 이 책의 제목에 '즐기고 느끼고 생각하는'이라는 수식어를 사용한 것이다.

이 책이 간행되기까지 많은 분들의 도움이 있었다. 이번 출판에는 우리 동남아지역원의 전·현직 연구진이 함께 동참해주었다. 그 외에 연구보조원으로 활동했던 석·박사과정의 학생들도 같이 글을 써주었는데, 동남아 구석구석을 누빈 그들의 현지에 대한 시선이 전문 연구자 못지않게 참신하여 이 책을 더욱 흥미롭게 만들어주었다. 13명의 저자 모두에게 진심으로 감사드린다. 아울러 이 책의 출판을 흔쾌히 수락해주시고 만들어주신 눌민의 정성원 대표에게도 이 자리를 빌려 깊은 감사의 말씀을 전한다.

2019년 5월
박장식
부산외국어대학교 동남아지역원장

차례

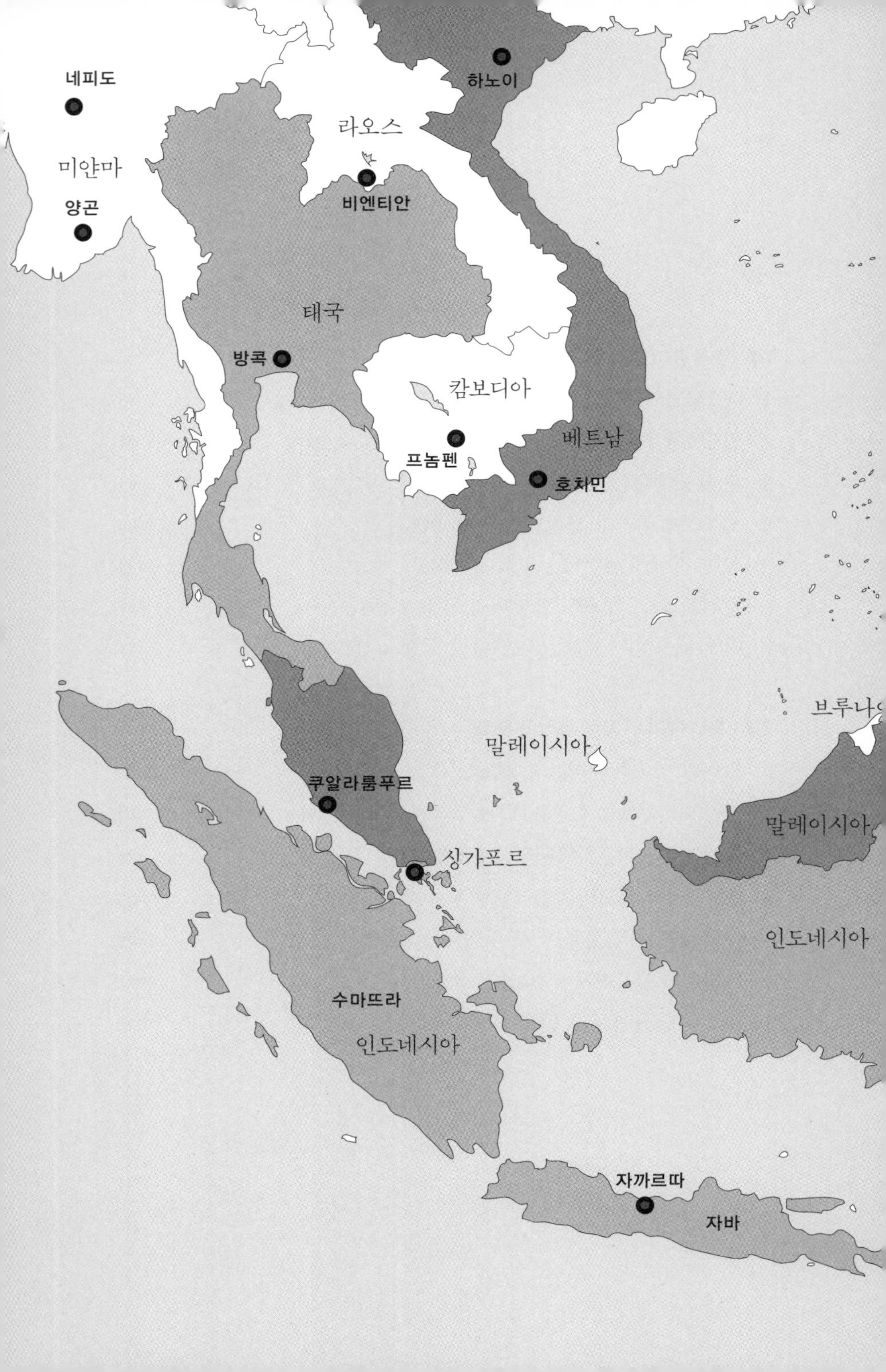

네피도
미얀마
양곤
라오스
비엔티안
하노이
태국
방콕
캄보디아
프놈펜
베트남
호치민
브루나이
말레이시아
쿠알라룸푸르
싱가포르
말레이시아
인도네시아
수마뜨라
인도네시아
자까르따
자바

동남아시아 전도

마닐라
필리핀
민다나오
술루 제도
술라웨시
동티모르

1부

문화유산으로
즐기는
동남아 문화

대승불교적 이념의 흔적, 캄보디아 반띠츠마 사원

박장식

캄보디아 앙코르 유적지에서 떨어져 있는 사원 중에서 가볼 만한 곳으로 반띠미은쩌이Banteay Meanchey 주에 위치한 '반띠츠마' 사원이 있다. 태국 국경도시 아란야쁘라텟Aranyaprathet에서 캄보디아 뽀이뻿Poipet을 통해 육로로 넘어온다면, 쉽게 갈 수 있는 위치에 있다. 뽀이뻿에서 씨엠립Siem Reap으로 연결되는 국도 5번을 타고 씨소폰Sisophon에 이르러 좌회전(북쪽 방향)하여 주도 56번을 타고 63킬로미터를 가면 반띠츠마 사원에 이른다. 주도 56번은 포장공사가 완료되어 이

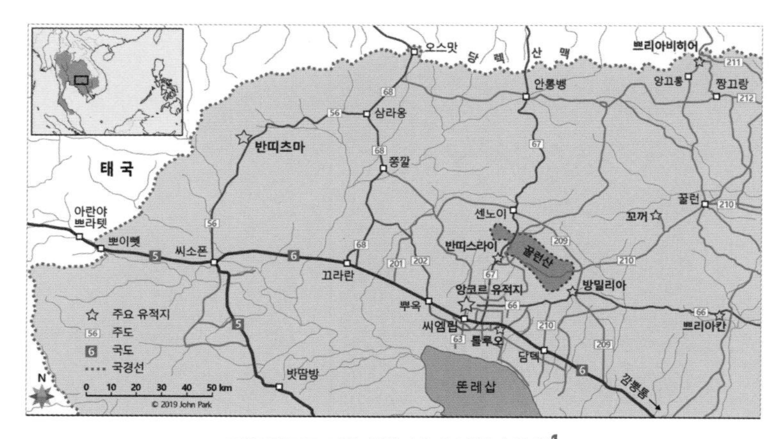

그림 1 앙코르 지역과 반띠츠마 사원의 위치 [1]

제 씨엠립에서 일단 여장을 풀고 그곳에서 국도 6번을 이용하여 사원을 찾는 것이 더 낫다. 돌아올 때에는 주도 56번의 위쪽을 타고 삼라옹Samraong에서 68번 주도를 타고 남쪽으로 내려와 국도 6번상의 끄라란Kralanh에서 동쪽을 이용하면 된다. 씨엠립에서는 이제 국도 6번과 함께 포장 완료된 주도 56번 도로를 이용하면 2시간 남짓이면 갈 수 있으니, 아침 일찍 출발하면 충분히 하루 여정으로 다녀올 수 있게 되었다.

씨엠립 북쪽에 위치한 앙코르 유적지는 크메르 제국이 남긴 엄청난 건축물로 유명한 곳이고, 그것만 대충 돌아본다고 해도 상당한 시일이 소요된다. 그럼에도 불구하고 앙코르 유적의 마니아에게 이곳 방문을 강력하게 추천하는 이유에는 두 가지가 있다. 우선, 앙코르톰Angkor Thom의 중심에 위치한 바욘Bayon 사원과 거의 같은 시기에 건축되었다는 점에서 두 사원을 상호 비교하는 재미가 있을 것이고, 다음으로는 훼손 상태가 심하긴 하지만 앙코르 유적지에서 찾아볼 수 없는 특이하고 잘 알려지지 않은 부조들이 즐비하다는 점이다. 그 특이함이란 당시까지만 해도 앙코르를 지배한 이념적 종교였던 힌두교에서 혁명적으로 대승불교로 바꾸었던 자야와르만 7세 시대에 등장한 대승불교의 흔적들이 앙코르 지역에서는 거의 훼손된 상태이지만, 이곳 반띠츠마 사원에서는 무수히 살아남아 있고, 특히 이곳에서만 존재하는 형태의 관세음보살의 부조는

---

1 이 글에 사용된 지도 및 사진의 출처는 별도의 표기가 없으면 모두 저자가 제작·촬영한 것이다.

감탄을 자아낸다. 두번째 이유 하나만으로도 이곳을 찾는 즐거움은 앙코르 방문의 빡빡한 여정 가운데 거의 하루를 소비해야 하는 아쉬움을 달래기에 충분하다. 또한, 시간적 여유가 없는 방문자들에게는 해당되지 않겠지만, 반띠츠마 사원의 특징이라 할 수 있는 것은 아래 지도에서 보듯이 사원의 외부에 동서남북으로 각각 2개씩 총 8개의 부속 사원이 있다. 대체로 이 부속사원의 기능은 당시 병원으로 알려져 있는데, 이곳에는 얼굴상 등이 있어 찾아갈 만한 가치가 있다. 부속 사원 외에도 사원 동쪽에 자리한 거대한 바라이Baray, 인공저수지 쪽으로 가보는 것도 의미 있다. 그곳 중앙에 붕괴되었지만 메본Mebon 사원(저수지 중앙 자리에 인공섬을 만들어 저수지의 안녕을 기원하기 위하여 세운 사원)의 흔적이 남아 있다. 부속 사원과 저수지 방문을 계획한다면 하루의 여정으로는 불가능하니 숙박을 위해 현지의 홈스테이를 이용할 수 있다. 국제 NGO의 후원과 지역 공동체 기반 여행 프로그램CBT으로 사원 주변에는 몇 개의 홈스테이를 제공하는 곳이 생겨났다.

사원의 기원과 가람배치

반띠츠마 사원에 도착하여 동쪽 또는 남쪽 해자를 통해 들어가면 사실 실망할 수도 있다. 앙코르왓이나 바욘 사원처럼 변변한 고뿌라Gopura, 출입문 하나 남아 있지 않고, 눈앞에 펼쳐지는 전경이 너무나

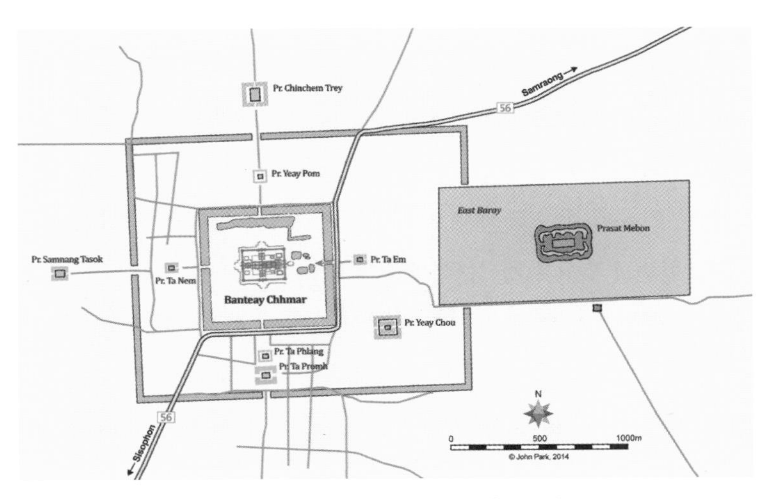

그림 2 반띠츠마 사원, 저수지 및 부속 사원의 조감도

썰렁하다는 느낌을 받는다. 이래서야 귀중한 일정을 쪼개어 새벽부터 일어나 2시간 넘게 달려온 것에 후회할지도 모른다. 그러나 인내력을 가지고 필자가 언급했던 방문 이유 두 가지를 상기하며 사원 경내로 들어가보자.

반띠츠마 사원은 자야바르만 7세의 재위기간(1181~1200) 중 건축이 시작되어 12세기 말 혹은 13세기 초에 완공된 것으로 알려져 있으며, 완공 이후에도 계속해서 부속 신전들이 건축된 것으로 보인다. 종교적으로 말하자면 대승불교 사원이며, 얼굴 형상의 탑 및 전투와 일상생활의 장면을 그린 부조가 존재한다는 점에서 앙코르 톰의 중앙에 자리한 바욘 사원과 매우 유사하다. 일반적으로 바욘 사원은 기존의 힌두교 사원을 개조하여 재건축했다는 학설이 우세한데, 힌두교적 요소가 상당 부분 공존하고 있다는 점에서 순수한 대승불교적 사원으로 간주하기 어려운 것이 사실이다. 하지만, 이곳 반띠츠마 사원은 몇 군데를 제외하면 대승불교적 요소가 물씬 풍기고 있다. 그럼에도 불구하고, 12세기 이후의 앙코르 유적지의 사원 대부분이 그렇듯이 힌두교와 불교의 다양한 종교적 색채가 혼합되어 있다는 사실에서 이곳 반띠츠마 사원도 예외는 아니다.

크메르어인 '반띠츠마' 사원의 이름을 둘러싸고 여러 견해가 상존한다. '반띠Banteay'는 순수한 크메르어로 '성채'를 뜻하며 일반적으로 대규모의 외벽을 지닌 사원에 사용되는 용어이며, '츠마Chhmar' 라는 말은 현대 크메르어의 발음만으로 '고양이Chhma'로도 해석될 수 있다. 그곳 현지인들의 말을 빌리면 과거 이 사원에 거주했던 승

그림 3 반띠츠마 사원의 3D 복원도 © Olivier Cunin, 2012

려들이 많은 고양이를 길렀다는 사실에서 사원명이 유래되었다고 하지만 그 사실적 근거는 명확하지 않다(지금까지 네 번이나 그곳을 방문했지만, 고양이를 마주친 적이 없다). 오히려 20세기 초 이곳을 방문하여 조사했던 프랑스 학자 에모니에Aymonier는 '츠마'의 발음보다는 그 표기 문자(chhmar)에 입각하여 '작다' 혹은 '좁다'로 해석하고 있다. 그의 주장은 반띠츠마 사원의 본전 영역의 조밀한 구조를 고려할 때 설득력이 있어 보인다.

위의 사원 복원도(그림 3)에서 나타나듯이 기본 동서축과 남북축을 따라 회랑으로 연결되고 양축이 만나는 곳에 사원의 본전main shrine이 자리하는 모양이다. 얼핏 보아 자야와르만 7세의 시대에 건축된 사원들(바욘, 따쁘롬, 반띠 끄다이 등)과 그 내부구조에 있어서 유사한 점들이 많이 발견된다. 동서 250미터, 남북 190미터에 달하는 직사각형 회랑이 사원을 감싸고 있다. 바욘 사원과 앙코르왓의 회랑과 마찬가지로 벽면 밖에 기둥을 세워 아치형 지붕으로 구성되었을 것으로 여겨지는데, 회랑의 지붕은 아쉽게도 남쪽 회랑 일부를 제외하고는 모두 붕괴된 상태이다. 하지만, 거의 700미터에 달하는 부조가 새겨진 벽면은 일부 복원되어 반띠츠마 사원에서만 볼 수 있는 특이한 장면을 담고 있다. 앙코르 사원 건축전문가인 프랑스인 올리비에 퀴냉Olivier Cunin이 제작한 3D 사원 복원도(그림 3)를 보면 지금은 거의 폐허가 된 반띠츠마 사원의 화려했던 과거의 모습을 상상할 수 있다(본서에 사용된 복원도를 기꺼이 제공해준 퀴냉 박사에게 이 자리를 빌려 감사를 표한다).

바깥 회랑의 부조

이제 본격적으로 반띠츠마 사원을 살펴보기로 하자. 반드시 답사해야할 코스는 두 가지가 있다. 동쪽이나 남쪽의 출입구를 이용할 수 있지만, 동쪽이 사원의 정면에 해당하니 그곳에서 출발하는 것이 올바른 방향이다. 1차 코스는 동쪽으로 들어와 최근 복구된 나가 테라스(복원도의 0) 왼쪽을 지나 남쪽 방향을 시작으로 바깥 회랑을 시계 방향으로 일순하는 것이다. 가장 먼저 살펴봐야 하는 곳이 동남 방향의 회랑 벽면 부조(복원도의 1)이다. 부조의 내용은 앙코르톰의 중앙에 자리한 바욘 사원 남동쪽 회랑 부조와 마찬가지로 크메르족과 참족의 해상 전투 장면이다. 이미 바욘 사원을 둘러본 방문객이라면 매우 익숙한 부조가 될 것이다. 이 부조만으로도 반띠츠마 사원은 바욘 사원과 같은 시기에 건축되었다는 사실을 확신하게 된다. 바욘 사원의 회랑 벽면 부조가 3단으로 제작된 것에 비하면 여기서는 2단으로 새겨져 있다. 두 지역 간의 해상 전투 장면은 너무나 잘 알려져 있기 때문에 상세한 설명은 필요가 없을 것 같다. 단지 두 사원간의 차이는 회랑 벽면보다는 그 기둥에 새겨진 얕은 부조에 있다.

위 '사진 1'의 왼쪽 부조는 바욘 사원의 것으로 주로 무희 압사라의 모습이 주종을 이루는 반면, 반띠츠마의 것은 대승불교적 요소가 확연히 드러나는 붓다의 모습이다. 앙코르 지역에서 거의 파괴되거나 손상되었던 대승불교적 요소가 온전하게 나타나 있다는 사

사진 1 바욘 사원(왼쪽)과 반띠츠마 사원(오른쪽)의 회랑 기둥 부조

사진 2 왕과 왕자의 사냥

실이 이 사원의 방문을 즐겁게 한다. 동남쪽 부조의 가장 남단에는 자야와르만 7세와 그가 사랑했던 왕자의 사냥 모습(복원도의 1의 남단)이 담겨있다. 반띠츠마 사원의 부조에는 그 왕자의 모습이 자주 등장한다. 건축자인 왕이 아닌 왕자의 모습이 빈번하게 묘사되고 있다는 점도 다른 사원 부조에서 찾아보기 힘든 것이다.

앙코르 시대 역사가로 저명한 프랑스 학자 조르주 세데스George Cédès는 그 왕자를 자야와르만 7세의 아들로 나중에 그를 계승하여 즉위했던 인드라와르만 2세Indravarman II로 보았다. 하지만, 이 사원에서 발견된 고대 크메르어로 새겨진 비문(K. 227)에는 '인드라 왕자'의 이름 슈린드라꾸마라Srindrakumara가 등장하지만, 그는 사망했고 인드라 신으로 추대되었다고 적혀 있다. 비문에는 그를 도왔지만 유명을 달리했던 4명의 장군 이름도 등장한다. 부조 속의 왕자에 대한 언급이 베트남 미선Myson 지역의 참Cham족의 비문에 나온다는 프랑스 학자의 연구 결과도 있다. 여하튼 사원 부조 속의 왕자는 국왕을 도와 여러 전투에 참가하여 전공을 세웠고 결국 사망하여 반띠츠마 사원은 그의 공덕을 기리기 위하여 세워진 것으로 보인다. 악마와 혈투를 벌이는 왕자의 모습은 서쪽 회랑 북편 부조(복원도의 7)에서도 볼 수 있다. 인드라 신으로 받들어진 왕자는 악마로 표현된 엄청난 전투를 경험했다는 사실을 상징적으로 보여주는 장면이다.

바깥 회랑의 동쪽에서 남쪽으로 돌아 나가면 회랑의 모습은 약간 보이지만 벽면은 완전히 붕괴되어 부조를 볼 수가 없다. 하지만,

남쪽 회랑의 서편 벽면의 부조(복원도의 4)는 절반가량 남아 있다. 거기에는 전투나 일상 장면 외에도 특이하게 반란을 획책했던 주동자 두 명의 목이 왕에게 바쳐지는 모습이 벽면 아래쪽에 등장한다. 이 장면은 앙코르톰 중앙에 위치한 바욘 사원의 서쪽 1차 회랑 부조에도 거의 유사하게 나타나는 것으로 실제 역사적으로 발생했던 왕위 찬탈을 노렸던 내전의 결과를 묘사한 것이다.

자야와르만 7세 시대에 건축되었던 사원의 부조 속에는 왕위찬탈과 관련된 내전의 장면이 흔히 등장한다. '왕은 곧 신'이라는 앙코르 제국의 이념적 왕권사상인 '데와라자Devaraja'는 왕의 통치 권위를 확고히 하는 개념이지만, 그 반면 왕권의 기반을 허약하게 만든 요소이기도 하였다. 특정한 왕의 가문에서 왕위를 계승하는 것과 달리 왕위 찬탈에 성공하여 왕좌를 차지하면 신이기에 가능한 일이었다고 해석될 수 있기 때문이었다. 앙코르 시대를 통하여 왕위를 노리는 모반자의 시도는 매우 많았으며, 그런 역사적 배경으로 인하여 사원 부조의 주제로도 사용되었던 것이다. 반띠츠마 사원과 비교하고 있는 바욘 사원의 서쪽 회랑 북편 부조에는 왕위를 둘러싼 내전 장면으로만 구성되어 있다.

이제 회랑의 서쪽으로 돌아가면 반띠츠마 사원 최대의 하이라이트 장면을 담은 부조(복원도의 6)가 나온다. 대승불교의 상징이라고도 할 수 있는 관세음보살(관자재보살, 관음보살, 관음 등 여러 명칭이 있고, 산스크리트어로는 Avalokiteshvara, Lokeshvara로 표현한다), 그것도 캄보디아를 포함한 동남아 그 어디에도 유사한 것을 찾아볼 수

사진 3 왕위 찬탈자의 최후

사진4 서쪽 남편 회랑의 첫 관음보살상

없는 관음보살 부조가 펼쳐진다. 이곳은 몇 년 전만 하더라도 거의 대부분의 회랑 벽면이 붕괴되어 보살상 두 개(사진 4)만 남아 있었던 썰렁한 곳이었고, 매우 경이로운 자태의 관음은 왼쪽부터 각각 20개와 32개의 팔과 여러 개의 얼굴을 지닌 것으로 앙코르 전 지역을 통틀어 오직 이곳에서만 볼 수 있다. 몇 년 전만 해도 이곳은 붕괴된 사암 잔해로 언덕을 이루고 있었지만, 지금은 복원 사업으로 깨끗이 치워져 관음의 자태를 부조의 바로 앞에서 자세히 살필 수 있게 되었다.

미국에 본부를 둔 국제유적복구 NGO인 글로벌유적기금Global Heritage Fund의 후원으로 기존 두 개 외에 붕괴되어 방치되어 있던 두 개의 관음보살 부조(사진 4)를 복원하였다. 왼쪽의 관음은 일반적으로 앙코르 사원에서 볼 수 있는 팔 네 개를 가지고 있다. 앙코르에서는 관음의 지물은 왼쪽 아랫손에 물병, 그 윗손에 불경, 오른쪽 아랫손에 연꽃, 그 윗손에 염주가 일반적이다. 정치이념으로 힌두교로 복귀한 자야와르만 8세Jayavarman Ⅷ, 재위기간 1243~1295의 시대에 대승불교가 남긴 종교적 상징물이 모두 지워지기 시작하면서 앙코르 지역에서 관음보살의 부조를 발견하기란 매우 어려운 일이다. 그러나, 반띠츠마 사원에서는 붕괴로 인하여 손상을 많이 입긴 했어도 이렇게 특이한 관음보살의 부조를 감상할 수 있는 것은 사원 방문의 피로감을 씻어내기에 충분하다. '사진 4'에서 오른쪽 관음의 팔은 이제 16개이다.

원래 8개의 보살상이 새겨져 있었다고 하지만, 현재는 4개의 보

사진 5 새로 복원한 관음보살 회랑 벽면 부조

사진 6 프놈펜 소재 국립박물관에 전시되어 있는 관음보살 벽면 부조

살상이 있다. 중간에 비어 있는 벽면은 4개의 보살 부조가 들어갈 자리이지만, 그곳에는 더 이상 존재하지 않고 모두 도난을 당하였다. 회랑의 벽면을 구성하는 엄청난 양의 사암 덩어리를 들어내어 가져갔다는 사실이 믿기지 않는다. 다행히 관음보살이 두 개가 담긴 벽면 부조는 1999년 태국 내로 밀반출을 시도하던 중 태국 국경 경찰에 의해 발각되어 캄보디아로 반환되어 지금은 프놈펜 국립박물관에 전시되어 있다. 이곳에서 직접 확인을 못하지만, 프놈펜을 방문할 기회가 있다면 박물관에 들러 반드시 봐야할 부조(사진 5)이다. 왼쪽의 관음은 팔이 10개, 오른쪽은 6개로 묘사되고 있다.

이제 그 흔적이 사라진 두 개의 관음보살을 찾으면 서쪽 남편 회랑 벽면에 새겨진 8개의 관음보살 부조는 완성이 된다. 나머지 부조는 아쉽게도 그 행방이 묘연하다. 근대에 들어서면서 캄보디아는 정치 주도권을 둘러싸고 오랜 기간 내전에 시달려 왔고, 그런 이유로 찬란했던 앙코르 시대의 유적은 엄청난 피해를 입었다. 사원 붕괴의 주요한 원인은 관리의 부실로 나무 같은 식물의 성장에 의한 것이었지만, 국가 관리의 부재에 따른 총체적인 유적 도난에 의해서도 그 피해가 막심하였다. 반띠츠마 사원은 앙코르 중심지역에서 멀리 떨어져 있고 민가도 적다는 점에서 도난범들의 집중적인 약탈 대상이 되었다. 그리하여 자야와르만 7세와 그를 계승한 인드라와르만 2세의 시대에서 찬란하게 꽃 피웠던 대승불교의 독특한 아이콘들이 상당수 손실되었던 것이다. 하지만, 20세기 초 열정으로 가득했던 프랑스 학자들이 앙코르 시대의 사원들을 조사하면서 남겨

사진 7 도난당한 두 개의 관음보살 부조 ©CISARK

놓았던 사진을 통해서 남은 두 개의 관음보살(사진 6)을 만날 수 있게 되었다. 사진 속의 관음은 양쪽 모두 8개의 팔을 지니고 있는 모습이다. 오른쪽 관음보살의 왼팔 밑에는 여성으로 표현된 쁘라즈냐바라미다Prajnaparamita, 반야바라밀다 보살의 모습이 나타나는데, 그 당시에는 자야와르만 7세의 모친을 이 보살로 여기고 있다. 관음보살은 그의 부친을 상징하는 것이며, 자야와르만 7세 자신은 붓다로 여겼다. 이러한 삼존 불상의 형태는 청동으로 상당수 제작되었고, 캄보디아 박물관 어디를 가더라도 쉽게 볼 수 있으니 꼭 찾아 확인해보기 바란다.

이상과 같이 관음보살 부조를 정리해보면 아래와 같이 나타난다. 중국이나 한국에서 볼 수 있는 무수한 팔과 눈을 지닌 천수천안관음보살처럼 반띠츠마 사원의 관음보살도 일반적인 형태보다는 다소 변형적인 밀교적 성격으로 표현되고 있다. 팔의 개수가 힌두·불교적 만다라의 개념인 1, 4, 8, 16, 32개가 아닌 6, 10, 20개가 있다는 사실에서도 파격이 드러난다.

그 엄청난 벽면 사암을 통째로 들어내어 훔쳐간 도난꾼들의 비상한 재주(?)에 그저 놀라면서도, 여덟 장면의 부조 모두 귀중하지만, 8개의 팔을 지닌 관음보살과 반야바라밀다 보살의 모습을 보지 못하는 아쉬움이 교차한다.

바깥 회랑 벽면의 부조에는 이 외에도 볼거리를 제공하는 장면이 많다. 서쪽 회랑 북편 벽면에는 매우 독특한 '왕자와 악마의 혈투'를 그린 부조(복원도의 7)와 앙코르 사원 거의 모든 곳에서 볼 수 있는 비시누의 영생의 묘약 만들기(유해교반, Churning of the Ocean of Milk) 장면(복원도의 8)이 있다. 하지만, 영생의 모약 만들기 장면은 정말 자세히 들여다보지 않으면 알 수 없을 정도로 거의 훼손되었다. 이 유명한 신화의 주제를 어떤 내용으로 표현했을까 하는 궁금증이 앞선다. 현대적인 작품으로는 태국 방콕의 관문인 쑤완나품Suvannabhumi국제공항의 출국장 입구에서 볼 수 있지만, 솔직히 신화의 내용을 충실히 표현하고 있지 못하다.

선한 신인 데와Deva와 악한 신인 아수라Asura들은 서로 모여 영생의 묘약, 즉 아므리따amrita를 만들기로 약속한다. 그래서 비시누에게 바다의 축이 되어주길 간청하여 성사된다. 독사의 우두머리인 바수끼Vasuki를 그 축에 감고 양쪽에서 데와와 아수라가 서로 당겨 바닷물을 돌린다. 휘감아 돌던 바닷물이 드디어 우윳빛처럼 희게 되자 마침내 '아므리따'가 만들어진다는 이야기는 비시누 뿌라나purana, 신화의 가장 중요한 부분이며, 앙코르 지역에 건축된 사원 부조 중에서 최고봉이라 할 수 있다. 이 신화 얘기는 앙코르 사원뿐만 아니라 사원 출입구로 들어가는 해자 난간의 장식으로도 널리 사용되었다. 반띠츠마 사원의 남쪽 출입구에는 영생의 묘약 만들기 조각이 일부 남아 있다. 실제 이 신화에서는 축의 받침대가 되었던 비시누의 화신avatar, 아바따르인 거북이 등장하고, 아므리따 만들기 도중에 많은 동식물이 생겨나며, 심지어 달과 천상의 무희로 알려진 압사라 및 비시누의 아내인 락시미Lakshmi도 탄생한다. 이 부조의 가장 규모가 큰 것은 앙코르왓의 동쪽 남편 부조에 있지만, 부조를

사진 8 바욘 사원의 비시누, 데와 및 아수라의 영생의 묘약 만들기

제작한 장인의 가장 창의적인 아이디어가 숨어 있는 바욘 사원의 것(1차 회랑 서쪽 북편 부조, 사진 8)을 필자는 좋아한다. 거기에는 다른 곳에서는 전혀 찾아볼 수 없는 아므리따를 담은 것으로 여겨지는 항아리가 새겨져 있기 때문이다. 반띠츠마 사원의 건축 시기가 바욘 사원과 유사하다는 점에서 그 장인이 아므리따 만들기에 관여했을 가능성도 있으니 여기에 소개해보자 한다.

바욘 사원의 부조도 온전하지 못하다. 부조의 파편들이 붕괴되어 손상을 입었고, 군데군데 부조의 부분이 빠져 있고, 빗물에 침식되어 형체를 알아볼 수 없는 상태이지만, 자세히 들여다보면 신화의 내용을 매우 충실하게 표현하고 있음을 알 수 있다. 노란색 원 안에는 아므리따를 담은 항아리와 축의 받침대로 사용된 거북의 모습이 명확하게 드러난다. 항아리 왼쪽에 네 개의 팔을 갖고 각 손에 지물을 쥐고 있는 비시누가 확연히 보인다. 필자의 '동남아 예술세계' 강의 기말고사에 항아리의 용도에 관하여 문제를 내본 적이 있을 정도로 애착이 가는 부조이다. 아마도 같은 시대의 장인들이 새겼을 터이니 반띠츠마 사원의 부조도 이와 유사하지 않았을까 하는 생각이 든다. 북쪽 회랑의 벽면은 거의 파괴된 모습이지만, 군데군데 부조의 일부 모습이 남아 있다. 하지만 무너져 내린 사암 덩어리를 밟고 올라가서 들여다보는 것은 위험천만하다. 그리 큰 볼거리가 있는 것이 아니니 전문가가 아니라면 과감히 생략하고, 잎이 무성한 나무들이 제공하는 시원한 그늘 속에서 간간히 보이는 새파란 하늘을 보며 동쪽 입구로 산책하는 기분으로 돌아오는 것이 훨씬 낫다.

본전main shrine의 모습

이제 일순하여 다시 동쪽 사원 정문으로 돌아오면 붕괴된 고뿌라 틈새로 중앙의 신전 영역으로 들어갈 수 있다. 여기부터는 완전히 무너져 내린 사원의 잔해를 조심스럽게 밟으며 위험천만한 곡예를 펼치며 나아가야 한다. 자칫 사암 덩어리를 잘못 디뎌 크게 다칠 수도 있으니 조심해야 한다. 이렇게 위험한 유적지임에도 불구하고 폐허가 된 사원 중심으로 가봐야 하는 데는 충분한 이유가 있다.

동쪽 출입구를 지나면 이른바 '무희의 공간'(복원도의 12)을 곧장 만난다. 이곳에서도 다른 곳에서 마주할 수 없는 진기한 부조들이 즐비하다. 일반적으로 앙코르 지역의 사원이라면 당연히 천상의 무희 압사라Apsara가 압도적으로 시선을 끌게 할 것이지만, 이곳 반띠츠마 사원은 예외이다. 사랑의 연인으로 불리는 반인반조의 낀나리Kinnari, 낀나라Kinnara의 모습도 발견되고, 비시누의 승용동물인 가루다Garuda의 모습도 새겨져 있다.

첫번째로 맞이하는 박공벽에 새겨진 부조(사진 9)는 이 사원에서만 볼 수 있는 브라흐마Brahma와 발미끼Valmiki의 대화 장면이다. 발미끼는 비시누의 화신 왕자 라마Rama와 그의 아내 시따Sita의 사랑의 역경을 그린 그 유명한 『라마야나Ramayana』를 쓴 인도의 문학가

사진 9 브라흐마와 발미키의 대화[2]

인 것은 누구나 아는 사실이 아닌가? 발미끼의 라마야나는 힌두신 브라흐마의 축복을 받아 완성되었다는 신화 이야기가 부조의 내용으로 담겨 있다.

길을 가던 중 사냥꾼의 화살을 맞아 죽은 새를 보고 슬픔과 격노를 품었던 발미끼에게 브라흐마가 연민과 사랑의 감정을 일깨워 라마야나를 저술하게 만들었다는 일화와 사냥꾼이 새를 향해 화살을 쏘는 장면이 동시에 새겨져 있다. 아쉽게도 발미끼와 사냥꾼의 머리는 파손되었다. 브라흐마가 등장하는 또 다른 박공벽의 부조는 본전을 통과하여 다시 동문으로 돌아오는 길에서 만날 수 있다.

무희의 공간을 지나 나무발판이 깔린 곳을 지나면 이제 완전히 파괴된 신전의 잔해(복원도의 14 일대)와 마주한다. 넓은 공간을 가득 메우고 있는 것은 무너진 사암 덩어리들이다. 군데군데 사원 입구 쪽의 박공벽에는 몇몇 부조가 눈길을 끈다. 사실 놓치기 아까운 장면의 부조들이어서 반드시 보고 가야 한다. 그 중에서도 여기에서 소개하고자 하는 박공벽의 부조(사진 10)는 왼쪽에 아슬아슬하게 서 있는 남쪽 출입구(복원도의 13)에 놓여 있다. 그것은 다름 아닌 '헤바즈라Hevajra'로 대략 8~10세기 사이에 동부 인도에서 발생했던 밀교적인 불교의 중심적인 성자이며 신비한 주술적 힘을 지녔다고 믿는다. 이 밀교는 티베트, 중국, 캄보디아, 태국 및 몽골까지 전파되었다. 헤바즈라는 여러 개의 머리, 팔, 다리를 지닌 것이 도상학

---

2 20세기 중반까지는 왼쪽 위의 흰색 사각형 (©CISARK)처럼 발미끼의 모습이 남아 있었다.

사진 10 본전 앞쪽의 왼쪽 출입구 박공벽의 헤바즈라 부조

사진 11 우기의 비가 내리는 본전의 모습

적 특징이다. 캄보디아에는 청동으로 제작된 헤바즈라 상도 많아서 밀교를 신봉하는 왕들이 적지 않았다는 사실을 뒷받침한다.

그곳을 지나면 이제 사원의 가장 핵심적인 본전(복원도의 15)의 자리에 도달한다. 물론 발을 제대로 둘 곳이 없을 정도로 무너져 내린 사암 덩어리를 이리저리 밟으면서 미끄러져 다치지 않도록 조심해서 움직여야 한다. 우기에 방문할 경우 이곳은 정말로 위험하다. 매끈하게 손질한 사암은 정말 미끄럽다. 본전에 들어왔다는 느낌은 우선 바욘 사원에서 보았던 같은 모양의 얼굴상(사진 11)이 시야에 들어오기 때문이다.

본전 바깥쪽에 자리한 출입구의 박공벽에는 볼 만한 부조들이 몇 가지 있다. 그 중의 백미는 물론 얼굴 부분에 손상이 있긴 하지만, 역시 이 사원을 대표하는 관세음보살 부조이다. 아쉽게도 얼굴 부분이 손상된 채 우리를 맞이한다. 8개의 팔을 가진 형태이니 당연히 얼굴은 하나였을 것으로 추정한다. 그리 정교하게 조각되지 않은 얕은 부조의 형식이지만, 완전히 파괴되지 않은 것만으로도 감사해야 할지 모르겠다. '사진 12'는 깊은 부조로 새겨진 바욘 사원의 관음보살과 비교한 것이다. 자야와르만 7세 이후 힌두교의 부활로 바욘 사원을 비롯한 모든 앙코르 지역 사원에 있어서 대승불교적 색채가 들어간 조각은 모두 훼손당했다. 사원 안에 안치되었던 불상도 예외 없이 목이 잘려 파묻혀 버렸다. 힌두교도들의 파괴의 역사 속에서 살아남은 두 사원의 관음보살 부조는 앙코르 시대를 통틀어 가장 극적인 장면이라고도 할 수 있을 것이다.

사진 12 왼쪽: 바욘 사원의 유일한 관음보살(깊은 부조),
오른쪽: 반띠츠마 사원의 관음보살(얕은 부조)

바욘 사원에서 유일하게 관음보살의 형체를 어느 정도 유지하고 있는 깊은 부조(사진 12)의 존재를 간파하는 방문객은 별로 없다. 왜냐하면 사원의 맨 위층 동북 방향에 있긴 해도 박공벽의 위치가 아래쪽에 있기 때문이며, 그 주변에는 신비한 얼굴상이 즐비하게 자리하여 모든 방문객의 시선을 독차지하기 때문이다. 쓸쓸한 자태의 보살은 원래 지물을 든 팔 네 개가 있지만, 그중 두 개는 파손된 상태이다. 왼쪽 윗손의 불경과 오른쪽 아랫손의 연꽃을 들고 있는 모습은 보이지만, 오른쪽 윗손의 염주와 왼쪽 아랫손의 물병은 아쉽게도 파손의 피해를 보았다. 이마에 새겨져 있는 아미타불의 새김도 지워진 흔적이 뚜렷하다. 반띠츠마 사원 본전 쪽의 관음보살은 팔이 8개 이지만, 그보다 더 심하게 훼손되어 형체를 분간하기 어렵고 얕은 부조라는 점에서 지물의 형체를 살피기에는 무리다. 그럼에도 불구하고 이러한 관음보살 부조의 존재는 이 두 사원이 대승불교적 색채를 띠고 있다는 사실을 암시한다.

본전의 남쪽 광장

폐허의 본전을 헤치고 나오면 서쪽 회랑 벽이 보이고 그곳에서 유턴하여 남쪽 광장으로 나와 동쪽 출입구 쪽으로 걸어나오면 일단 사원 답사는 대략 끝이 난다. 본전의 사암 덩어리를 조심조심 밟다 보면 정말 많은 땀을 흘리게 된다. 완전히 땀으로 뒤범벅되어 지친 몸을 달래주는 코스가 남쪽 광장이다. 울창한 나무로 가득한 이곳을 지나면 사원 파괴의 주범이 큰 나무라는 사실을 깨닫게 된다. 실크커튼나무는 그 뿌리를 땅에 박고 몸통 가지를 가람에 사정없이 뻗는다. 엄청난 시간이 지나면서 그 가지는 굵어져 가람 석재를 해체시켜 무너져 내리게 만든다.

앙코르 지역의 따쁘롬Ta Prohm 사원은 프랑스 학자들이 사원 붕괴가 식물의 성장에 따른 자연 파괴에 의해 이루어졌음을 보여주기 위해 방치해둔 곳이기도 하다. 이제 인도 정부의 지원으로 그곳 동쪽 출입구 방면 부속 신전부터 복원 작업이 이루어지고 있지만, 본전에서 볼 수 있는 엄청난 위용을 뽐내는 실크커튼나무의 가람 장악 장면은 보는 이로 하여금 소름을 돋게 만든다. 이러한 장면은 사실 앙코르 사원 여행의 백미이기도 하다. 그런 유사한 장면을 여기 반띠츠마 사원에서도 예외 없이 살펴볼 수 있다.

거의 동쪽 출입구에 다다르면, 작은 인공 저수지 앞에 어딘가에서 무너져 내린 박공벽을 지면에 별도로 복원시켜 놓은 것(복원도의 16)을 만나게 된다. 그 정면에서 박공벽의 부조 내용을 살피면, 샤끼야Syakya 국의 왕자로 태어났던 고따마 싯다르타Gautama Siddhartha가 출가를 위해 자신의 머리를 쥐고 자르는 장면이다.

세속을 떠나는 장면에는 말을 타고 왕궁을 떠나는 모습도 있지만, 삭발의 장면은 더욱 극적이다. 샤끼야 가문의 성자(석가모니, Shakyamuni)로도 불리는 고따마 왕자가 부귀영화를 버리고 세상에 만연한 생로병사의 고통을 해결하기 위해 세속을 떠나 고행을

사진 13 고타마 왕자의 삭발 장면

통해 깨달음을 얻고자 하는 결심의 순간인 것이다. 그래서 불교 사원의 부조나 벽화 또는 조각의 주제로 많이 표현되는 장면이다. 흥미로운 것은 고따마 붓다의 오른쪽에 엿보이는 것(흰색 원)은 힌두교의 대표적인 삼신 중의 하나인 브라흐마이다. 동쪽 출입구의 박공벽에서 이미 만났던 이른바 창조의 신이지만, 앙코르 지역 사원에서는 좀처럼 보기 힘든 신이기도 하다. 반띠츠마 사원에서는 자주 등장하는 신의 모습이라 이것 또한 방문의 즐거움을 제공한다. 삭발의 장면 박공벽 뒤쪽 본전 쪽에도 역시 브라흐마가 새겨진 박공벽이 있고 그곳에서 돌아서 나가면 쉽게 눈에 띈다. 그곳 박공벽(사진 14)에서 중앙에 위치한 시바Shiva와 오른쪽 비시누의 모습은 훼손되었지만, 브라흐마는 깊은 부조로 뚜렷하게 새겨져 있는 3개의 머리 모양으로 존재를 과시하고 있다.

브라흐마는 힌두교의 주신이기도 하지만, 불교에서도 붓다를 협시하는 신으로도 사용된다. 이른바 범천이라 불리는 호법신이다. 원안의 모습이 너무 작아 흰색 사각형에 확대를 해보니, 머리가 4개인 범천의 모습이 정면에서 3개로 보이는 형상으로 표현되었다. 훼손의 상태가 심하나 분명히 범천의 모습은 확연하다. 붓다의 호법신으로 포용된 힌두교의 최고위 신으로 붓다의 오른쪽에 범천, 왼쪽에 제석천이라 불리는 인드라Indra가 있다. 고따마 왕자의 왼쪽은 완전히 파괴되어 그 모습을 찾아볼 수 없지만, 범천의 존재로 인하여 제석천이 새겨져 있었을 것으로 상상할 수 있다. 붓다를 협시하는 두 호법신의 존재는 역시 대승불교적 요소가 강한 미얀마 버강

사진 14 본전 출입구의 박공벽, 힌두교 삼신의 깊은 부조

사진 15 미얀마 버강 소재 로까테잇빵 사원의 벽화

Bagan 유적지의 로까테잇빵Lokahteikpan 사원의 벽화에서 나타난다. '사진 15'에서 왼쪽 노란 타원 속에 범천, 오른쪽 흰 타원 속에 제석천이 그려져 있다.

안타깝게도 대승불교의 사원 건축이 활발했던 자야와르만 7세 시대의 불교 사원에서는 이와 같은 장면을 찾기란 불가능하다. 그래서 반띠츠마의 고따마 붓다의 삭발 장면이 담긴 박공벽은 완벽하게 살아남지 못했지만, 미술사적인 측면에서 고려해보면 가치가 매우 높은 것임에 틀림없다.

에필로그-남쪽 출입구 해자의 난간

바깥 회랑을 일순하는 1차 코스와 본전을 관통하는 2차 코스를 돌고나면, 어지간히 체력을 갖춘 사람들도 완전히 지치게 된다. 잠시 남쪽 광장의 동쪽 출입구 근처에서 휴식을 취하고 어둠이 짙어지기 전에 사원 경내를 빠져나가야 할 시간이다. 처음 들어왔던 동쪽 출입구보다는 남쪽 출입구로 나갈 것을 권하고 싶은데, 이는 앙코르톰의 동서남북 방향의 출입구에서 보았던 똑같은 주제를 지닌 난간의 조각들이 그곳에 남아 있기 때문이다. 신과 인간의 세계를 분리하는 해자를 건너는 곳에 비시누가 주관하는 영생의 묘약 만들기 장면(사진 16)이 펼쳐진다.

앙코르톰의 해자 다리 난간에서 흔히 보았던 익숙한 장면이지

사진 16 반띠츠마 사원의 남쪽 출입구 해자를 건너는 다리의 난간

만, 실상은 데와와 아수라의 머리는 거의 하나도 남아 있지 않은 볼품없는 조각들로 썰렁하기만 하다. 아마도 이들 머리 조각은 불법 유적물 암시장을 통해 누군가의 정원에 장식되어 있을 것이다. 이곳은 식물 외에도 인간의 악행에 의해 엄청난 피해를 입었다는 사실을 입증하는 현장이기도 하다.

지금까지 반띠츠마 사원이 지니는 도저히 말로 표현하기 어려운 예술적 가치를 음미했다는 그 즐거움으로 인하여 밀려오는 피곤함을 겨우 물리치고 마지막 출구를 벗어나려는 순간에 마주치는 난간의 파괴 현장은 마음을 무겁게 만든다. 하지만, 씨엠립 북쪽 앙코르 지역에서 볼 수 없었던 특이한 회랑 벽면 부조와 박공벽의 부조를 맘껏 감상했다는 만족스러운 기분이 더 강하여 마지막 출구에서 느꼈던 침울한 생각을 금세 지울 수 있을 것이다. 대승불교의 독특한 종교적 이념을 이처럼 잘 표현하고 있는 사원은 세계적으로도 찾기 어렵다는 사실만으로도 이렇게 내버려두기는 무척 안타깝다는 생각이 방문할 때마다 든다. 그런 점에서 이곳 사원의 전면적인 복원과 보존관리는 서둘러야 한다.

인도네시아의 힌두불교 문화유산, 보로부두르

김예겸

인도네시아의 힌두불교 문화

인도네시아는 1세기 이전부터 다양한 경로를 통해 힌두 문화를 수용했는데, 5~6세기 대승불교Mahayana Buddhism 문화가 유입되면서 독특한 힌두불교Hindu-Buddhism 문화가 전개되었다. 인도네시아의 힌두불교 문화는 주로 수마트라Sumatra 및 자바Java를 중심으로 부흥했는데, 특히 보로부두르Borobudur 사원이 건립된 시기(760~830)를 즈음해 힌두불교 문화의 전성기를 맞이했다. 이 시기에 대승불교 문화의 우주론적 세계관, 의례, 예술 등 다양한 요소들이 본격적으로 유입되어 시험되고 실천되었다. 그러나 13세기 이후에는 시바Shiva 종파 등 힌두교 문화와의 경합 및 또 다른 외부 문명인 이슬람 문화의 팽창과 맞물려 힌두불교 문화의 영향력이 점차 쇠퇴했다. 수마트라 전역, 서중부 자바 및 말레이Malay 반도에 걸쳐 방대한 제국을 형성했던 스리위자야Srivijaya, 7세기~13세기와 보로부두르 사원을 건립하고 스리위자야와 경쟁관계에서 중동부 자바 및 남부 수마트라에 세력을 형성했던 사일렌드라Sailendra, 8세기 중엽~10세기 초가 인도네시아 힌두불교 문화를 대표하는 고대왕국이다.

인도네시아의 힌두불교 문화 전개에는 주목할 만한 특징이 몇 가지 있다. 우선, 힌두불교 문화 전개에서 왕권 사상 및 사회 편성 원리 등 제도적 측면보다는 종교문화 이념 및 우주론적 세계관 등 관념적 측면이 더 중요했다는 점이다. 둘째, 여타 힌두교 문화와 마찬가지로 힌두불교 문화도 기원전 1500~500년 사이 베다vedic 신앙의 문화적 집합체로서 존재했던 브라만교Brahmanism, 바라문교를 토대로 했기 때문에 두 문화요소들이 공유하는 관념적 상징성 및 문화적 전통이 엄연히 존재한다. 따라서 인도네시아의 문화유산에는 힌두불교 문화와 여타 힌두교 문화의 관념 체계 및 상징성이 상당 부분 중첩되어 나타난다. 셋째, 인도네시아 힌두불교 문화는 역사적으로 시바 종파 등 힌두교 문화와 경합관계에 있었으나, 문화적으로는 상호배타적이기보다는 오랜 시간 동안 서로 융합하여 혼종화된 자바 문화로 발전하여 공존해왔다. 이러한 현상을 인도 고대 불교 문화와 힌두교 문화의 '자바화Javanization'라고 부르는데, 이는 자바의 혼종화된 예술문화로 승화되어 보로부두르 및 쁘람바난Prambanan 등과 같은 자바 특유의 고대 문화유산을 탄생시켰다. 넷째, 외부에서 유입된 대승불교 문화가 인도네시아 토착 문화의 토대 위에서 맥락화contextualization되었다는 점, 즉 현지의 환경 및 상황과 어우러져 혼종화, 재구성, 변용의 과정을 거치면서 '중층적' 문화가 구성되는 데 함축적이고 상징적인 영향을 끼쳤다는 점도 주목할 만하다. 5~6세기를 거치면서 인도네시아는 본격적으로 종교문화 이념 및 우주론적 세계관 등 관념적인 대승불교 문화를 폭넓게 수용했는데, 대승불교 문화는 궁극적으로 인도네시아에서 혼종화, 재구성, 변용의 과정을 거쳐 '자바화'된 힌두불교 문화의 형태를 갖추며 인도네시아의 또 다른 기저 문화로 자리매김했다.

이러한 흐름 속에서 인도네시아의 예술 및 건축은 힌두불교의 종교문화 이념 및 우주론적 세계관을 반영하여 초월적인 종교문화 이상을 표상화하는 한편, 지역적 맥락 및 환경 조건에 반응하여 다양한 유형으로 발전하여 혼종화된 문화경관을 만들어냈다. 이 글에서는 1991년 유네스코 세계문화유산UNESCO World Heritage으로 지정된 자바 힌두불교의 문화경관인 '보로부두르 사원'을 통해 인도네시아 힌두불교 문화에 대해 살펴보고자 한다.

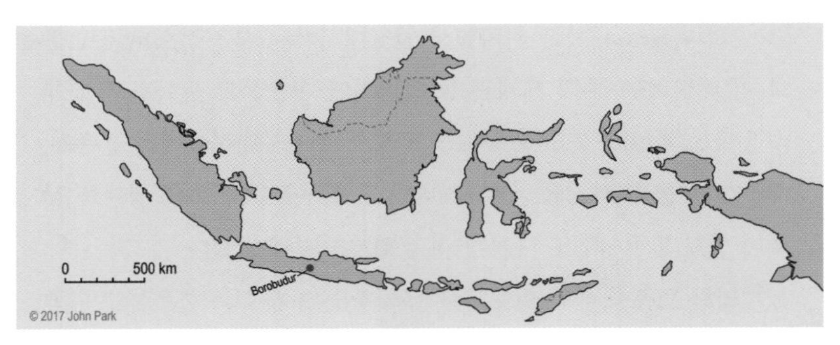

그림 1 보로부두르 사원의 위치

힌두불교 사원 보로부두르

보로부두르 사원은 캄보디아의 앙코르와트Angkor Wat보다 3세기 앞서 건설된 세계 최고最古·최대의 대승불교 고대문화 유적지로 알려져 있다. 누가, 언제, 왜, 어떻게 보로부두르를 만들었는지에 대해서는 여러 가설이 존재하지만, 힌두불교 왕국인 사일렌드라에서 8~9세기에 긴 건축 과정을 거쳐 건립했다는 것이 현재까지 가장 설득력 있는 가설이다. 보로부두르 사원은 10세기 이후 사일렌드라 왕국의 몰락과 함께 종교문화적 기능을 상실해갔고, 이슬람 세력이 팽창한 14세기 이후에는 종교문화적으로 방치되었다. 폐허가 되어가는 보로부두르가 외부 세계에 본격적으로 알려진 것은 토머스 스탬퍼드 래플스 경Sir Thomas Stamford Raffles이 1817년 자신의 저서 『자바 역사*The History of Java*』에 보로부두르 사원을 소개하면서부터다. 이후 네덜란드 식민 정부(1907~1911), 유네스코의 지원을 받은 인도네시아 정부(1974~1983)에 의해 대대적인 복원 공사가 이루어졌다.

보로부두르 사원은 대승불교 사원으로 알려져 있으나, 인도 고대 불교와 힌두교의 '자바화' 맥락에서 힌두 문화적 요소도 공유하고 있다. 내용 면에서는 대승불교적 텍스트로서의 상징성을 지니면서도, 우주론적 공간 구조 측면에서는 힌두 문화 요소들과 공통된 관념적인 상징성을 표상하고 있다. 그러므로 독특하게 혼합된 보로부두르 사원의 구조 및 양식을 단순히 인도 고대 예술 및 불교의 영향만으로 이해하기는 어렵다.

사진 1 보로부두르 사원 전경

보로부두르 사원의 우주론적 구조는 인도 힌두사원의 건축양식인 시카라Shikhara, 북방 형식 또는 비마나Vimana 그리고 남방 형식 양식에 나타나는 힌두 문화 상징성을 공유한다. 힌두 문화에서 우주는 인간계인 부르로카Bhurloka, 중간계인 부바르로카Bhuvarloka 그리고 신계인 스바르로카Svarloka의 3계三界로 나뉘어 있고, 우주의 중심에는 메루Meru 산[1]이 존재한다. 힌두 문화의 관념 체계에서 메루 산은 우주론의 중추적 공간으로 7개의 대양과 6개의 산맥으로 둘러싸인 신성한 '신들의 거주지'이며, 사원은 신들이 지상에서 임시로 거처하는 곳으로 여겨진다. 인도의 고대 힌두 사원은 우주론적 산인 메루를 상징화하여 고탑高塔 양식으로 표현하는데, 보로부두르 사원도 전체적인 구조에서 불교의 공간적 세계관인 3계의 관념적 상징성 및 메루의 우주론적 상징성을 표상하고 있는 것으로 보인다.

보로부두르의 구조적 서사

꽤 많은 학자들이 보로부두르 사원을 왕릉王陵, 고인이 된 성자를 기념하는 사원(엄밀한 의미의 짠디Candi) 또는 거대한 불탑인 스투파stupa로 해석한다. 그러나 보로부두르 사원에 보이는 상징적 텍스트들은 고인이 된 왕이나 성자를 기념하는 내용보다는 전반적으로

1 불교에서 말하는 수미산須彌山.

대승불교의 가르침이고, 규모만 봐도 단순히 거대한 사리탑이라고 단정 짓기는 어렵다. 보로부두르는 내용적 측면에서는 대승불교 순례자들을 위한 대승불교적 텍스트로서 상징성을 지니고, 구조적 측면에서는 메루로 상징화되는 '우주론적 산cosmological mountain'이라고 보는 것이 적절하다. 보루부두르를 건립한 사일렌드라 왕국의 명칭이 산山을 뜻하는 사일라Saila와 신성한 왕을 뜻하는 인드라Indra의 합성어라는 사실을 감안하면 이런 관점이 좀 더 설득력 있어 보인다. 또한 '산gunung'은 자바 사람들의 관념 체계에서 '바다laut'와 함께 종교문화적으로 중요한 의미를 지니고 있으며, 우주론적 산인 메루의 상징성과도 깊은 연관이 있다. 자바 사람들은 산을 신령들의 거주지로 여겨 순례와 봉헌에 관련된 신성한 공간으로 여겨왔으며, 산과 관련한 다양한 종교문화적 금기 및 의례들을 발전시켜왔다.

보로부두르는 흙으로 기반을 쌓고 그 위에 안산암andesite, 安山岩으로 지은 거대한 피라미드형 건축물(높이 34.5m, 넓이 15,129m²)이다. 아래부터 방형의 기단층(총 1층), 계단식 방형 피라미드층(총 5층), 계단식 원형 피라미드층(총 3층), 그리고 정상의 첨탑 등 크게 네 부분으로 이루어졌는데, 각 층들은 표 2와 같이 불교의 공간적 세계관인 3계의 관념적 상징을 나타낸다.

보로부두르 사원의 구조적 구성은 하층에서 상층으로 올라감에 따라 단계적으로 '유형의 영역Sphere of Forms'에서 '무형의 영역Sphere of Formless'으로 승화하는 열반에 이르는 과정을 상징화하여 나타내는데, 이것은 전형적인 대승불교 사상을 대변한다.

사진 2 만다라Mandala로 표현된 우주론적 산 '메루'

표 1 보로부두르 사원의 층 구성

층	관념적 상징	구성/내용
방형의 기단층(총 1층)	까마다뜨 (kāma-dhātu, 欲界)	대승불교 경전을 바탕으로 한 1,460면의 부조(浮彫) 및 주벽의 벽감 안에 안치된 460구의 불상(결가부좌, 높이 130cm)
계단식 방형 피라미드층 (총 5층)	루빠다뜨 (rūpa-dhātu, 色界)	
계단식 원형 피라미드층 (총 3층)	아루빠다뜨 (ārūpa-dhātu, 無色界)	불상들(결가부좌, 높이 130cm)이 각각 안치되어 있는 72기의 소형 불탑
정상의 첨탑(총 1층)	아루빠 (ārūpa, 涅槃)	열반(Nirvana)를 상징하는 구조물(기저부 지름 9.9m, 높이 10m)로 내부가 비어 있음

그림 2 보로부두르 사원의 구조적 구성

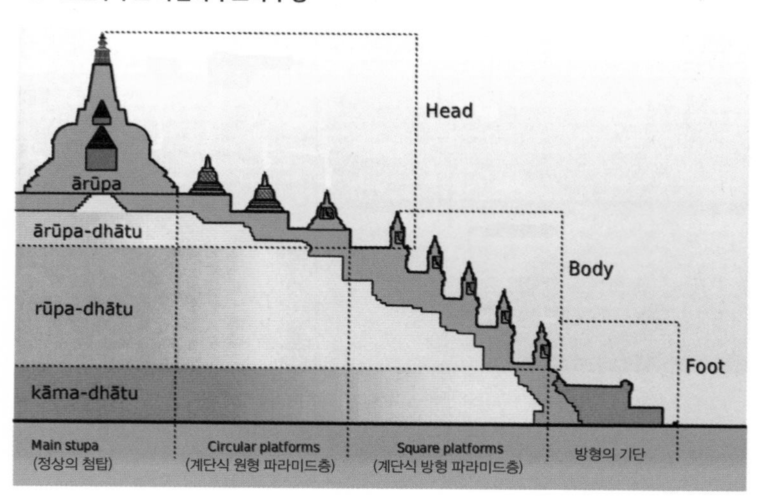

보로부두르 기단 위의 첫번째 영역인 '까마다뚜'는 '인간 욕망의 영역Sphere of the Desires'을 표상하며, 벽면의 부조를 통해 인간 속세의 이미지를 형상화하고 있다. 보로부두르 사원의 부조에 보이는 종교적 텍스트는 '종교적 텍스트로서의 보로부두르'에서 좀 더 알아보기로 한다.

계단식 방형 피라미드층인 '루빠다뚜'는 '유형의 영역'으로, 욕망을 포기했으나 여전히 세속의 형태에 매여 있는 인간의 영역을 상징한다. '루빠다뚜'에는 힌두불교의 만다라 관념 체계를 구조적으로 표상화하여 동서남북 방위에 따라 불상들이 규칙적으로 배열되어 있다. 건축물 자체가 동서남북을 상징하는 방형의 피라미드 기단 위에 건축되어 있고, '루빠다뚜' 영역의 불상들은 동서남북 방향에 따라 숫자가 규칙적으로 배열되어 있으며, 동서남북 방향에 따라 수인手印도 다르게 표현된다.

보살Bodhisattva의 영역이라고도 일컬어지는 루빠다뚜 영역에도 부처의 일대기 등을 상징하는 종교적 텍스트가 부조로 표현되어 있다. 보로부두르 사원의 부조에 나타난 종교적 텍스트는 '종교적 텍스트로서의 보로부두르'에서 좀 더 알아보기로 한다.

계단식 원형 피라미드층인 '아르빠다뚜ārūpa-dhātu'는 궁극적 열반에 들어서는 '무형의 영역'을 상징한다. 아르빠다뚜 영역은 총 3층의 계단식 원형 피라미드 구조에 종형 불탑이 규칙적으로 배열되어 있고, 종형 불탑 내부에는 전법륜인轉法輪印을 하고 있는 석가모니 불상이 안치되어 있다. 이 석가모니 불상의 표현(의복의 주름)은 인도

사진 3 보로부두르 사원의 아미타불(西)

사진 4 보로부두르 사원의 아촉불(東)

사진 5 보로부두르 사원의 보생불(南)

ⓒ Null0, 2008

사진 6 보로부두르 사원의 불공성취불(北)

ⓒ MARC,2009

굽타Gupta 미술 사르나트Sarnath 양식의 영향을 받은 것으로 보인다.

보로부두르 사원의 구조적 정점은 '아루빠' 영역의 중심에 위치한 거대한 종형 첨탑이다. '아르빠다뚜' 영역의 종형 불탑 안에는 석가모니 불상이 안치되어 있다. 그러나 '아루빠' 영역의 종형 첨탑 안에는 불상이 없고 텅 빈 공간으로 표현되어 있다. 이는 해탈과 열반을 상징하는 궁극적 '무형의 공간'의 정점을 상징하는 것으로 여겨진다.

종교적 텍스트로서의 보로부두르

보로부두르는 정상의 첨탑 및 계단식 원형 피라미드층(총 3층)을 제외하고 전체적 구조 및 회랑 벽면에 새겨진 부조를 통해 대승불교의 텍스트를 상징하고 있다. 부조를 통해 상징된 텍스트는 크게 2가지 유형인데, 하나는 서사적 유형(총 1,460 패널, 총 길이 3,000m)이고, 다른 하나는 장식적 유형(총 1,212개의 패널)이다.

대승불교 텍스트로서의 보로부두르를 대표하는 서사적 유형은 방형의 기단층인 '까마다뚜' 영역에 1편의 에피소드가, 그리고 나머지 10편의 에피소드는 총 5층으로 이루어진 계단식 방형 피라미드층 '루빠다뚜' 영역에 부조로 등장한다. 서사적 유형의 부조는 주로 '분별선악보응경', '방광대장엄경', '자따까Jataka/아바다나Avadana' 및 '화엄경입법계품'의 내용을 보여준다.

사진 7 사르나트 양식의 석가모니 불상

사진 8 '아루빠' 영역의 종형 불탑

'분별선악보응경'은 1층의 '까마다뚜' 공간에 총 160여 개 패널의 서사적 부조로 표현되어 있는데, 주로 업보karma 사상을 상징하여 세속적 사랑, 증오, 행복, 소망, 인과응보, 지옥 등을 표현하고 있다.

'방광대장엄경'은 '루빠다뚜' 영역의 첫번째 회랑 주벽(상부) 및 벽면에 2편의 서사적 에피소드(각각 120 패널)로 구성되어 있다. 이 영역은 '깨달음'에 다가가는 보살의 영역이라고도 일컬어지는데, 부처의 일대기를 포함해 해당 내용이 부조로 상징적으로 표현되어 있다.

'자따까/아바다나'는 '루빠다뚜' 영역의 첫번째 회랑 주벽(하부) 및 첫번째와 두번째 회랑 벽면에 부처의 전생을 나타내는 5편의 서사적 에피소드로 표현되어 있다.

'화엄경입법계품'은 '루빠다뚜' 영역의 두번째 회랑 주벽에 궁극적 진리를 찾아 방황하는 선재동자Sudhana를 표현하는 128편의 서사적 에피소드로 구성되어 있다. '루빠다뚜' 영역의 세번째 및 네번째 회랑의 주벽과 벽면에는 선제동자의 진리 추구 에피소드 및 궁극의 지혜를 얻는 과정이 표현되어 있다.

인도네시아 힌두불교 문화의 '맥락화'

힌두불교 문화는 인도네시아 토착 문화의 토대 위에서 토착적 요소 및 여타의 힌두 문화와 어우러져 혼종화, 재구성, 변용의 과정을

사진 9 부조로 표현된 '분별선악보응경'의 한 에피소드
ⓒBen and Debs Blench, 2008

사진 10 '방광대장엄경'을 표현한 부조 패널들
ⓒIsriya Paireepairit, 2014

사진 11 부조로 표현된 '자따까'의 한 에피소드

사진 12 부조로 표현된 '아바다나'의 한 에피소드

사진 13 부조로 표현된 '화엄경입법계품'의 한 에피소드

거치면서 인도네시아의 '중층적' 문화 구성에 함축적이고 상징적인 영향을 끼쳤으며, 이를 통해 산재되어 있던 인도네시아의 토착적 요소들에 상징적이고 관념적인 '통일성'을 부여하기도 했다. 이렇듯 인도네시아 자바에서 힌두불교 문화의 맥락화는 혼종화된 독특한 예술문화로 승화되어 보로부두르 등과 같은 자바 특유의 고대 문화유산을 탄생시켰고, 이를 인도 고대 힌두 문화의 '자바화'라고 부르기도 한다.

인도 고대 힌두 문화의 '자바화'에서 간과해서는 안 되는 점이 있는데, 그것은 여타의 힌두 문화와 구별되는 힌두불교 문화의 '자바화' 양상이다. 앞서 보로부두르의 구조적 상징성에서 살펴보았듯이 힌두불교 문화와 시바 종파 등 여타 힌두교 문화는 브라만교의 관념적 상징성 및 문화적 전통을 상당 부분 공유하고 있다. 따라서 인도네시아 문화유산에서는 힌두불교 문화와 여타 힌두 문화의 관념 체계 및 상징성이 중첩되어 나타나기도 한다. 그러나 다른 한편으로 힌두불교 문화와 여타 힌두교 문화가 인도네시아에서 혼성화뿐만 아니라 서로 다른 양상으로 표상되어 전개되기도 했다는 점은 주목할 만하다.

오늘날 인도네시아 인구의 80퍼센트 이상이 이슬람 신앙 및 문화를 신봉하고 있고, 13세기 이후 인도네시아 전역에서 시바 종파 등 힌두교 문화와의 경합 및 또 다른 외부 문명인 이슬람 문화의 팽창과 맞물려 힌두불교 문화의 영향력이 급속히 쇠퇴했다. 그러나 역설적으로 힌두불교 문화에 기반한 상상력을 가지고 힌두불교 문화의

표 2 힌두불교 사원(보로부두르)과 힌두교 사원(쁘람바난)의 비교

	힌두불교 사원 (보로부두르)	힌두교 사원 (쁘람바난)
사원의 특징	– 우주론적 산(cosmological mountain) – 안산암으로 구성한 거대한 피라미드형 건축물	– 사당으로서의 짠디(Candi) – 화강암을 쌓아올린 점층적 구조
만다라의 상징성	– 고대 힌두 문화에 근접	– 고대 힌두 문화에 상대적으로 근접
메루 산의 상징화	– 시카라(Shikhara: 북방 형식) 또는 비마나(Vimana: 남방 형식) 양식에 나타나는 힌두 문화의 상징성을 공유	– 시카라 또는 비마나 양식으로 표현
3계 사상	– 불교의 세계관인 3계(까마다뚜, 루빠다뚜, 아루빠다뚜)가 공간적으로 적용됨	– 신계, 중간계, 인간계의 3원적 세계관을 사원의 구조에 적용함
트리무르티(Trimurti) 표현	– 힌두교 문화의 정경적인 트리무르티 표현은 나타나지 않음 – 대신에 다양한 불상이 표현됨	– 브라흐마(Brahma), 비슈누(Vishnu), 시바(Shiva) – 3신의 아바타(Avatar)로서의 다타트레야(Dattatreya, 다신론적 색채)
의례를 위한 공연예술 공간	– 의례를 위한 공간보다는 순례를 위한 공간	– 주로 사원 외부(또는 인간계)에서 진행됨
상징적 구성물	– 다양한 불상이 만다라의 개념에 따라 규칙적으로 배열됨 – 정상의 첨탑이 해탈/열반을 상징 – 종교문화적 서사 텍스트가 사원 벽면에 부조로 표현됨 – 힌두교 문화의 상징물인 링가–요니(Linga–Yoni), 깔라–마까라(Kala–Makara)는 표현되지 않음	– 시바를 주신으로 모시는 사원을 중심으로 링가–요니가 존재 – 깔라–마까라가 존재 – 종교문화적 서사 텍스트가 사원 벽면에 부조로 표현됨
성속(聖俗)의 구분	– 공간적으로 구분	– 공간적으로 구분

맥락화 관점에서 인도네시아를 바라본다면, 이슬람 문화에 초점을 맞췄을 때 보지 못하는 또 다른 문화적 맥락화의 이야기를 발견할 수 있을 것이다. 또한 이러한 시도는 인도네시아의 기저 토대 문화의 구조적 특징을 이해하는 인식론적 창구가 되어줄 것이다.

힌두불교 문화가 스리위자야 및 사일렌드라 등 인도네시아 고대 왕국의 지배적 종교문화 이념 및 우주론적 세계관이었고 보로부두르 등 문화유산에 양식을 제공했다는 사실은 부정할 수 없다. 다른 한편으로 힌두불교 문화가 인도네시아의 역사적·문화적 상황과 문화생태적 조건에 따라 혼종화, 재구성, 변용의 과정을 거치면서 여타 힌두 문화와는 다른 양상을 보이며 맥락화되어왔다는 점에 주목할 필요가 있다. 따라서 인도네시아의 힌두불교 문화 및 문화유산을 이해하기 위해서는 '기저 토대 문화'로서 '중층적' 문화 구성에 지대한 영향을 미친 힌두불교 문화의 보편성뿐 아니라 맥락화에 토착적 변수로 작용하는 지역적 특수성 및 여타 힌두 문화적 요소들과의 소통에도 주의를 기울일 필요가 있다.

콘, 태국 전통 가면무용극•

이미지

태국에는 '콘Khon' 또는 '깐싸댕 콘Kansadaeng Khon'[1] 이라고 불리는 가면무용극이 있다. 가면무용극 콘은 음악, 무용, 연극이 결합된 고전적인 예술 양식으로 태국의 전통문화를 대표하는데, 원래 왕실에서만 공연하던 고급 문화였지만, 시대의 변화에 대응해 현대에

• 이 글은 2018년 『아시아연구』 21(2)에 게재된 "태국 가면무용극 '콘': 전통문화와 관광전략"을 수정한 것이다.

1 '깐싸댕'은 공연(Performance)이라는 뜻이다. 본문에서 태국어 발음의 한글 표기는 현지 발음에 가깝게 표기하려 했으며, 혼선을 막기 위해 로마자를 병기했다.

사진 1 아시아의가면들

쑤완나품Suvarnabhumi 국제공항에서 필자 촬영[2]

사진 2 하누만Hanuman과 쑤빤나맛차Supanna Matcha의 애정 신

칼립소 타이 레스토랑Calypso Thai Restaurant

이르기까지 적지 않은 변용 과정을 거쳐왔다. 콘에서 다루는 유일한 소재인 인도 서사시 『라마야나Ramayana』의 태국 버전 『라마끼안Ramakien』은 공연예술뿐 아니라 사원의 벽화, 조각 등에도 폭넓게 활용되며, 서적 및 동화책으로도 출간되어 어른, 아이 구분 없이 태국인들 사이에서 대중적 인기를 끌고 있다. 또한 콘 공연에 사용하는 가면 및 인물 캐릭터는 기념품이나 장식품으로 상품화되어 소비된다. 태국을 방문하는 외국인 관광객도 디너쇼, 디너크루즈와 같은 관광 상품을 통해 콘을 쉽게 접할 수 있다. 관광객과 태국 현지를 연결하는 관문 쑤완나품 국제공항에는 가면무용극에 등장하는 톳싸깐Tosakanth[3]을 비롯해 힌두 신화 속 인물들이 웅장하게 자리 잡고 있어, 전통문화와 관광의 연계를 상징적으로 보여준다. 이와 같이 현재 태국은 관광산업에 전통문화를 적극 활용하고 있으며, 전통문화의 대중화가 활발히 진행되고 있다.

콘

태국 전통극은 무용을 수반하는 경우가 많기 때문에 태국 무용이라고 불리기도 한다. 태국 무용은 전통적으로 지역에 따라 상이한 특징을 가지고 발전해왔는데, 크게는 왕궁에서만 공연되던 궁정무

2 이 글의 사진은 모두 필자가 촬영한 것이다.

3 인도 원작 「라마야나」에서 악을 상징하는 인물 라와나Ravana의 태국 버전이다.

용과 왕궁 외의 장소에서 공연되던 민속무용으로 구분할 수 있다. 그중 가면무용극 콘은 중부 지역을 중심으로 전개되고 발전된 궁정무용에 속한다.

태국 무용을 떠올릴 때 우리는 보통 휘어진 손가락의 아름다움을 중시하는 여성들의 무용극 라컨Lakorn[4]을 연상한다. 여성 무용가들은 손가락의 움직임이 더욱 돋보이도록 긴 손톱 장식을 활용하기도 한다. 라컨이 여성들의 무용극[5]이라면 콘은 남성 중심의 무용극이다. 가면무용극 콘은 무용극 라컨과는 달리, 손보다는 발의 움직임에 더욱 중점을 두어 바닥을 밟는 동작을 소리 내어 강조하는 것이 특징이다. 기쁨, 슬픔, 사랑, 화, 부끄러움 등을 나타내는 정해진 손 모양과 발 동작을 통해 극중 등장인물의 감정을 표현한다.

가면무용극 콘이 정확히 언제, 어디서 기원했는지는 알 수 없다. 그러나 대부분의 태국 공연예술이 신에게 감사를 표하는 종교 의식의 일부에서 비롯했듯이, 여러 태국 자료들이 콘이 태국의 두번째 왕조 아유타야 시대Ayuttaya Dynasty, 1351~1767 왕실의 종교의례에서 유래했다고 설명하고 있다.[6] 콘의 공연 양식은 태국에서 가장 오래된 인형

---

4 태국어로 라컨은 무용극 외에도 일반적으로 연극이나 드라마를 총칭하는 말로 사용된다.

5 라컨은 크게 궁정 안에서만 공연하던 '라컨나이'와 궁정 밖에서 공연하던 '라컨넉'으로 분류할 수 있는데, 여성들이 공연하던 라컨나이와 달리, 라컨넉은 남성 연기자들이 민간인을 상대로 공연하는 민속무용이었다. 여러 종류의 희곡 작품을 라컨넉의 공연 소재로 활용했는데, 해학적 요소를 가미해 재미에 중점을 두었다. 한편 라컨나이는 주로 고전문학 『라마끼안』과 『이나오』, 『운나릇』에서 일부를 발췌하여 소재로 썼으며, 재미보다는 예술성을 표현하는 데 주력했다.

6 콘은 캄보디아의 가면무용극 라컨 콜Lakhon Khol과 매우 비슷하다. 태국 정부가 콘의 유네스코 문화유산 등재를 추진하는 것을 두고 캄보디아에서 콘의 기원은 크메르 왕조이며 캄보디아 고유의 문화라고 주장하면서, 현재 두 나라가 갈등하고 있다.

극 중 하나이자 그림자극인 낭야이Nang Yai에서 파생되어 나왔다고 알려져 있으며, 지금도 콘 공연 중 낭야이가 일부 삽입되기도 한다.

'콘'이라는 어원의 유래에 대해서도 명확하게 밝혀진 것이 없다. 현지 자료들도 이 용어가 크메르어, 벵골어, 타밀어, 이란어 중 하나에서 기원했을 거라고 추측할 뿐이다. 1687년부터 1688년까지 싸얌Siam[7]에 체류했던 프랑스인 외교관 라루베르Simon de La Loubère가 자신의 경험을 바탕으로 저술한 『싸얌 왕국의 새로운 역사관계*A New Historical Relation of the Kingdom of Siam*』(1693)라는 문헌에 가면극에 대한 내용이 기술되어 있는데, 거기서 콘이라는 용어가 언급되고 있다. 이 사실로부터 적어도 아유타야 시대에 콘이라는 단어가 이미 존재했으리라는 정도만 유추할 수 있다.

가면무용극 콘은 1782년부터 현재까지 이어지고 있는 네번째 왕조이자 현 왕조인 랏따나꼬신 왕조Rattanakosin Dynasty[8]에 들어와 크게 발전하고 확산되었다. 현 왕조의 국왕들은 서사문학 『라마끼안』 저작에 적극 참여했는데, 이것을 시각적으로 표현하기 위해 활용한 것이 공연예술 콘이었다. 따라서 콘은 국왕의 위엄과 힘을 상징했다.

콘은 본래 남성들만 연기할 수 있는 극이었지만, 현 왕조의 네번

---

7 태국의 옛 국명. 한국에서는 '시암' 또는 '샴'이라고 부르기도 한다.

8 왕궁이 톤부리 강 건너편 랏따나꼬신 섬에 위치해서 랏따나꼬신 왕조라고 한다. 현 왕조는 1782년에 초대 왕 짜오프라야 짝끄리Chao Phraya Chakri에 의해 새 수도 방콕을 거점으로 건설되었는데, 초대 왕의 이름을 따서 짝끄리 왕조라고 부르기도 하고, 수도명을 따서 방콕 왕조라고 부르기도 한다.

째 왕인 라마 4세 몽꿋Mongkut, 재위기간 1851~1868이 여성의 연극 참여를 장려하면서 여성도 참여할 수 있게 되었다. 그러나 여전히 남성 중심의 공연이다. 전통적으로 모든 연기자가 가면을 착용했지만, 라마 4세 이후 왕과 여성, 익살꾼 역은 가면을 쓰지 않게 되면서 현재의 형태로 발전했다. 라마 4세는 영화 《왕과 나The King and I》(1956)를 통해 알려진 바와 같이 근대화를 추진하고 서양 문물을 적극적으로 받아들인 인물로, 그의 재위기간 동안 태국은 공연예술뿐만 아니라 다방면에 걸쳐 사회적·문화적 변화와 개혁을 경험했다.

콘은 다양한 양식의 가면극으로 발전했는데, 콘끌랑쁠랭Khon Klang Plaeng, 콘롱넉Khon Rong Nok 또는 콘낭라우Khon Nang Rao, 콘나쩌Khon Na Cho, 콘롱나이Khon Rong Nai, 콘착Khon Chak 등이 있다. 이 양식들을 크게는 야외가면극과 극장가면극으로 나눌 수 있다. 무대를 따로 설치하지 않고 야외 광장에서 공연하는 콘끌랑쁠랭과 그림자극 낭야이가 극 초반에 도입된 콘나쩌 등이 대표적인 야외가면극이다. 한편 콘롱나이는 극장가면극이다. 궁정 무용극이었던 라컨나이 양식을 가면극에 적용하여 음악과 무용을 가미한 것으로, 현재 태국 국립극장 및 왕립극장 등에서 공연하는 양식이 모두 콘롱나이에 해당한다.

사진 3 쑤완나품 국제공항의 톳싸깐

콘 공연에서는 인도의 대서사시 『라마야나(라마의 행보)』를 번안한 『라마끼안(라마의 영광)』 이야기만 소재로 다룬다. 『라마야나』 및 『라마끼안』은 아유타야Ayudhaya 왕국의 왕자 프라람Phra Ram, 라마이 그의 동생 프라락Phra Rak과 하누만Hanuman이 이끄는 원숭이 부대의 도움을 받아 롱카Longka 왕국의 마왕 톳싸깐(라와나)에게 납치된 프라람의 아내 씨다Sida, 시따를 구출하는 이야기를 그리고 있다. 알려진 바와 같이 태국은 동남아시아의 대표적인 상좌부 불교 국가이다. 그런 태국에서, 특히 위엄 있는 왕실 문화를 대표하는 공연예술 콘에서 왜 힌두 신화를 다루고 있는가 하는 것은 매우 흥미로운 질문이 아닐 수 없다.

동남아시아 인도화의 역사적 전개 과정에서 주목해야 할 점은 불교와 힌두교가 각각의 단일 종교로서 유입된 것이 아니라 서로 융합되고 공존하는 형태로 진행되었다는 사실이다. 태국 왕실의 수호신인 에메랄드 불상이 보존되어 있는 왕실 불교사원 왓프라깨우Wat Phra Kaew에도 『라마끼안』에 나오는 178개 장면의 채색 벽화가 화려하게 장식되어 있는데, 이것에서도 힌두 신화 『라마야나』가 태국에서는 불교적 이상과 융합되어 있음을 확인할 수 있다. 인도 신화에 따르면, 부처(붓다, Buddha)는 힌두교의 3대신 가운데 하나인 비슈누의 아홉번째 화신이기도 하다. 즉 불교와 힌두교가 서로 다른 종교이지만, 완전히 대립되는 관계도 아니라는 것이다.

사진 4 쌀라 림 남Sala Rim Naam 디너쇼의 콘 공연

『라마야나』는 유입 시기 및 경로에서 국가별로 차이를 보이지만, 동남아시아 거의 모든 지역에 전파되어 각 지역의 특수성에 맞게 현지화, 토착화 과정을 거쳐 수용되었다. 라마 이야기는 태국의 초대 왕조인 쑤코타이 시대Sukhothai Dynasty, 1238?~1350부터 이미 존재했던 것으로 알려져 있어 그 역사와 전통이 매우 깊다.[9] 유입 경로에 대해서는 명확하게 밝혀진 바 없지만, 인도로부터 직접 유입되지 않고 캄보디아나 인도네시아 등 동남아 인접국을 통해 간접적으로 유입되었을 가능성이 크다. 톤부리 왕조Thonburi Dynasty의 유일한 국왕 딱씬Taksin, 재위기간 1767~1782이 라마 이야기를 바탕으로 무용극 라컨의 대본을 편집하면서 『라마끼안』이라고 불리기 시작했으며, 현 왕조의 라마1세재위기간 1782~1809가 『라마끼안』을 완성시켰다. 라마 1세본 『라마끼안』은 117권 약 6만 7,000행으로 이루어졌으며, 태국에서 가장 널리 알려져 있다.

현 왕조는 1782년 라마 1세 짜오프라야 짝끄리에 의해 새로운 수도 방콕을 거점으로 건설된 왕조로, 라마 1세는 태국 왕조사에서 가장 번영했던 아유타야 왕조의 재건을 내세워 새 왕조 건립과 왕권의 정당성을 확보하고자 했다. 아유타야 왕조는 상좌부 불교 국가이자 크메르 왕조의 영향을 받아 힌두교적 색채가 강한 국가였다. 즉 아유타야 왕조의 복원은 곧 불교와 힌두 문화의 수용을 의미했다. 『라마끼안』의 수용도 이런 과정 속에서 이루어졌다. 라마

---

9 태국 자료에서는 동남아시아에서 『라마야나』가 9세기부터 15세기까지 존재했던 크메르 왕조Khmer Empire 시대에 널리 확산되었다고 설명하고 있다.

1세는 왕실 문화의 황금기라고 할 수 있는 아유타야 왕조를 재연하기 위해 무용극과 인형극, 가면극 등 전통문화의 부흥에 주력했고, 1784년 왕실사원 왓프라깨우가 완공된 것을 축하하는 자리에서 『라마끼안』 공연을 성공적으로 치러냈다.

라마 1세가 그동안 구전을 통해 단편적으로 전해오던 라마 이야기를 최초로 집대성한 이래, 라마 2세와 4세, 5세, 6세 등이 『라마끼안』 저작에 적극 참여했다. 특히 라마 2세재위기간 1809~1824는 직접 가면극 콘의 대본을 편집하고 예술적 재능을 가진 인재를 적극 등용하는 등 태국 고전예술의 발전에 크게 기여했다. 라마 2세가 편집한 가면극용 『라마끼안』 중에서 씨다의 정절을 증명하는 '씨다의 루이파이Luifai, 불 건너기' 장면은 태국 내에서 크게 호평을 받기도 했다.

사실 『라마끼안』 저작의 배경에는 정치적 의도가 숨어 있다. 역대 국왕들은 『라마끼안』 이야기 속 주인공 프라람(라마)을 자신과 동일시함으로써 왕권을 강화하고 통치의 정당성을 확보하고자 했다. 『라마끼안』에서는 불교의 업 사상이 강조되는데, 선업을 쌓은 프라나라이Phra Narai, 비슈누 신가 인간 프라람으로 환생한 것처럼, 태국 국왕 또한 과거의 선업에 의해 현세의 왕으로 탄생했다는 것이다. 동시에 프라람이 프라나라이의 화신으로 등장하는 것은 '왕은 곧 신'이라는 테와라차Devaraja 사상을 표현하는 것으로, 왕권의 신성함과 절대적 권한을 강조하는 것이기도 했다.[10] 왕족 출신이 아니고 쿠데타로 왕위에 오른 현 방콕 왕조의 초대왕 라마 1세의 정통성은 이처럼 『라마끼안』을 통해 정당화되었다. '라마'라는 호칭은 2016년

사진 5 태국 「라마끼안」에서 가장 큰 인기를 누리는 등장인물 하누만

12월에 즉위한 라마 10세 마하 와치라롱껀Maha Vajiralongkorn 국왕에 이르기까지 계속 세습되고 있다.[11]

태국적 변용: 선과 악의 모호한 경계

다분히 정치적 의도를 가지고 만들어진 『라마끼안』은 인도 원작과는 상이한 특징을 띠며 발전했다. 특히 『라마야나』의 태국적 변용으로서 주목해야 할 점 중 하나는 『라마끼안』에 나타나는 선과 악의 유동적이고 모호한 경계이다. 인도의 『라마야나』는 선과 악의 대립구도 속에서 선 또는 정의가 승리하는 전형적인 권선징악 사상을 담고 있는데, 여기서 라마는 선이고 라와나는 악이다. 태국 『라마끼안』에서도 라마(프라람)가 라와나(톳싸깐)를 물리치고 전쟁에서 승리하지만, 여기에 나타나는 선과 악은 절대선과 절대악이라는 이분법적 관점과는 다소 차이가 있다.

전형적인 선악 대립구도를 보여주는 한국의 전래동화 『콩쥐 팥쥐』와 비교해보면 이해가 쉽다. 한국에서 콩쥐는 '무조건적 선'이고

---

10 절대적이고 신성한 왕권을 뜻하는 테와라차와 비교되는 용어로는 '친근한 왕'이라는 의미의 탐마라차 Dhammaraja가 있다. 참고로 70년간 재위했던 짝끄리 왕조의 라마 9세재위기간 1946~2016는 테와라차와 탐마라차를 상황에 따라 적절히 병행함으로서 왕권의 정당성을 확보하는 동시에 대중적 인기를 얻을 수 있었다고 평가받는다.

11 현 왕조뿐 아니라, 역대 태국의 다른 왕조의 왕명에도 라마라는 칭호가 발견된다. 쑤코타이 왕조의 세번째 왕 람캄행Ramkhamhaeng과 아유타야 왕조의 라마티버디Ramathibodi 1세, 2세가 그 예이다.

팥쥐는 '무조건적 악'이다. 이와 비교할 때 태국 『라마끼안』에 나타나는 선과 악은 절대적이지 않고 보는 시각에 따라 유동적일 수 있다. 씨다의 정절을 의심하는 프라람(선), 정의롭지만 여성편력이 심한 하누만(선), 동정심을 자극하는 톳싸깐(악)처럼 『라마끼안』에서는 선악의 경계가 모호하다. 대립구도에 있는 적과 갈등하고 주인공이 승리하는 것은 『콩쥐 팥쥐』 이야기와 같지만, 『라마끼안』에서는 적대적 관계를 도덕적 잣대로 규정하지 않으며, 선악의 개념도 명확하지 않다.

또한 인도 원작과 달리 『라마끼안』에서는 프라람의 승리가 무조건 기쁘게 그려지지도 않는다. 악역 톳싸깐에 대한 동정적인 분위기가 형성되어 있다. 프라람이 씨다의 정절을 의심하는 대목에서 관객은 오히려 씨다에 대한 톳싸깐의 진정성을 느끼기도 한다. 실제로 왕립극장에서 매주 상연되는 《하누만》(2018년 4월 현재)이라는 작품 속의 톳싸깐은 무섭고 잔인하고 포악한 인물이기보다는, 측은하고 친근하며 예의바른 면모를 보여준다. 톳싸깐이 패배하고 죽음을 맞이하는 극의 결말 부분에서는 다소 무겁고 슬픈 분위기가 연출되기도 한다. 이처럼 태국의 『라마끼안』에서 대립구도에 놓인 인물들은 존재론적 갈등 때문에 서로 대립하는 것이지, 절대적 도덕률과 같은 윤리적 문제 때문에 갈등하는 것은 아니라고 할 수 있다.

한편 태국에서는 톳싸깐의 전생 이야기가 새롭게 추가되었다. 축약하면 다음과 같다. 신들의 발을 닦던 논툭Nontuk은 프라이쑤언Phra Isuan, 시바 신으로부터 가리키면 상대방의 목숨을 빼앗을 수 있는

다이아몬드 손가락을 상으로 받는다. 그러나 논툭은 그 능력을 악용했다가 무희로 변장한 프라나라이(비슈누 신)에게 제압당하며, 그 결과 10개의 얼굴과 20개의 팔, 녹색 몸을 가진 악마 톳싸깐으로 환생하게 된다. 한편 전생에 선행을 쌓은 프라나라이가 프라람으로 환생하면서, 이 둘은 현생에서 다시 씨다를 두고 적대관계가 된다. 이와 같이 태국의 『라마끼안』은 단순히 권선징악의 교훈을 담고 있는 것이 아니라, 원작에 없는 톳싸깐의 전생 이야기를 추가함으로써 불교인 교리인 선업과 악업이라는 '행위'에 보다 중점을 두고 그에 따른 업보와 윤회의 법칙을 강조하고 있다.[12]

콘의 대중화와 극장가면극

왕실을 대변하는 상징적 공연예술로서 발전된 콘은 이후 점차로 대중에 보급되어 현재는 누구나 쉽게 접근하고 소비할 수 있는 대중예술로 정착하기에 이르렀다. 앞서 언급했듯이 콘은 야외가면극과 극장가면극으로 나뉘는데, 이 글에서는 왕실의 특별 행사가 있을 때만 공연되는 야외가면극보다는 정기적으로 공연되는 극장가면극을 중심으로 살펴보고자 한다.

---

12 태국 국립예술대학 총장은 "선행은 선을 낳고, 악행은 악을 낳는다"라는 뜻의 "탐 디 다이 디, 탐 추어 다이 추어(Tam dee dai dee, Tam chuua dai chuua)"가 「라마끼안」의 핵심 주제라고 설명했다(2016년 08월 12일의 인터뷰에서).

콘은 다른 태국 무용과 비교할 때 등장인물 수가 압도적으로 많고 의상과 도구, 무용이 매우 화려해서 다채로운 볼거리를 제공한다. 방콕에서 콘은 국립극장과 왕립극장을 중심으로 정기적으로 공연되고 있다. 이중 국립극장은 왕궁과 박물관, 사원 등 태국의 대표적 관광명소들이 모여 있는 구시가지에 위치해 있는데, 랏따나꼬씬 구역이라고도 불리는 이 주변 지역은 태국의 전통과 문화, 예술을 표상하는 상징적 장소이다. 국립극장의 콘 공연 관람료는 60바트에서 200바트(2019년 5월 기준 약 2,200~7,500원) 사이이다. 250바트에서 800바트 사이인 영화 관람료보다 저렴하다. 이러한 낮은 관람료가 누구나 쉽게 접근할 수 있는 환경을 마련해준다고 할 수 있다. 이곳에서는 가면무용극뿐 아니라 태국의 다양한 전통 예술이 공연된다.

한편 국립극장에서 그리 멀지 않은 곳에 왕립극장이 위치해 있다. 쌀라찰름끄룽 왕립극장Sala Chalermkrung Royal Theatre은 태국의 마지막 절대군주이자 최초의 입헌군주였던 라마 7세가 수도 방콕 건설 150주년을 기념하기 위해 건립한 극장으로, 1932년 6월 입헌군주제가 도입되고 1년 후인 1933년 7월에 공식으로 개장했다. 이 극장은 600명 이상을 수용할 수 있는 큰 규모로, 2018년 현재 매주 목요일과 금요일 저녁 7시 30분에 정기적으로 콘이 상연되고 있다. 공연에 사용되는 에피소드는 라마 1세와 2세가 저작한 『라마끼안』을 기본 바탕으로 한다. 관람료는 좌석 등급에 따라 800바트, 1,000바트, 1,200바트로 형성되어 있어, 국립극장보다는 다소 높은 편이다.

대신 왕실과 관련된 행사가 있을 때는 할인 및 무료 프로모션이 진행되기도 한다. 일례로 태국에서 '어머니의 날'로 지정되어 있는, 씨리낏Sirikit 왕비의 생일인 8월 12일에는 모든 어머니와 아이들이 무료로 공연을 관람할 수 있다. 필자는 마침 어머니의 날에 이 극장을 방문했는데, 1층 홀이 꽉 찰 정도로 많은 관객이 모였으며, 대부분 가족 단위의 내국인 관객들이었다.[13]

극장가면극은 현대적 감각에 맞추어 공연 시간이 짧아지고 스토리가 간략해졌으며, 전개가 빨라지고 해학적 요소가 가미되어 지루하지 않다. 태국에서는 하누만의 비중이 매우 크며 주인공 프라람 이상으로 인기가 많아서, 하누만을 중심으로 극이 진행되기도 한다. 왕립극장에서 공연되는《하누만》이 대표적인 예이다. 공연은 총 7개의 장scene으로 구성되어 있으며, 저녁 7시 30분부터 9시까지 약 한 시간 반 동안 진행된다. 하누만의 탄생과 톳싸깐이 씨다를 납치하는 장면으로 시작되는 이 극은 하누만이 프라람과 함께 씨다를 무사히 구출해내기까지의 과정을 담고 있는 해피엔딩 스토리이다. 하이라이트는 단연 하누만 원숭이 부대와 프라람이 힘을 합쳐 톳싸깐을 물리치는 장면이다.

전통악기로 이루어진 관현악단의 실연에 맞추어 연기하는 이 극에서 등장인물은 가면을 쓰고 있기 때문에 직접 소리 내어 대사를 말하지 않는다. 대신 2명 이상의 내레이터가 무대 오른쪽 끝에 서

---

13 같은 날 왕궁 근처의 싸남루엉Sanam Luang 광장에서는 왕비의 생일을 기념하여 야외가면극이 공연되었다.

서 줄거리와 대사를 낭독한다. 구어체의 태국어 파싸풋Phasa phut[14]으로 진행되지만, 무대 위쪽의 디지털 전광판을 통해 간략한 영어 자막이 제공되기 때문에 외국인들도 스토리를 파악할 수 있다. 관객의 흥미를 유발하기 위해 등장인물 중 익살꾼 역을 맡은 배우가 내레이터와 직접 대화하고, 때로는 관객을 무대로 끌어들이기도 한다. 이들의 이러한 즉흥 연기는 극 전체에 활기를 불어넣는 역할을 한다. 극의 후반부 여섯번째 장은 전체를 풍자와 해학에 할애하여 재미를 제공한다. 디지털화가 이루어지면서 무대장치도 변했다. 무대 배경에 디지털 스크린이 이중으로 설치되어 있어서 극이 빠르고 원활하게 흘러가며, 컴퓨터 작업을 통해 극중 인물이 스크린 안팎을 오고가거나 날아다니는 모습을 표현해 극적 효과를 더했다. 가면극의 특성상, 등장인물은 가면을 쓰고 있기 때문에 하누만 역할을 두세 명이 분담해서 연기하며 긴박하고 빠른 장면전환을 연출한다. 공연 도중에는 사진촬영을 할 수 없지만, 공연이 끝난 후 극장 로비에서 주요 인물들과 함께 기념촬영을 하는 서비스를 제공함으로써 무대 밖에서도 관객과 소통한다.

이런 극장가면극의 사례는 전통문화가 대중성을 확보하기 위해 현대적 감각과 속도에 맞춰 변용되면서 새로운 양식의 전통으로 재창조되어가는 과정을 보여준다. TV와 인터넷, DVD 등 미디어의 급속한 발달은 전통예술의 대중화와 상품화를 더욱 가속하고 있

14 태국어는 파싸풋 외에 문어체 파싸키안Phasa Khian과 라차쌉Racha Sap이라고 불리는 왕실 언어 등으로 구성되어 있다.

사진 6 쌀라찰름끄룽 왕립극장

사진 7 롱라컨행찻(국립극장)

다. 그러나 다른 한편으로는 왕실 문화로서의 위엄과 고급한 이미지가 그대로 표출되기도 한다. 지금도 태국에서는 왕족의 생일이나 대관식 등 왕실의 주요 행사가 있을 때면 콘이 공연되며 그 모습이 TV를 통해 생중계되기도 하는데, 관객 및 시청자들은 이를 계기로 '콘=왕실 문화(또는 고급 문화)'라고 재인식하게 된다.

관광상품으로서의 전통극

태국에서 가면무용극 콘의 대중화는 한국에서 탈춤이 지닌 위상과 비교된다. 물론 한국의 탈춤은 지배계층에 대한 민중의 비판과 풍자의 수단으로 발전했다는 점에서 태국의 콘과는 역사적 배경이 상이하다. 따라서 탈춤의 위상을 콘의 위상과 단순 비교하기는 어렵지만, 분명한 것은 한국과 비교할 때 태국에서는 전통문화의 대중화가 활발히 진행되고 있다는 점이다.

전통문화의 활성화를 가능케 한 요인 중 하나는 콘을 관광산업과 연계한 민간의 상품화 전략이다. 태국 경제에서 국제관광 수입이 차지하는 비율이 꽤나 높은 상황에서 외국인을 대상으로 전통무용을 선보이는 고급화 전략이 민간에서 활발하게 진행되고 있다. 태국은 세계에서 네번째로 큰 관광대국이다. 태국 관광체육부의 발표에 따르면, 2018년 한 해 동안 태국을 방문한 외국인 관광객 수는 3,800만 명에 이른다. 이 관광객들은 디너쇼, 디너크루즈 등과 같은 관광상품을 통해 태국 전통무용을 쉽게 접할 수 있다. 디너쇼 등에서 공연되는 콘은 앞서 살펴본 극장가면극과는 또 다른, 외국인 관광객에게 특화된 새로운 형태이다. 물론 이 관광상품들이 고객층을 외국인으로 한정한다고 명시하고 있는 것은 아니다. 하지만 관람료와 공연 양식, 공연 시간 등을 살펴보면, 외국인 관광객을 겨냥하고 있다는 사실을 잘 알 수 있다. 여러 종류의 전통무용이 태국 요리와 결합되어 동시에 진행되는 것도 외국인 관객의 기호에 맞게 변형되고 가공된 것이다.[15]

5성급의 만다린 오리엔탈 호텔 별관에서 예약제로 진행되는 쌀라 림 남 디너쇼는 외국인을 대상으로 하는 태국요리와 전통무용이 결합된 대표적인 관광코스이다. 우선 가격대가 다소 높다. 1인당 기본 2,500바트(약 9만 4,000원)로, 여기에 음료를 추가하면 1인당 10만 원 이상의 예산이 소요된다. 흥미로운 점은 복장 규제가 있다는 것이다. 반바지와 샌들 등 지나치게 캐주얼하고 격식을 갖추지 못한 복장은 입장이 제한된다.[16] 이곳에서는 수요일을 제외하고 매일 저녁 7시부터 10시 30분까지 태국 전통무용과 함께 태국 코스 요리가 제공되는데, 공연은 저녁 8시 30분부터 9시 45분 사이에 약 한 시간 정도 진행된다. 기본적으로 전통악기 합주에 맞추어 약

---

15 함께 제공되는 음식 또한 외국인들의 취향에 맞춰 맵고 자극적인 향신료 사용을 자제하여 조리되고 있다.

16 전화 예약 시 복장 규칙에 대한 안내를 받는다. 복장 규칙은 홈페이지를 통해서도 확인할 수 있는데, 여성은 '우아한' 복장, 남성은 와이셔츠에 긴 바지를 입고 구두 착용이라고 규정하고 있다. 음료 가격은 250바트부터다. 필자가 방문했던 2016년 8월 6일은 다음날 있을 선거 때문에 술은 판매되지 않았다. 태국은 선거 전날은 술 판매를 금지하고 있다.

사진 8 관객에게 인사하는 쌀라 림 남 디너쇼의 출연진

사진 9 쌀라 림 남 디너쇼에서 제공되는 태국 코스 요리

5분씩 가면무용극 콘을 포함한 6개의 전통무용이 차례로 공연되며, 전통의상을 갖춰입은 사회자가 각 공연이 시작되기 전 무대에 등장해서 영어와 태국어로 간략하게 설명한다. 6개 전통무용 중에서 화려한 의상으로 위엄 있는 분위기를 제공하는 주역을 콘이 맡고 있다.[17] 여기서 공연되는 콘은 프라람과 톳싸깐 간의 전쟁 장면 중심으로 경건하고 다소 무거운 분위기를 연출한다. 극장에서 진행되는 일반적인 콘 공연과는 다르게 내레이터의 대사 없이, 춤과 동작만으로 짧고 강렬하게 구성된다. 해학적 요소는 전혀 찾아볼 수 없으며, 관객에게 태국 전통문화의 '진정성'을 전달하는 데 중점을 두고 있다. 공연 중간에도 사진촬영을 자유롭게 허용하며, 공연이 끝난 후에는 등장인물들이 객석으로 내려와 관객에게 기념촬영 기회를 제공한다. 필자가 방문했던 날은 외국인 관광객들로 만석이었으며, 내국인은 한 팀도 없었다. 이곳의 주요 고객층은 일본인과 서양인, 중국인 등이다.

비슷한 예로 방콕 아시아티크 야시장에 위치한 칼립소 카바레Calypso Cabaret에서도 매일 저녁 7시에 전통무용과 태국요리를 결합한 상품을 제공하고 있다.[18] 칼립소 카바레는 원래 트랜스젠더 쇼로 유명한 곳인데, 기존에 위치해 있던 아시아 호텔에서 2012년 오픈한 아시아티크로 이전하면서 전통무용 공연을 추가했다. 이곳 역

---

17 쌀라 림 남 홈페이지의 대표 화면을 콘이 장식하고 있다.

18 저녁 6시 30분부터 입장 가능하며 가격은 2,000바트(약 7만 5,000원)로 1층 입구에서 입장권을 따로 구입해야 한다. 공연은 약 50분간 이루어진다.

시 주요 고객층이 일본인과 서양인을 비롯한 외국인 관광객이다.[19] 5개의 전통무용이 차례로 진행되는데, 그중 콘 공연이 두 번 포함되어 있다. 하누만과 그의 셋째 부인이자 톳싸깐의 딸 쑤빤나맛차Supanna Matcha의 애정 신 그리고 프라람과 톳싸깐 간의 전쟁 신, 이 두 에피소드가 짧게 공연된다. 공연 양식은 앞서 언급한 쌀라 림 남 디너쇼와 기본적으로 동일하지만, 전통악기 실연이 생략되어 있고 장소, 음식 메뉴가 조금 더 캐주얼하다.

그 외에 약 2,000명을 수용할 수 있는 규모의 싸얌 니라밋Siam Niramit 또한 외국인 관광객에게 잘 알려진 전통무용 공연 중 하나이다.[20] 이처럼 태국 전통무용과 요리의 결합은 현지 물가를 고려할 때 가격대는 다소 높지만, 외국인 관광객들이 선호하는 관광상품으로 자리매김하고 있다.

최근에는 콘을 소재로 한 테마파크도 등장했는데, 방콕 근교에 위치한 무반 콘 쌀라야Muban Khon Salaya가 대표적이다. 여기서는 콘 관람뿐만 아니라 콘 관련 용품을 구입할 수 있으며, 가면을 직접 만

---

19 약 15개의 테이블이 있는 크지 않은 규모로, 만석인 경우가 많다. 필자가 방문했을 때(2016년 8월 7일) 태국인은 한 팀도 없었으며, 가이드를 동행한 일본인 단체 관광객이 절반 이상을 차지하고 있었다. 필자가 관객의 국적을 쉽게 파악할 수 있었던 것은 각 테이블마다 관광객의 국가 깃발이 놓여 있었기 때문이다.

20 이곳에서는 식사가 포함된 코스와 식사가 포함되지 않고 공연만 볼 수 있는 코스 중 선택할 수 있다. 식사가 포함된 코스의 경우, 공연 전에 따로 마련된 레스토랑에서 뷔페식으로 식사를 먼저 해야 한다. 좌석 등급 및 식사 여부에 따라 1,500바트에서 2,850바트(약 5만 6,000원에서 10만 7,000원)까지 가격이 설정되어 있다. 공연은 총 3개 장으로 이루어져 있는데, 1장에서는 란나 왕조, 아유타야 왕조 등 태국의 역대 왕조와 다양한 민족과 문화로 구성된 태국인들의 모습을 재연한다. 2장에서는 다양한 문화를 배경으로 하는 태국인들을 통합하는 데 중요한 역할을 한 불교 사상을 주제로 공연이 펼쳐진다. 마지막 3장에서는 태국의 전통 축제들이 재연된다.

들어보고 무용도 배울 수 있다. 지리적 접근성이 좋지 않아 방문객 수는 많지 않으나, 이 사례에서도 콘을 관광산업과 연계하려는 민간의 노력을 확인할 수 있다.

나가는 말

힌두 신화 『라마야나』는 태국 사회를 조직하고 기성 질서를 유지, 강화하는 데 크게 기여해왔다. 왕실은 왕권 강화라는 정치적 목적 아래 태국의 문화적 가치와 환경에 맞게 『라마야나』를 각색하고 가공했다. 이런 과정을 거쳐 탄생한 것이 지금은 태국의 서사문학이라고 불리는 『라마끼안』이다.

역사적으로 『라마끼안』을 가시적으로 표현하기 위해 활용된 가면무용극 콘은 왕실을 대변하고 국왕의 신성함과 위엄을 상징하는 공연예술로서 출발했지만, 급변하는 시대적 환경에 적응하여 현재에 이르기까지 변형을 거듭해왔다. 콘의 현대적 변용 과정에서 보이는 가장 큰 특징은 내국인에게는 기존 왕실의 이미지를 유지하면서도 대중화와 보편화가 진행되고 있는 한편, 외국인 관광객에게는 콘을 활용한 관광 고급화 전략이 전개되고 있다는 것이다. 그 변화의 중심에는 태국 정부의 전통문화 계승을 위한 노력 그리고 관과 민이 하나가 된 관광산업 전략이 있다. 공연시간이 짧아졌고, 내용은 축약되었다. 대신 재미와 화려한 볼거리를 제공하고 디지털 기술을 도입하는 등, 다양한 외형적 변화가 시도되고 있다. 외국인을 대상으로 할 때는 대사와 해학적 요소는 생략하는 대신 전통문화의 '진정성'을 전달하는 방향으로 특화되기도 한다.

콘의 사례는 급속한 현대화의 진전 속에서 왕실의 전통이라는 문화적 가치를 보존하는 동시에 관광요소를 결합시켜 '새로운 전통문화'를 창조해가는 과정을 잘 보여준다. 여기에는 어떻게 하면 전통문화가 현대도 지속, 존속될 수 있는지에 대한 다양한 주체들의 고민이 반영되어 있다.

욧떼쁘웨,
미얀마 전통인형극

이지은

미얀마에 가본 적이 있는 사람들이 가장 인상 깊었던 것으로 꼽는 것은 단연 이 나라 곳곳에서 볼 수 있는 황금빛 파고다들이다. 그 외에 미얀마의 특산물인 진주와 자개 공예품, 티크 조각품 등을 구경하고 구입했던 일을 회상하는 이들도 있고, 고급 호텔과 식당 혹은 극단에서 관람했던 공연을 꼽는 이들도 있다. 여러 형식의 공연물들이 있지만, 그중 미얀마의 전통 극예술 '욧떼쁘웨 Yokethay Pwe'는 미얀마를 찾은 사람들에게 매우 이색적인 즐거움을 안겨준다.

욧떼쁘웨는 미얀마에서만 볼 수 있는 독특한 공연예술로, 보통 12마디의 관절로 이루어진 인형에 줄을 매달아 조작하는 꼭두각시극이다. 미얀마어 '욧떼쁘웨'는 '형상'을 가리키는 말 '어욧ayoke'과 '작다'라는 뜻을 지닌 '떼이thay'가 합쳐져 작은 형상, 즉 인형을 가리키는 말이 된 '욧떼'에 공연이나 축제 등을 가리키는 말 '쁘웨pwe'가 합쳐진 말로서, 인형으로 공연하는 극을 의미한다. 욧떼쁘웨를 관람하는 관객들은 흡사 살아 있는 인간처럼 섬세하게 움직이는 인형들의 모습에 감탄하곤 한다. 여기에 더하여, 인형극의 흐름을 이끌고 분위기를 고조시키는 데 중요한 역할을 하는 미얀마 전통 오케스트라 '사잉와잉hsaing waing'의 연주는 관객들이 인형극에 더욱 깊이 빠져들게 만든다. 사잉와잉의 웅장한 연주는 느리거나 빠르게 춤추는 인형들의 모습을 더욱 생동감 있게 만들어준다. 극 중 인형을 조종하는 인형사들의 추임새까지 더해져 인형극의 흥은 더욱 고조된다. 이처럼 많은 사람들의 관심을 받고 있는 욧떼쁘웨는 미얀마에서 언제부터 시작되었으며 공연을 구성하는 주요 내용은 무엇일까?

1. 욧떼쁘웨의 기원

욧떼쁘웨의 기원은 500년 이상 거슬러 올라간다. 욧떼쁘웨라는 명칭이 정확하게 기재되지는 않았지만 미얀마에 최초로 이와 관련된 기록이 사료로서 나타나기 시작한 때는 1444년으로, 어와 왕조Ava dynasty, 1364~1555의 왕 나라빠띠Narapati, 재위기간 1443~1469가 건립한 투빠용 사원Htupayon Phaya의 비문에서 관련 기록을 찾아볼 수 있다. 나라빠띠는 파고다 건립을 기념하기 위해 주변 여러 국가의 왕과 손님들, 그리고 미얀마 전역의 승려들을 초대해 큰 행사를 열었는데, 예술가들을 비롯한 수많은 전문가들이 이 행사의 성공적 개최를 위해 자신들이 가진 예능과 기술을 기부했다. 나라빠띠는 행사를 위해 자신의 기술을 기부하거나 행사에 참여한 사람들의 공을 기리기 위해 그들의 이름을 전부 비문에 기록했는데, 그중에는 당시 유명했던 인형사의 이름도 발견된다(사진 1, 2).

몇몇 학자들은 이보다 더 오랜 과거로 거슬러 올라가 욧떼쁘웨의 기원을 설명하기도 한다. 쀼 시대Pyu, BC 2세기~11세기 중반 혹은 버강 시대Bagan, 849~1297의 토기, 벽화, 사원 등에서 발견되는 춤추는 모습을 증거로 들어 이 시기에 이미 공연예술이 상당한 발전을 이룩했으며, 욧떼쁘웨 역시 이러한 공연예술과 함께 발전했을 거라고 추정한다. 하지만 이것을 입증해 줄 만한 확실한 증거는 아직 발견되지 않았기 때문에, 대략 15세기 초에 욧떼쁘웨가 생겨났다는 것이 현재까지는 정설로 받아들여지고 있다.

이후의 기록은 그로부터 40년 뒤 승려 싱 마하 라타따라Shin Maha Rahtathara, 1468~1529가 쓴 시詩에서 발견된다. 그가 1484년에 쓴 시 「부리닷 링가지Buridat Lingargyi」의 152절에는 자기들의 왕과 바라나시Varanasi 왕의 딸을 혼인시키고자 바라나시 왕을 설득하기 위해 그 도

사진 1 미얀마 북부에 위치한 저가잉Sagaing 지역의 투빠용 사원

사진 2 투빠용 사원의 비문. 비문 52~55행에 다른 예술가들의 이름과 함께 어옷데(인형사)와 어옷데 싱삔냐 더베이(전문 인형사의 제자)의 이름이 새겨져 있다

시를 침공하는 나가Naga[1]의 모습이 서술되어 있다. 시 속에서 나가는 나뭇가지와 잎 사이에 숨어 있는 모습으로 또는 몸통을 곧게 뻗거나 구부리고 혹은 똬리를 틀며 나무줄기에 올라갔다가 다시 내려오는 모습으로 묘사되는데, 시에는 이런 나가의 모습이 마치 줄로 조종하는 인형과 닮았다고 서술되어 있다. 이것으로 보아 1444년 이후에도 욧떼쁘웨가 계속 공연되었음을 확인할 수 있다. 이외에도 싱 마하 라타따라는 1529년, 부처의 전생담을 담은 자따까에 기초해 스토리를 윤색한 「딴와라Thanwara」라는 시를 썼다. 이 시의 168절에는 온갖 직종의 사람들로 꽉 차 있는 축제에서 개최된 공연이 묘사되어 있는데, 그 묘사 중 밝은 조명 아래에서 큰 인형 '욧찌yokekyi'와 작은 인형 '욧응에yokenge'의 춤이 공연된다는 내용이 나온다. 이것을 욧떼쁘웨의 존재에 대한 근거로 볼 수 있다.

또한 1691년 승려 우껄라U Kala가 쓴 책으로 알려진 『대왕조사』 18장에는 따웅우 왕조Taungoo Dynasty, 1486~1752의 왕 아나욱펫룬Anaukpetlun, 재위기간 1605~1628 시대에 미얀마를 방문한 외국 사절단을 환영하기 위해 준비된 수많은 공연에 관해 서술되어 있다. 그중 '어욧찌ayokekyi, 큰 인형'와 '어욧응에ayokenge, 작은 인형'가 포함된 공연이 개최되었다는 구절을 통해 역시 욧떼쁘웨의 존재를 확인할 수 있다. 당시 미얀마 왕실에는 드럼 연주가와 남성 및 여성 무용수, 배우, 아유타야 오케스트라 등이 포함된 왕의 개인 극단이 있었다. 『대왕조사』

---

1 인도 신화에 나오는 반신半神의 뱀.

의 기록은 17세기경 욧떼쁘웨가 왕실을 방문한 중요한 손님들을 환대하기 위한 공연에 포함될 정도로 미얀마를 대표하는 왕실 공연 예술이었음을 보여준다. 처음 미얀마 사료에 언급된 15세기와 비교할 때 욧떼쁘웨가 상당한 발전을 이룩해 미얀마의 대표 문화로서 자리를 잡았음을 확인할 수 있다.

그러나 17세기까지도 미얀마에서 발견된 많은 비문과 사료들에는 욧떼쁘웨가 정확한 명칭이 아닌 '어욧데, 어욧찌, 어욧응에'와 같은 여러 용어로 지칭되고 있다. '욧떼Yokethay'라는 용어는 19세기가 되어서야 비로소 등장한다. '메누 옥 짜웅Menu Oak Kyaung'으로 더 많이 알려진 '마하 아웅메 봉잔 옥 짜웅 도지Maha Aungmye Bonsan Oak Kyaung Taw Kyi'는 어와Ava 또는 Inwa에 위치한 벽돌 사원인데, 이곳에 '욧떼'라는 용어가 최초로 사용된 비문이 봉헌되어 있다(사진 3). 이 비문에는 1823년 이 사원에서 개최된 기부행사에서 열린 수많은 공연들에 대한 내용들이 간략히 서술되어 있는데, 74~77행에서 "잣찌zatkyi와 욧떼가 공연되었다"라는 구절이 발견된다. 전통시대 미얀마에서 사원은 마을 사람 모두가 모이는 중심 공간이었다. 미얀마에서 사원이라는 공간이 지니는 이 같은 특성을 감안하면, 메누 옥 짜웅의 비문 기록은 이 시기에 이르러 욧떼쁘웨가 대중화되었음을 보여주는 증거로 볼 수 있다.

사진 3 메누 옥 짜웅

2. 욧떼쁘웨의 장면 구성

욧떼쁘웨는 서극을 포함하여 총 4막으로 구성되며, 각 막마다 명확한 주제가 있고 인형의 종류도 달라진다. 서극부터 3막까지는 인형극의 고정 장면으로, '떠마진thamazin'[2]이라고 불린다. 마지막 공연 순서 혹은 중간에 삽입되는 4막은 극단에 따라 다양한 주제로 공연이 이루어진다. 이로 인해 현대의 욧떼쁘웨에는 전통시대에 비해 새로운 인형들이 추가되는 경향이 있다.

서극

서극에서는 미얀마의 전통적인 우주관[3]을 엿볼 수 있다. 이 우주관에서 보면 지구는 불, 물, 바람이라는 3가지 요소에 의해 총 64번 파괴된 후 다시 창조되었는데, 이처럼 세계가 창조된 이후 최초의 거주자가 '낫'이라고 전해진다. 이에 따라 본극이 시작되기 전에 공연되는 서극에서는 낫을 불러내는 영매靈媒 낫거도natkadaw 인형이 등장해 낫을 초대하는 춤을 춘다(사진 4).

---

2 미얀마어로 '선생님'을 뜻하는 '떠마thama'와 '내려오다'를 뜻하는 '신sin 혹은 zin'이 합쳐진 단어 떠마진은 글자 그대로 '예로부터 욧떼쁘웨 전문가들에 의해 내려오는 전통'을 의미한다. 다시 말해 떠마진은 인형극을 공연할 때 꼭 있어야 하는 이야기이므로 떠마진이 없는 인형극은 제대로 된 인형극이라고 할 수 없다. 떠마진은 낫거도 장면, 히마원따 장면, 따잉삐띠 장면, 그리고 흐너빠뚜아 장면으로 구성된다.

3 종말의 시간에 7개의 태양이 뜸으로써 지구가 불에 타 황폐화되었다고 한다. 그후 지구를 새롭게 창조하기 위해 비가 내렸는데, 이때 태양과 달과 별이 생겨났다. 태양과 달과 별이 사라지면 또다시 비가 내리고, 비가 그치면 7개의 태양이 떠 지구가 불에 탔다. 이렇게 지구는 7개의 태양에 의해 56번 멸망하고 지구를 창조하기 위해 내렸던 비로 인해 7번 황폐화되었으며, 그후 거센 바람으로 1번 파괴되었다. 따라서 지구는 불, 물, 바람 이 3가지 요소에 의해 총 64번 파괴되었다고 전해진다.

낫거도는 모든 신들의 왕이라 불리는 더자밍Dhagyamin, 공연이 진행되는 장소 근처에 있는 낫 그리고 마지막으로 37낫의 순으로 낫에게 경의를 표하고 그들을 기리는 역할을 수행한다. 이처럼 낫거도는 주요 낫들에게 공연의 시작을 알린 다음 공연에서 중요한 역할을 수행하는 인형사와 사잉와잉 오케스트라, 그리고 관객들에게 경의를 표한다. 그럼으로써 악의적인 힘으로부터 주변을 정화하고 공연의 성공을 기원한다. 낫거도는 이러한 역할을 하기 위해 낫이 선호하는 빨간색 의복을 입고 낫에게 경의를 표하는 의례로서 실제 낫거도의 움직임을 기반으로 한 춤을 추는데, 낫이 좋아하는 과일인 코코넛 한 개와 바나나 두 다발을 공물로 바치는 거도브웨 gadobwe[4]가 낫거도의 춤을 통해 재현된다(사진 5).

1막 히마원따 장면

1막에서는 지구가 창조되었을 때 생긴 히마원따Himawunta 산을 묘사하고 있는데, 그곳은 물소·소·코끼리·말 등과 같은 육상동물과 악어·거북·물고기 등과 같은 수생동물, 그리고 초인간적인 존재만 거주하는 곳이다. 인간이 아직 존재하지 않았던 이 시기의 일들이 히마원따 산 장면에서 펼쳐지는데, 그 첫 장면은 언제나 백마 모양을 한 '밍mying' 인형으로 시작된다. 처음 세상이 창조되었을 때 창공에 말 머리의 형상을 한 아따와니Athawani 별이 떠 있었기 때문이다.

4 신을 기리고 경의를 표하기 위해 공물을 바치는 의례.

사진 4 낫거도 인형

사진 5 공연에서 사용되는 거도브웨의 공물

표1 히마원따 장면의 인형 등장 순서

<table>
<tr><th></th><th colspan="6">왼쪽 → 오른쪽</th></tr>
<tr><td>미얀마어</td><td>밍</td><td>먀욱</td><td rowspan="2">먀욱
빌루</td><td>난빌루,
또빌루</td><td>글롱,
나가</td><td>조지</td></tr>
<tr><td>한국어</td><td>말</td><td>원숭이</td><td>왕궁의 빌루,
숲의 빌루</td><td>가루다,
나가</td><td>연금술사</td></tr>
</table>

말은 세상에 생겨난 최초의 생명체이기 때문에 아무도 그에게 안장을 얹고 고삐를 맬 수 없었다. 이런 이유로 인형극이 처음 시작되었을 당시 밍 인형은 아무것도 걸치지 않은 하얀 말로만 재현되었다. 하지만 이후 영국으로부터 승마 경주가 도입됨에 따라, 인형극의 밍 인형 모습에도 변화가 일어났다. 화려한 장신구를 갖추고 아름답게 꾸민 모습으로 변화했는데, 나중에는 마부 사이껄라hsaikala와 동행하는 것으로 내용의 변화가 이루어졌다(사진 6). 이런 점에서 볼 때, 화려하게 꾸민 밍 인형은 역설적이게도 인형극이 쇠퇴기에 접어들 무렵 등장한 형태로 추정할 수 있다.

밍 인형의 춤이 끝나면 뒤를 이어 원숭이 '먀욱myauk'이 등장한다(사진 7). 더빈원Thabin Wun[5]이 고안한 규칙에 따르면, 먀욱 인형은 나무 끝에 매달려 무서워하는 표정을 지으며 등장해야 한다. 먀욱은 자신의 꼬리가 뱀이라고 생각해 무서워하며 놀라서 뛰어다니는 모

5 싱구 왕Singu, 재위기간 1776~1782 시대에 공연예술을 관리하는 더빈원 직위가 도입되어 인형극을 포함한 많은 공연예술이 체계적으로 조직되고 관리되었다. 이후 바지도Bagyidaw, 재위기간 1819~1837 시대인 1821년 새로운 더빈원으로서 임명된 우 또U Thaw가 욧떼쁘웨만을 위한 규칙을 제정했다.

사진 6 밍(말)과 밍 위에 올라탄 사이껄라 인형의 모습

사진 7 마욱 인형

습으로 재현된다. 이후 꼬리가 자기 몸의 일부라는 것을 깨닫고 두려움에서 벗어난 먀욱의 심리상태가 주변을 빙 돌면서 추는 춤사위로 표현된다.

먀욱의 춤이 끝나갈 즈음에 긴장감 넘치는 곡조의 음악과 함께 초록색 피부에 금색 얼굴을 한 '빌루Belu' 인형 2개가 합류한다(사진 8). 무대 왼편(관객의 입장에서는 무대 오른쪽)에는 평평한 투구를 쓴 숲의 빌루 '또빌루taw belu'가 등장하고, 무대 오른편에는 첨탑처럼 뾰족한 투구를 쓴 왕궁의 빌루 '난빌루nan belu'가 등장한다. 이들은 앞쪽으로 걸어가 날아오는 적이 있는지 확인하기 위해 하늘을 살펴본 다음, 다시 뒤쪽으로 걸어가 지상 침입자의 존재를 살핀다. 이후 다시 앞쪽으로 걸어나가 먀욱 인형이 무대에서 퇴장할 때까지 그를 괴롭히고 쫓는다.

먀욱 인형이 퇴장하고 무대 위에 둘만 남게 되면 빌루 인형들은 무대 위를 활보하며 서로를 계속 쫓는다. 경쾌하고 리듬이 점점 빨라지는 음악과 함께 빌루의 싸움은 고조된다. 이들은 왕좌의 보물regalia 중 하나인 단도 딴렛thanlyet을 지니고 있지만, 춤을 추는 동안에는 팔을 똑바로 든 채 검을 휘두르지 않는다. 그렇게 얼마간 싸움이 이어진 끝에 상대를 쓰러뜨린 빌루가 상대의 몸 위에 다리를 꼬고 앉아 다리를 터는 모습은 관객들의 웃음을 자아내기도 한다.

빌루의 뒤를 이어 신화 속의 새 '글롱galon'과 뱀 '나가'가 무대 위에 등장한다(사진 9). 인간처럼 팔다리를 갖춘 몸에 독수리의 머리를 한 모습으로 표현되는 글롱은 공기를, 뱀 형상을 한 나가는 물

사진 8 빌루 인형

사진 9 글롱과 나가 인형

을 상징한다. 전설에 따르면 글롱은 나가의 두개골을 부수고 그 뇌를 먹기 위해 나가를 뒤쫓고, 나가는 결코 글롱을 이길 수 없다고 한다. 두 인형은 무대 위에 등장하자마자 치고 받고 싸우는 모습으로 재현된다.

이처럼 세상이 창조되고 산·숲·물·땅·대양에 사는 동물들이 차례로 등장하는 히마원따의 마지막 장면에는 연금술사 '조지zawgyi'가 등장한다(사진 10). 조지는 깊은 산속에서 수행을 하여 초자연적 힘을 터득한 존재로 알려져 있다. 신력이 깃든 지팡이 덕분에 땅 속으로 파고 들어가거나 하늘을 날 수 있다고 여겨지며, 조지의 춤 역시 초자연적 능력을 보여주는 동작들로 구성된다. 난간 위를 뛰어 등장하거나 왕궁 입구에서 나오는 동작은 조지가 하늘을 나는 신력을 지녔음을 보여준다. 천천히 부드럽게 무대 위를 돌아다니며 춤을 추던 조지의 동작은 시간이 흐름에 따라 경쾌한 리듬의 음악과 함께 빠르고 활발한 동작으로 바뀐다. 항상 지니고 있는 지팡이에 거꾸로 매달리는가 하면 공중제비를 하는 등 현란한 기교를 보여주는 조지의 춤은 관객에게 큰 즐거움을 준다.

조지는 빌루나 웅지wungyi, 관리와 마찬가지로 가장 적은 수의 줄로 조작되는 인형이다. 하지만 현란한 움직임을 통해 그가 가진 신묘한 능력을 보여줘야 하는 까닭에 조지의 춤은 같은 수의 줄로 조작하는 다른 인형들의 춤에 비해 어렵고, 그만큼 솜씨 좋게 줄을 다루는 능력이 요구된다. 이런 이유로 조지 인형을 잘 다루는 인형사가 인형을 가장 잘 다루는 사람으로 실력을 인정받곤 한다. '조지

사진 10 연금술사 조지

를 조종한다'는 뜻의 '조쉐디zawswaethi' 혹은 '남보다 한 수 위의 기술을 지닌 사람'을 뜻하는 '루뽀루조lupawluzaw' 등의 표현은 조지 인형을 다루는 기술의 우위를 잘 보여준다.

2막 따잉뻬띠 장면

2막은 왕국 건립을 통해 세계가 창조된 것을 표현한다. 서극과 1막을 통해 보여준 지구의 멸망과 창조는 왕국의 건립을 위한 하나의 장치라고 할 수 있다. 2막 '따잉뻬띠Tainpyiti, 즉 왕국 설립 장면'은 왕국이 세워진 후 왕이 무대 위에 등장하기 전 네 명의 '웡지'들이 회의를 위해 내각 흘루또Hluttaw에 모인 장면으로 시작된다.

제일 먼저 초록색 옷을 입고 초록색 가웅바웅gaung baung을 쓴 빨간 얼굴의 총리 '밍지뗏또시mingyi that taw shei'가 무대 위에 등장한다. 뒤이어 빨간색 옷을 입고 빨간색 가웅바웅을 쓴 흰 얼굴의 내무부 장관 '쉐따익웡shwe taike wun'이 등장하고, 이어 긴 머리를 묶고 초록색의 옷에 흰색의 가웅바웅을 쓴 흰 얼굴의 장관 '웡타웃또wun htaut taw', 마지막으로 빨간색 옷을 입고 흰색의 가웅바웅을 쓴 빨간 얼굴의 시장 '묘웡myo wun'이 차례로 무대 위에 오른다(사진 11). 이들은 배경음악에 맞춰 무대 위로 나와 서로 인사를 나눈 후 간격을 두고 한 명씩 자리에 앉는다.

점잖은 관리의 모습을 표현한 웡지 인형은 본래 춤추는 인형이 아니기 때문에 다른 장면들에 비해 그리 인상적인 동작을 보여주진 않는다. 이런 이유로 근래에는 웡지 인형 장면에서 관객들이 지

표2 따잉삐띠 장면의 인형 등장 순서

	왼쪽 → 오른쪽						
미얀마어	밍지뗏또시	쉐따익웡	웡타욱또	묘웡	밍지뗏또시 쉐따익웡 웡타욱또 묘웡	뜽예도	버잉
한국어	총리	내무부 장관	장관	시장		시동	왕

루함을 느끼지 않도록 악기 연주 소리에 맞추어 춤을 추는 모습으로 연출되기도 한다. 그렇다고는 해도, 직위와 위신을 의식하는 관리의 춤은 기껏해야 보통보다 손을 조금 더 높이 올려 움직이는 정도이다. 하지만 마지막에 약속 시간에 늦어 급하게 뛰어온 것처럼 엇박자의 걸음걸이로 걸어오며 박자에 맞지 않게 머리를 끄덕이며 등장하는 묘웡의 모습은 관객들의 웃음을 자아내기도 한다.

이 네 인형 외에도, 인형극에서 웡지가 등장하는 4~5분 동안 상황에 따라 필요한 웡지들이 등장하기도 한다. 선박과 관련된 일은 '흘레떤웡', 범죄와 관련된 일에서는 '야자당웡' 등의 웡지 인형이 선택되어 그에 맞는 이야기가 전개된다.

웡지의 뒤를 이어 네이야또킹nay yar taw khin 혹은 셰또뻬이shay taw pyay 등 여러 명칭으로 불리는 왕실의 시동 '뜽예도thungedaw' 인형이 등장한다. 이 인형은 왕이 무대에 나오기 전 그의 자리를 마련해준다는 의미를 갖는다. 뜽예도는 왕궁에서 심부름을 하는 14세의 어린 소년으로, 나이가 어린 것을 분명하게 표현하기 위해 다른 인형들보다 작은 크기로 제작된다. 뜽예도 인형은 보통 머리를 양쪽으

사진 11 웡지 인형

로 묶고 큰 목걸이를 착용하거나 양볼에 떠나카thanaka를 바른 모습으로 표현된다(사진 12).

뜨예도의 춤은 집게손가락만 앞으로 곧게 뻗고 나머지 네 손가락은 접은 채 다리를 살짝 구부리며 앞뒤로 움직이는 것이다. 대부분 다리를 움직이는 것이 전부이기 때문에, 뜨예도 인형을 조종하는 것은 겉보기와 달리 꽤 용이하다. 이런 이유로 뜨예도 인형의 조종은 경험이 별로 없는 인형사나 배우는 단계의 학생들이 맡곤 한다.

따잉삐띠 장면의 마지막에는 왕인 '버잉bayin'이 등장한다(사진 13). 왕은 화려한 머리 모양을 하고 왕실을 상징하는 가웅바웅을 착용하고 있기 때문에 쉽게 알아볼 수 있다. 버잉 인형의 모습은 극단에 따라 조금씩 차이는 있지만 대개 미얀마 왕들이 중요한 행사에서 입던 황금색 스팽글로 화려하게 장식한 의복과 다층으로 구성된 왕관을 착용한 모습으로 재현되곤 한다.

왕이 무대 위에 등장한 후에는 왕과 관리들이 딱실라Takkasila의 왕립대학교에서 3년간 18개의 기술을 배운[6] 왕자에 관한 이야기를 나누는 내용이 전개된다. 왕은 학업을 마친 왕자가 왕궁으로 돌아올 시간이라며 시종에게 마중 나가라고 명령을 내린다. 이어지는 3막에서는 왕자와 함께 왕궁에 온 공주와 시종 역으로 등장하는

6 미얀마 인형극에서 왕자는 왕의 아들인 동시에 계산·천문학·점성술·춤·작곡·전투술·행정·연주에 이르기까지 모든 것에 능숙해야 한다. 따라서 왕자는 18개의 주요 기술을 습득해야만 하는데, 이것은 (1)점성술 (2)조각 (3)수학 (4)의학 (5)도덕 (6)물리학 (7) 음악과 무용 (8)대수학 (9)궁술 (10)고어 (11)천문학 (12)문학 (13)약학 (14)요술 (15)시작詩作 (16)수사학 (17)문법 (18)주문呪文이 해당이다.

사진 12 뜽예도 인형

사진 13 왕좌에 앉아 있는 버잉 인형의 모습

2명의 익살꾼이 무대에 오른다.

따잉삐띠 장면은 왕과 관리들이 일반 언어와 구별되는 섬세하고 고급한 어휘를 사용해 궁중의 사안을 논의하는 장면이다. 이로 인해 이 장면은 어린이를 비롯해 일반 관객은 이해하기 어렵고 지루해하기 십상이다. 이런 이유로 관광객들을 주요 관객으로 하는 근래의 욧떼쁘웨 공연에서는 이 장면이 생략되는 경우가 많다.

3막 흐너빠뚜아 장면

인형극의 3막 '흐너빠뚜아Hnapathwa' 장면에는 왕자를 뜻하는 '밍다mindha'와 공주를 뜻하는 '밍더미mindhami'가 등장한다(사진 14). 이 장면은 밍다와 밍더미의 섬세한 춤 동작과 두 사람의 사랑 이야기를 담은 노래로 구성된다. 인형사의 조종 기술뿐 아니라 노래 실력도 요구되는 장면이다. 이런 요소로 인해 흐너빠뚜아 장면은 관객들의 관심을 끌고 분위기를 최고조로 끌어올리는, 욧떼쁘웨의 클라이맥스 장면이라 할 수 있다.

밍다와 밍더미 인형이 등장한 뒤에는 루신도lushwindaw, 즉 익살꾼인 딴초가잉 루뺏thanchokai lupyat과 딴뺏가잉 루뺏thanpyatkai lupyat[7]이 무대 위에 나란히 등장한다(사진 15). 이 두 인형이 나오는 장면은 1885년 영국의 식민 지배가 시작된 이후로는 더 이상 상연되지 않아 현대의 인형극단에서는 대부분 이 인형들을 찾아보기 어렵다.

---

7 루신도 인형 중 하나인 딴초가잉은 감미롭고 부드러운 목소리를 가졌으며 사실상 욧떼쁘웨 공연의 시인이자 작가였다. 다른 한 인형은 걸걸한 목소리를 가진 딴뺏가잉으로 딴초가잉을 보좌하는 역할을 한다.

사진 14 밍다와 밍더미 인형

사진 15 밍다와 밍더미, 양 가장자리의 루신도 인형

유일하게 만달레이의 인형극단에서만 이 두 인형의 장면이 공연되고 있다. 이 극단에서 공연되는 루신도들의 장면은 관객들의 관심과 호응을 이끌어내기 위해 해학적인 장면으로 연출되곤 한다. 특히 루신도가 익살스러운 춤을 추며 자신의 성기를 내보이는 장면은 많은 관객들의 폭소를 이끌어낸다. 루신도의 짓궂은 동작을 보여주는 것으로 끝내지 않고 인형사가 잠시 개입해 "미안합니다"라는 말을 각국의 언어로 덧붙이는 대목에서 관객들의 호응은 최고조에 이른다.

루신도 인형은 해학적인 요소들 때문에 오락거리를 제공하기 위해 삽입된 것으로 여겨질 수 있으나, 사실은 전통시대 인형극에서 없어서는 안 될 중요한 등장인물이다. 특히 딴초가잉 인형은 관객에게 시나 이야기를 계속 전달하는 역할을 수행했다. 이런 이유로 딴초가잉 인형의 조종자는 시인이나 작가처럼 해박한 지식을 보유하고 있어야 할 뿐 아니라, 공연 중 즉흥적으로 시를 창작해내는 능력 또한 갖추어야 한다. 이뿐만 아니라 전통시대에 루신도는 왕자와 공주가 춤을 추기 전 이 공연이 왕이나 왕비 혹은 왕자나 공주의 후원을 받아 열리는 공연이라는 사실을 관객에게 알리는 역할도 수행했다. 인형극을 진행하는 인형사들과 사잉와잉 연주가들의 이름을 시적 운율에 맞추어 낭송하는 일 또한 루신도 인형의 몫이었다.

이처럼 다양한 역할 때문에 루신도는 인형극에서 빠뜨릴 수 없는 존재였지만, 식민 지배 이래 왕실의 후원을 받을 수 없어 욧떼쁘웨 극단들이 생계를 꾸려나가기 힘들어짐에 따라 루신도가 더 이상 등장하지 않게 된 것으로 보인다. 극단이 후원을 받지 못하자 인형사와 사잉와잉 연주자를 포함해 극단 구성원이 점차 줄어들었고, 마침내는 인형의 수와 인형극의 줄거리 등이 대폭 축소되기에 이른 것이다. 루신도의 운명은 이러한 시대 배경을 단적으로 보여준다. 공연 내용을 즉흥적으로 생각해내거나 왕실의 후원을 받았음을 알리는 광고자 역할을 할 필요가 없어짐에 따라, 식민 지배 이후 인형극을 공연하는 대부분의 극단에서 루신도 인형은 설 자리를 잃게 되었다.

위에서 언급한 3개의 장면 이외에도 극단에 따라 막이 추가되기도 한다. 추가되는 장면은 공연의 맨 마지막에 배치되기도 하고 중간에 삽입되기도 하는데, 이 글에서는 모든 극단에서 일반적으로 삽입하는 대표적인 두 장면에 관해서 살펴보겠다.

고지쪼

'고지쪼Ko Gyi Kyaw'는 어노야타 왕에 의해 공식화된 37위의 낫 중 32번째에 해당하는 인형이다(사진 16). 고지쪼의 정식 명칭은 밍 쪼수와Min Kyawzwa로, 우 밍쪼U Minkyaw로도 불린다. 고지쪼는 다양한 역사적 맥락과 결부되어 묘사되곤 하는데, 일반적으로 버강 왕조의 왕 알라웅시뚜Alaungsithu, 재위기간 1112~1167의 고문을 지내다가 알코올 중독으로 죽은 것으로 알려져 있다. 이런 이유로 고지쪼 인형은 대개 술병을 들고 있는 모습으로 인형극에 등장한다. 고지쪼는 술꾼

사진 16 술병을 들고 있는 모습의 고지쪼 인형

사진 17 우 쉐요와 도 모 인형

과 도박꾼의 수호자로서 자신에게 호의를 베푼 사람들에게 부富를 가져다주는 낫이라고 알려져 있으며, 사업의 성공을 기원하는 많은 사람들로부터 숭배를 받는다.

우 쉐요와 도 모

우 쉐요U Shwe Yoe 인형은 두꺼운 눈썹과 길고 구부러진 콧수염, 가웅바웅과 목에 두른 긴 스카프, 미얀마의 전통 상의인 따익뽕taikpon과 체크무늬의 빼소paso, 그리고 전통 우산 버떼인pathein을 들고 춤을 추는 것이 특징이다. 도 모Daw Moe 역시 우 쉐요와 마찬가지로 두꺼운 눈썹에 따익뽕 그리고 체크무늬 트메인htamein을 입는다(사진 17).

우 쉐요는 눈썹과 콧수염을 코믹하게 움직이며 미혼 여성인 도 모에게 구애한다. 이렇게 우 쉐요가 구애를 하는 동안 도 모는 뒤돌아선 채 양쪽 엉덩이를 실룩거리는 동작을 보여준다. 이때 우 쉐요가 바닥에 엎드려 도 모의 치마 속을 훔쳐보는 모습은 관객들의 웃음을 유발한다.

3. 전통 오케스트라 사잉와잉

사잉와잉은 미얀마의 전통오케스트라로, 욧떼쁘웨에서 인형극의 분위기를 조성하고 공연의 흐름을 이끌어내는 데 중요한 역할을 담당한다. 사잉와잉은 일반적으로 7종류의 악기로 구성되며, 현악기와 실로폰을 제외한 북, 타악기 그리고 관악기들로 이루어져 있다.

빳와잉patwine 또는 사잉와잉이라 일컫는 악기는 사잉와잉 오케스트라에서 가장 중요한 역할을 맡고 있다. 빳와잉은 연주자를 중심으로 각기 다른 21개의 음조를 가진 원형의 북들을 동심원 형태로 배열한 것이다(사진 18). 이 악기의 연주자를 유아자Ywasa[8]라 부르며, 그가 사잉와잉 오케스트라의 지휘자 역할을 맡는다(사진 19). 쩨와잉kyaywine은 빳와잉의 연주를 받쳐주는 악기로, 원형의 나무틀 안에 18개에서 21개의 크기가 다른 징이 고정되어 있으며 실로폰처럼 맑고 높은 소리를 낸다(사진 20).

위에서 언급한 악기 외에 사잉와잉을 구성하는 타악기로는 신화적 동물인 삔사루빠pyinsa rupa[9]의 거대한 형상에 걸려 있는 큰 북 빳마찌patmakyi, 양면을 칠 수 있는 북 싸콩sakhun, 낮은 음역대의 크기가 다른 6개의 북으로 이루어진 차욱롱빳chauklonepat, 그리고 채로 치는 북 씨도sito가 있다. 관악기로는 낮은 음을 내는 오보에 격의 흐네hne와 높은 음을 내는 대나무 피리 뻴르웨palwei가 있으며, 이외에도 징인 마웅maung, 큰 심벌즈 링그윈linkwin, 작은 심벌즈 딴르윈thanlwin 또는 씨si, 대나무 딱따기인 와war 등이 포함된다.

---

8 미얀마어로 유아ywa는 '마을'을 뜻하고 싸sa는 '먹다'라는 뜻이다. 따라서 글자 그대로의 의미로 유아자는 '마을의 영주'를 의미한다. 전통시대에 유아자는 마을을 다스리기 위해 왕이 임명했고 그들은 자신의 관할 구역에서 수익을 얻었다. 사잉와잉의 지휘자 역시 왕에게서 마을을 받곤 했다. 이러한 이유로 사잉와잉의 지휘자를 유아자라고 부르게 되었고, 이것은 지휘자에 대한 존경과 명예를 뜻하는 용어가 되었다.

9 코끼리, 들소, 말, 잉어, 새의 각기 다른 부분들이 합쳐진 형상을 한 신화 속 동물.

사진 18 빳와잉 혹은 사잉와잉

사진 19 만달레이 미얀마인형극장의 사잉와잉 오케스트라

사진 20 찌와잉

사진 21 유명한 사원 앞 상점에 판매용으로 전시되어 있는 욧떼

4. 욧떼쁘웨의 변용

오직 공연장에만 욧떼를 볼 수 있었던 전통시대와는 달리, 최근에는 미얀마 곳곳에서 쉽게 찾아볼 수 있다. 미얀마를 찾는 외국 관광객의 수가 급증하면서 욧떼가 관광상품으로 제작되어 판매되기 때문이다. 미얀마의 전통문화를 알리고자 하는 예술가들의 노력도 욧떼 공연을 활성화시키는 데 한몫하고 있다. 이처럼 문화상품으로서 제작되는 욧떼는 관광객들뿐만 아니라 미얀마인에게도 큰 호응을 얻고 있다. 많은 사람들이 기념품으로 수집하거나 장식품으로 활용할 목적으로 욧떼를 구입한다. 유명한 사원 앞이나 보족 시장 Bogyoke Aung San Market과 같이 규모가 큰 시장 또는 공연장에서 다양한 종류와 크기의 욧떼를 쉽게 구매할 수 있다(사진 21).

인형 자체가 상품화되기도 하지만 다양한 상품들의 모티프로서 욧떼쁘웨가 활용되는 것도 볼 수 있다. 쉐지토shwechihto[10]나 짜욱버지kyaukbagyi[11]등 다양한 전통문화 상품들이 욧떼쁘웨의 장면들을 넣어 제작되어 시장에 공급되고 있다(사진 22). 욧떼쁘웨에 대한 수요가 증가하면서 인형으로 판매되는 데 그치지 않고 미얀마 전통문화 상품의 디자인으로까지 확장되고 있는 것이다.

미얀마에서만 볼 수 있는 독특한 전통인형극 욧떼쁘웨는 미얀마의 전통음악과 노래, 춤이 어우러진 종합예술의 성격을 띤다. 실제 사람의 춤을 본떠 인형의 춤을 만들고 줄을 조작해 실제처럼 섬

---

10 금색과 은색 실을 사용해 여러 장식을 넣어 꾸민 융단.

11 돌을 갈아 색을 입힌 그림.

사진 22 욧떼쁘웨의 장면을 모티프로 하여 제작된 쉐지토(위)와 짜욱버지(아래)

세한 움직임을 재현하는 욧떼쁘웨의 예술적 기교는 감탄을 자아낸다. 미얀마의 색채를 한껏 드러내는 욧떼쁘웨의 독특성은 많은 사람들의 흥미와 관심을 돋우고 있다. 이처럼 다양한 방식으로 욧떼쁘웨를 소비하고자 하는 사람들이 존재하는 한, 500년 이상 지속되어온 이 전통은 앞으로도 계속 발전할 것이다.

싱쀼 의식,
미얀마의 성인식

김인아

미얀마에 가면 종종 목격할 수 있는 이채로운 장면이 있다. 금목걸이와 팔찌, 귀걸이 같은 화려한 장신구를 두르고 번쩍이는 왕족의 비단옷을 입고 짙은 화장을 한 12세 전후의 어린 남자아이가 아름답게 장식된 말이나 수레를 타고 어른들과 함께 마을을 순회하는 장면이다. 대체로 불교의 사순절인 '와드윈Wadwin'[1] 초기에 볼 수 있

1 태양력 7월부터 9월까지의 기간.

는 이 행사는 바로 싱쀼Shinpyu 또는 싱쀼뵈Shinpyubwe라고 불리는 득도식得度式이다.

미얀마는 국민의 대부분이 상좌부 불교를 신봉하는 불교 국가이다. 흔히 소승불교로 알려져 있는 상좌부 불교는 대승불교와는 달리 대중 포교보다는 개인의 구도를 강조하는 종교여서 출가出家와 재가在家에 대해 굉장히 너그럽고 자칫 계율이 엄격하지 않을 거라고 생각할지 모르지만, 실상은 그렇지 않다. 미얀마에서는 여성들의 출가를 인정하지 않아 흔히 마주치는 비구니인 '띠라싱Thilashin'은 그곳 불교에서 인정하지 않는 자의적 존재에 불과하다. 비구승인 '우버진Ubazin' 또는 '야항Yahan'만 인정한다. 윤회를 믿는 불교의 가르침에 따르면, 현실의 삶은 이전 생의 업業에 의해 결정된 것으로 근본적인 변화가 불가능하다. 따라서 현실세계에서 많은 공덕功德을 쌓아 내세의 삶은 현재보다 나아지기를 기원할 수밖에 없다. 사원과 승려에게 보시를 하고, 가난하고 약한 자를 돕고, 종교적 의례에 적극적으로 참여하는 일은 모두 공덕을 쌓는 일이다. 그중 미얀마 사람들의 일상에서 가장 필수적인 공덕 축적 행위가 바로 이 싱쀼 의식이다. 특히 20세 미만의 동자승인 '꼬잉Kouyin'이 되기 위한 이 싱쀼 의식은 미얀마 남자아이가 성인이 되기 위해 필수적으로 거쳐야 하는 일종의 성인식과도 같다.

싱쀼 의식의 역사는 2,500년 전으로 거슬러 올라가 고타마 싯다르타와 그의 아들 라훌라Rahula와 연관이 있다. 싯다르타가 왕위를 버리고 득도를 위해 출가하여 중생들을 구원하기 위해 설법을 하러 돌아다니다가 자신의 고향인 카빌라Kabila 왕국에 다다르게 되었다. 그때 그의 아내인 야소다라Yasodhara가 아들 라훌라로 하여금 아버지에게 유산상속을 요청하게 했는데, 석가모니는 자신이 줄 수 있는 것은 깨달음에 이르는 길을 가르쳐주는 것밖에 없다고 했다. 그래서 12세였던 라훌라가 출가하여 최초의 사미가 된 것이다. 싱쀼는 바로 부처의 아들인 라훌라의 출가를 본뜬 의식으로 미얀마인들은 싱쀼 의식을 통해 부처님의 아들로 다시 태어난다고 믿고 있다.

싱쀼 의식은 승려의 주도로 거행된다. 동네 악단이나 놀이패가 앞에서 흥을 돋우고, 눈부시게 화려한 장식을 한 불상이 그 뒤를 따르며, 마지막으로 행사의 주인공인 소년은 가족들의 금목걸이나 기타 보석들을 빌릴 수 있는 한 최대로 빌려 마치 왕이나 왕자처럼 화려하게 등장한다. 이것은 부처가 왕자의 신분으로 출가한 것을 상징한다. 부유한 집안의 소년은 차나 트럭을 타고, 가난한 집안의 소년은 소나 말이 끄는 수레를 타거나 어른이 무등을 태워 걸어가기도 한다. 가족과 친척들이 절에 공양할 음식물과 꽃을 들고 뒤를 따른다.

행진을 마치면 집으로 돌아와 목욕재계한다. 목욕 후 수행복으로 갈아입고 초대한 여러 승려들 앞으로 나가 삼배三拜를 드린 후 승려로서 지켜야 할 10개 계율을 서약한다. 이 10개 계율을 미얀마어로 '새바띨라Sebathila'라고 하는데 그 내용은 다음과 같다. 첫째, 살생하지 말 것, 둘째, 훔치지 말 것, 셋째, 간음하지 말 것, 넷째, 거짓

사진 1 싱뷰에서 삭발 의식을 거행하는 모습

말하지 말 것, 다섯째, 음주하지 말 것, 여섯째, 정오 이후에는 먹지 말 것, 일곱째, 유흥하지 말 것, 여덟째, 성스러운 곳에서 자지 말 것, 아홉째, 꽃이나 향수 등으로 몸치장을 하지 말 것, 열째, 금이나 은을 멀리할 것. 이러한 10개 계율을 지키겠다고 서약한 후 삭발을 한다. 삭발을 마치면 띵강Thingan이라고 불리는 가사袈裟를 입고 공양 그릇인 바리때를 받은 후 그길로 포웅지짜웅Hpunjikyaun이라고 불리는 사찰로 이동해 비로소 불문에 입문하게 된다. 소년의 집에서는 다음날 새벽까지 축하 연회를 연다.

이 단기 출가는 최소 3~4일에서 약 6개월 정도로, 소년 본인이 원하는 만큼 수행할 수 있다. 수행이 끝나면 곧바로 일상으로 돌아오며 그때부터 이 소년은 한 명의 완전한 성인으로 공동체의 인정을 받게 된다. 때때로 신앙심 깊은 집안의 소년들은 그대로 승려가 되어 평생을 살기도 한다.

싱쀼 의식에서 특이한 점은 정령인 '낫Nat'에게의 필수적으로 공양을 한다는 것이다. 이것은 소년이 삭발을 하기 직전 마을 안을 행진할 때 행해진다. 소년은 마을 안을 돌면서 마을 수호신인 유와싸웅낫Ywasaunnat을 찾아가 자신이 화려한 모습을 선보인 후, 부모 수호신인 미자잉바자잉낫Mizainbazainnat에게 음식을 공양한다. 이때 고기는 금기시되며 바나나와 같은 과일을 주로 바친다.

부처와 함께 낫을 섬기는 이러한 행위는 미얀마 불교의 신앙체계가 다른 동남아 지역에서도 흔히 발견되는 혼합주의syncretism의 양상을 띠고 있다는 데서 기인한다. 미얀마 토양에서 배양된 낫 신앙

사진 2 싱쀼 의식을 거치고 승원에 입문한 동자승들

사진 3 다양한 낫의 형상

은 불교의 신앙체계와 적절히 혼합되어 신앙적 필요에 따라 일상생활에 등장한다. 미얀마의 대표적 불교사원인 쉐더공Shwedagon 파고다를 방문하면, 그곳에서도 이러한 혼합주의적 신앙체계를 제법 엿볼 수 있다. 낫 숭배는 미얀마에 불교가 전래되기 전에 이미 형성되어 있던 고유 신앙으로 오랜 역사적 전통을 지니고 있다는 측면에서 보면, 낫 신앙이 불교와 같은 대종교와 혼합될 수 있는 여지는 많다. 그러나 엄격한 불교 계율에서 보면, 낫 숭배는 배제되어야 하는 불순물적 요소일 수 있다. 어쨌든 불교 사원 여기저기서 낫을 발견할 수 있는 것은 이런 혼합주의적 요소이다. 싱쀼 의식에서 등장하는 낫 숭배는 미얀마의 독특한 특징이라 할 수 있다.

컬러풀 타이,
태국의 요일색과 문화

김수남

24시간 운영되는 다양한 시설과 수많은 이용객을 수용할 수 있는 거대한 규모의 태국 방콕의 쑤완나품 공항은 동남아시아의 중요한 교통허브로서 자리매김하고 있다. 공항 안에는 사람들의 시선을 사로잡는 거대한 조각상이 설치되어 있으며, 그 크기와 화려한 색상은 방콕을 처음 방문한 관광객을 압도하기에 충분하다. 공항을 상징하는 구조물이자 이용객들에게 흥미로운 볼거리를 제공하는 이 조각상은 예술가의 독창적인 창작물이 아니다. 태국인들에게는 너

사진 1 방콕 쑤완나품 공항의 약Yark 입상들

사진 2 태국 중심가 씨암의 택시들

무도 친숙한 수호신 가운데 하나, 바로 약이다. 약은 '에메랄드 사원'이라고도 불리는 왓프라씨랏따나다(일명 왓프라깨우Watphrakaew)의 여러 문에서 방위를 관장하는 것으로 잘 알려져 있다. 조각상의 화려한 색들은 각각의 신상들이 담당하는 방위와 관련된다(사진 1).

공항을 빠져나와 도심으로 향할 때 이용하는 다양한 교통수단에서도 현란한 색채들을 만날 수 있다(사진 2). 형형색색의 택시와 목적지와 소속된 지역에 따라 각기 다른 색을 한 버스, 도로 주변을 수놓은 노랑·파랑·보라 등 다채로운 색깔의 깃발 등 도처에 알록달록 색들이 넘쳐난다. 막 태국 땅에 들어선 외국인들을 가장 먼저 맞이하는 것은 바로 이런 현란한 색의 물결이다.

태국인들의 일상은 색으로 조직되어 있다고 말할 수 있을 만큼 태국에서는 삶의 다양한 영역에서 색의 활용이 포착된다. 국가기관과 교육기관, 기업들도 저마다 독특한 방식으로 색을 사용한다. 가령 태국의 대학들은 각기 다른 색을 학교의 상징으로 사용한다. 교복에서 넥타이, 체육복, 교직원들의 복장까지 동일한 색을 사용한다. 건물 내부의 게시판이며 셔틀버스까지 모두 동일한 색을 사용해, 누구든 한눈에 어느 대학인지를 알아볼 수 있다. 대학뿐 아니라 은행들도 상징색을 사용한다. 직원들의 유니폼에서 은행 간판, 실내 디자인, ATM 기기 등 은행과 관련된 모든 것에 고유의 색이 사용된다. 태국인들은 물론이고 태국어에 능통하지 않은 외국인들도 색깔을 보면 곧 어느 은행인지를 알 수 있다.

물론 이러한 사례는 태국 이외의 국가나 지역에서도 볼 수 있다.

그러나 태국에서 발견되는 색의 활용은 국가적인 차원이다. 입헌 군주 국가로서 태국의 국가질서는 왕에 대한 국민의 존경심과 믿음을 기반으로 이루어져 있다. 지금은 세상을 떠난 라마 9세의 생일인 12월 5일을 '아버지의 날'로 지정해 왕실 운동장 싸남루엉이나 아난다싸마콤 궁전 앞에 모여 축제를 벌이는 데서도 이를 확인할 수 있다. 이 행사에 참석해 국왕의 생일을 축하하고 만수무강을 기원하려는 사람은 반드시 국왕을 상징하는 노란색 옷을 착용해야 한다. 이날뿐 아니라 왕과 관련된 모든 행사에는 반드시 노란색 옷을 입고 참석해 왕에 대한 존경심을 표현하는 것이 관행이다. 이런 규칙은 왕실의 모든 인물들에게 적용된다. 왕비의 생일인 8월 12일은 '어머니의 날'로 지정해 왕비에 대한 존경심과 안녕을 기원하는데, 이 행사에도 왕비를 상징하는 파란색 옷을 입고 참석하는 것이 관례이다. 국왕과 왕비 외에 공식 석상에 참석하는 왕자와 공주들도 자신을 상징하는 색깔의 깃발을 소지한다. 국가 행사와 의례 등에서 왕실이나 국가를 대표하는 색 선택의 기준이 왕과 왕비, 왕자와 공주 등 개인이라는 점이 이와 같은 색 사용 규칙의 특징이다. 더 나아가 최근에는 당파 간 대결에서도 '색의 정치'라 할 만한 현상이 포착된다. 2006년 군부 쿠데타 이후 격변하는 정세 속에서 태국 내의 정치적 움직임이 노란 셔츠와 빨간 셔츠, 그리고 파란 셔츠처럼 각 당의 상징색을 통해 이루어진 것이 대표적인 예다.

이와 같은 색의 사용은 집단적 행동에서 발견되는 구별짓기 내지는 개인의 취향 및 심리적 요소에 의한 색의 사용처럼 보일 수도 있다. 하지만 우리는 태국에서 보이는 색의 표현을 개인적 선호의 차원을 넘어 태국인들의 삶속에 깊고 강하게 뿌리내린 문화적 실천으로 이해할 필요가 있다. 그들의 삶 속에 내재된 의식 또는 무의식을 기반으로 한 색의 표현은 태국인들이 다양한 사회 영역에서 자신들의 문화적·정치적 정체성을 드러내는 매우 중요한 표현법인 것이다. 이 글에서는 태국 사회에서 색의 사용이 지니는 사회문화적 함의를 고찰하고자 한다. 이를 위해 먼저 태국 사회에서 색의 사용이 현재와 같이 일상적으로 뿌리를 내리기까지의 역사적 배경을 들여다볼 것이다. 그런 다음 현대 태국인들에게 색의 사용이 개성의 표현을 넘어 집단적 차원에서 개인들을 호명하고 나아가 일상의 삶을 조직하는 데 활용되고 있음을 보여주는 다양한 사례들을 소개할 것이다.

1. 역사적 배경

종교와 색

13세기에 따이Tai족이 현재의 태국으로 남하하기 전부터 현재의 태국 영토에는 이미 힌두교가 전파되어 정치·종교·사회적으로 다양한 영향을 미치고 있었다. 태국에 전파된 힌두교는 인도에서 직접 전래된 것은 아니고 캄보디아의 크메르Khmer족에 의해 유입된 것으로, 시간이 흐름에 따라 자연스럽게 태국의 기층문화에 스며들었다. 전통시대 태국의 왕은 '싼라이라차sanlailarcha', 풀이하면 '산속의 큰 신'이라는 명칭으로 불렸다. 힌두교에서는 주요 3신 중 하나인 시바신이 수미산에 있다고 믿어왔는데, 왕권을 신격화한 싼라이라차라는 개념은 이러한 힌두교적 상상에 기원하는 것으로 보인다. 아유타야 시대와 톤부리 시대를 거쳐 라마 1세재위기간 1782~1809가 창건한 방콕Bangkok 또는 랏따나꼬신Rattanakosin 왕조 시대에 건립된 왕실 사원 왓프라깨우 옆의 산 락므엉San Lark Muang 사당에서도 태국의 왕과 시바신을 동일시한 흔적이 발견된다. 사당 안에 자리한 두 개의 링가가 그것인데, 잘 알려져 있듯 링가는 시바신을 상징한다. 두 개의 링가는 각각 라마 1세와 라마 4세에게 봉헌된 것이다. 이처럼 힌두교적 요소는 사회질서의 유지와 관련해 태국 사회에 지속적으로 사용되어왔는데, 특히 시바신의 상징은 왕에게 신성한 권력을 부여함으로써 왕권의 정당성을 확보하는 데 크게 기여하였다.

시바신의 상징인 링가는 고대 캄보디아의 앙코르 왕국802~1431에서 왕권을 상징했으며, 이 상징은 태국으로 전해져 락므엉Lak Muang 사당에 안치되었다. 락므엉은 태국의 많은 도시에서 발견되며, 일반적으로 불교 사원 옆에 자리한다. 락므엉은 도시를 수호하는 역할을 한다고 여겨지는데, 초기에는 국왕을 비롯해 통치 엘리트들에게만 중요한 의미를 가졌지만 차츰 일반인들에게까지 깊은 영향을 미치게 되었다. 태국인들은 락므엉 사당 외에도 탁신왕의 사당, 라마 5세의 동상 등을 찾아가 건강·재물·직장·사업·자녀 등 개인적 문제를 해결하고 자신들을 보호해달라고 기도한다.

힌두교의 다양한 요소들은 왕권사상 외에도 다방면에서 태국인들의 삶에 영향을 미쳐왔는데, 그중 현재까지도 크게 영향을 미치고 있는 것은 점성술과 그에 따른 수호의 개념이다. 이로부터 기원한 태국의 풍습이 요일색 씨쁘라짬완siphrajarmyran과 관련한 신념으로, 이는 각 요일을 관장하는 신이 있고 그 신들을 대표하는 색이 있다고 믿는 것이다. 이들 아홉 신을 태국에서는 '아홉 행성의 신Gâo Theph Nphkherāah' 또는 '테와다 나파크러Thewada Napakhru'라고 부른다. 테와다 나파크러는 인도의 산스크리트어에서 유래했는데, '테와다'는 신神을, '나파'는 아홉[9]을, '크러'는 우주의 힘을 의미한다. 따라서 나파크러는 아홉의 토지, 아홉의 지역, 아홉의 행성을 의미한다. 아홉 개의 색, 행성, 요일은 나파크러의 방위와 함께 표시되는데, 이를 간략히 정리해보면 표 1과 같다.

태국인들은 태어난 날짜보다 요일을 더 중시하고 요일색에 강한 집착을 보인다. 요일색이 자신을 수호하고 행운을 가져다준다고 믿기 때문에 평상시에는 별 의미를 두지 않다가도 중요한 일이 있을 때면 자신의 요일색을 찾곤 한다.

요일색과 관련한 관념은 본래 점성술에서 기원했으나 태국의 주 종교인 불교에도 스며들어 불교적 관념과 혼합된 형태로 나타난다. 요일 불상이 그것을 확인할 수 있는 대표적인 예다. 힌두교의 점성술과 불교의 종교적 믿음이 만나 요일 불상의 개념을 탄생시켰으며, 태국인들은 이를 오랜 전통으로 인식한다. 실제로 이러한 요일 불상 개념은 태국인들의 생활에 중요한 결정인자로 작용하는데, 태

표1 방위에 따른 태국의 테와다 나파크러

북

서				동
	태양/일요일 빨간색	달/월요일 노란색	화성/화요일 분홍색	
서	금성/금요일 파란색	혜성/유성 금색	수성/수요일 초록색	동
	일식/월식 검정색	목성/목요일 주황색	토성/토요일 보라색	

남

국 대부분의 불교 사원에 안치되어 있는 팔불상八佛像에 대한 봉헌 행위에서 이를 확인할 수 있다. 요일별 불상의 정확한 도입 시기는 알 수 없지만, 불교의 전래 이래 여러 형태의 불상이 전국 곳곳의 사원에 생겨났고, 이들 불상은 지역 주민들의 심적 안식을 위한 주된 봉헌의 대상으로 자리를 잡았다.

이처럼 불교가 주된 신앙의 대상으로 자리를 잡아가던 중 방콕 왕조의 라마 3세재위기간 1824~1851가 최고 승려인 상카라Sangharaja에게 일반 대중이 좀 더 체계적으로 부처의 가르침을 얻을 수 있도록 불상을 고안하라고 지시하였다. 이에 상카라는 대중이 부처의 가르침에 쉽게 접근할 수 있도록 여덟 종류의 불상을 선별하여 요일별 불상으로 정했다. 태국인들은 자신의 요일에 해당하는 불상에 기도를 하며, 보시할 때도 해당 요일과 관련된 물건을 시주하면 복이 온다고 굳게 믿는다(사진 3).

사진 3 싼락므엉 사원의 요일 불상

태국 왕실과 색

18세기 후반 방콕 왕조가 들어선 이래 태국 왕실은 안정된 왕국을 건설하기 위해 힌두교에서 유래한 요일색의 개념을 적극 활용했다. 이후 종교와 결합된 요일색에 대한 관념은 일반 대중에게 빠른 속도로 퍼져나갔다. 자신이 건설한 새 왕국에 강력한 왕권을 확립하길 열망한 라마 1세는 왕국 발전의 토대를 마련하기 위해 전통시대의 왕들처럼 수많은 사원을 신축 또는 증·개축하였다. 그 과정에서 왕실 사원의 하나인 왓프라쩨디폰위몬망칼라람 사원(일명 왓포)의 동쪽에 초록색 탑이 건립되었으며, 이어 라마 2세재위기간 1809~1824가 흰색 탑을, 라마 3세가 황색 탑을 더 세웠고, 마지막으로 라마 4세에 이르러 파란색 탑이 건립됨으로써 동서남북 네 방위에 각기 다른 색깔의 탑이 건립되었다. 이들 탑의 기단 위에는 전체적으로 화려한 꽃문양이 새겨져 있는데, 각양각색의 색깔로 채색한 화려한 꽃문양에서 색 혼합에 대한 태국인의 뛰어난 예술적 감각을 엿볼 수 있다. 라마 1세부터 4세까지 4대에 걸쳐 건립된 이 탑들의 네 방위는 왕국 내의 모든 중생을 보호하고 국가를 수호하며 백성에게 모범이 되는 탐마라차Dhammaraja로서 나라를 다스리고 우주의 정복자로서 진정한 전륜성왕Cakravartin이 되고자 하는 왕의 염원을 담고 있다. 여기서 탐마라차란 불교 고유의 윤리적 교리, 즉 부처의 가르침에 따라 통치하는 왕을 뜻한다. 탑의 방위와 색의 사용은 이러한 통치 이념을 시각적으로 보여주는 중요한 상징으로서 기능하고 있다. 이 외에도 라마 1세가 건립한 건축물들에는 색과 요일에 대한 관념이 적극 반영되어 있다. 현재 국립박물관으로 사용되는 왕랑 궁전이 그중 하나로, 이 궁전의 건물들 중에는 라마 1세가 자신의 두 누이 중 한 명에게 하사한 빨간색 건물이 있다. 라마 1세는 사랑하는 누이에게 선물한 이 건물을 누이의 출생 요일색에 맞춰 빨간색으로 지었다고 한다.

이처럼 라마 1세 때부터 시작된 색의 사용은 이후의 왕들에게까지 이어졌다. 라마 6세재위기간 1910~1925가 1917년 10월 1일에 공포한 태국 국기(뜨라이롱)에서도 색은 중요한 의미를 가진다. 태국 국기의 세 가지 색 중 파란색은 라마 6세 자신을, 흰색은 종교를, 그리고 빨간색은 국민을 의미한다. 라마 6세를 상징하는 파란색은 왕이 태어난 금요일의 색이다.

1932년 입헌군주제가 채택됨에 따라, 태국 국왕은 존재하긴 하되 통치력은 상실한 상징적인 존재로 남게 되었다. 그럼에도 불구하고 태국 사회에서는 국기보다는 국왕의 깃발과 왕비의 깃발, 심지어 왕자나 공주의 깃발을 더 많이 볼 수 있다. 외국인의 시선으로 보면 태국이 여전히 국왕이 통치하는 절대군주 국가처럼 보일 정도다. 태국 왕실은 전통적으로 왕가를 상징하는 깃발을 갖고 있으며 왕족들도 개인 깃발을 가진다. 각 깃발의 바탕은 요일색을 띠며, 그 위에 개인을 상징하는 문양을 넣는다. 의례나 행사 때마다 개인 깃발을 사용하는데, 개인의 상징 문양은 조금씩 달라지더라도 바탕의 요일색만큼은 변함없이 유지된다.

라마 9세가 서거하기 전까지 태국의 왕실 깃발 중 가장 중시된 것은 라마 9세(푸미폰 아둔야뎃) 국왕과 씨리킷 왕비의 깃발이었다. 태국 방방곡곡에서 찾아볼 수 있는 이 두 개의 깃발에는 두 사람의 탄생 요일색과 이름의 머리글자가 표시되어 있다. 왕실 구성원들의 개인 깃발은 왕실의 각종 공식 의례와 행사에 반드시 사용되며, 비공식 행사에도 사용된다. 태국의 유명 인사나 기업들이 왕과 왕비에 대한 존경의 표시로 태국 국기와 함께 왕실 깃발을 사용하기도 한다. 얼마 전까지만 해도 태국인들은 '아버지의 날'이자 라마 9세의 탄신일이기도 한 12월 5일이면 국왕의 요일색인 노란색 옷차림으로 국왕의 탄생을 축하하고 만수무강을 기원하며 왕실의 안녕을 바라기 위해 아난다싸마콤 궁전 앞에 모였다. 왕비의 생일인 8월 12일 역시 '어머니의 날'이라 칭하며 국민의 어머니인 왕비에 대한 존경심과 만수무강을 기원한다. 이때 역시 왕비의 요일색인 파란색 옷을 입은 사람들을 볼 수 있다.

의복과 색

태국인들에게 옷 색깔은 일주일 중 특정 요일과 관련이 있는데, 이러한 관습은 아유타야 시대에 시작된 것으로 알려져 있다. 당시 아유타야 왕국에서 중요하게 여긴 일곱 수호신은 각각 요일과 색으로 구분되었다. 빨간색은 일요일, 크림색(노란색으로 간주)은 월요일, 분홍색은 화요일, 초록색은 수요일, 주황색은 목요일, 파란색은 금요일, 보라색은 토요일을 나타낸다(표 2). 이런 전통은 방콕 왕조에서도 지속되었는데, 라마 2세 시대에 활약한 궁정시인 쑨턴푸Sunthrnphu의 시에서 재해석되면서 약간의 변형이 이루어졌다. 궁정시인이자 태국의 국민영웅이었던 쑨턴푸의 시는 태국인들에게 색이 가지는 의미가 무엇인지를 잘 보여준다. 그의 대표 시 「싸왓디 락싸Sawatdi Raksa, 안녕의 기원」에는 당시 태국인들의 일상생활 모습과 태국 사회에서 회자되던 민간전승이 담겨 있다. 그의 시에 따르면, 방콕 왕조의 라마 2세 당시에는 전쟁과 내란이 빈번했다. 불안한 사회 분위기 속에서 왕자와 병사들을 수호하는 의미로 힌두교 점성술에서 비롯된 행성과 요일의 색을 옷으로 입도록 하고, 그들이 타는 말도 같은 색으로 치장하게 했다. 힌두교의 점성술에 등장하는 일곱 개의 행성은 사람의 인생에 큰 영향을 미치는 것으로 여겨진다. 이 일곱 개의 행성들은 각각의 요일에 상응하며, 각기 고유한 색을 지닌다. 이러한 개념에 따라 요일별로 색이 정해졌고, 사람들은 입을 옷의 색깔을 그것에 맞추었다. 가령 국왕이 전쟁에 나갈 때에도 출정일의 요일에 해당하는 색의 속옷을 입었다. 요일색의 속옷에는 일종의 부적으로서 신비한 힘을 발휘하는 문양을 그려넣었다고 한다. 일반적이진 않지만 요즘도 이런 속옷은 여전히 찾아볼 수 있다. 실례로 오늘날 타이복싱 선수들은 링에 오를 때 자신을 보호해주리라는 믿음으로 그런 전통 속옷을 입는다고 한다. 라마 4세재위기간 1851~1868가 입었던 일곱 가지 색의 의복이 현재 방콕 국립박물관에 전시되어 있다. 이처럼 각 요일에 상응하는 색의 옷을 입는 관습은 라마 4세 시대에 부와 권위의 상징이 되었다.

요일에 의복의 색을 맞추는 것은 왕실에서 시작되어 관례화되어, 쭐라롱껀 왕 라마 5세재위기간 1868~1910의 시대에는 요일별 의복에 대한 규정이 제정되었다. 요일색은 왕실에서는 왕의 권위와 존엄을 유지하고 행운을 기원하는 의미로, 태국 귀족이나 고위 관료들에게는 행운과 부, 안녕을 기원하는 의미로 사용되었다. 요일색은 행운 외에 권위, 대인관계, 불행과도 연관된다(표 2). 왕실과 귀족 사회에서 기원한 요일색의 개념이 평민 사회에까지 전파되어 오늘날 태국인들의 색에 대한 관념에 크게 영향을 미친 것으로 여겨진다. 라마 5세 시대의 의복과 요일색의 조화에 대한 관습이 많이 퇴색하긴 했지만 오늘날에도 요일색이 행운을 가져다준다고 믿는 태국인들이 여전히 많으며, 요일색에 대한 사람들의 애착 또한 여전하다.

2. 색의 다양한 의미와 기능

집단성의 표현

태국의 호텔 도어맨은 왕실Rajapataen 복장인 흰색 재킷에 허리띠, 그리고 쫑끄라벤Jongkraben이라고 불리는 태국식 하의를 입는다. 경찰의 경우 어두운 카키색 제복을 입는다. 유치원에서 대학생까지 학생들은 보통 검은색이나 남색 하의에 흰색 상의를 입는다. 태국 사람들은 동일한 색상의 제복을 입음으로써 각자가 속해 있는 집단의 정체성을 표현하며, 이러한 색의 사용은 다양한 사회집단을 한

표2 요일별 색과 권위, 행운, 대인관계, 불행의 상응관계

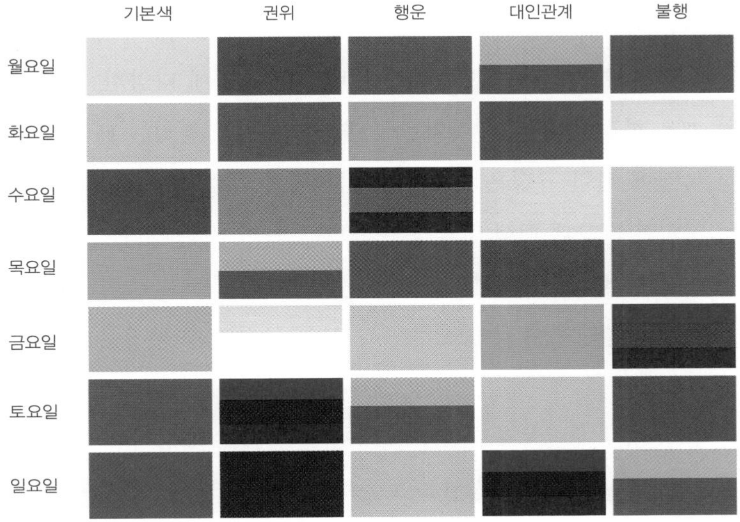

	기본색	권위	행운	대인관계	불행
월요일					
화요일					
수요일					
목요일					
금요일					
토요일					
일요일					

눈에 식별할 수 있게 해준다.

태국의 공식 제복은 오랫동안 외국의 유행을 모방해왔다. 라마 3세 시대의 귀족들은 중국 제국풍의 옷을 입었고, 라마 4세 때는 프랑스 나폴레옹 3세의 의복을 채택했다. 라마 5세는 유럽 국가의 왕처럼 군복을 입었다. 그러나 라마 5세는 왕실 복장을 국가의 공식 의복으로 정했으며 비단으로 된 전통복장인 쫑끄라벤과 혼합해서 입었다. 이때도 다양한 색의 쫑그라벤에 흰색 상의를 입었다.

태국 왕실의 의전병들은 왕실 의례나 의전이 있을 때 각각 다른 색의 화려한 복장을 입고 행사를 수행한다. 이때 의전병들이 입는 옷 색깔 역시 왕과 왕실을 수호하고 보호한다는 의미로, 아홉 행성의 신인 테와다 나파크러의 색을 반영한 것이라 한다.

태국 남성들이 입는 전통복장은 다양한 직물에 다양한 색을 입혀 매우 화려하다. 프라 랏차탄Phra Ratchathan이라 불리는 태국의 남성 복장에 관한 규정은 1980년 라마 9세에 의해 제정되었다. 태국의 정치인 가운데 쁘렘 띤술라논다Prem Tinsulanonda는 프라 랏차탄을 즐겨 입는 것으로 유명하다.

글로벌 패션의 유행에도 불구하고, 태국의 전통복장은 여전히 인기가 높다. 로맨틱한 감정을 소중히 여기는 외국인들에게는 이런 복장이 특히 매력적으로 보인다. 자유분방하고 개성이 강한 태국인들에게도, 태국의 진정성을 보존하고자 노력하는 사람들에게도 전통복장은 긍정적으로 인식된다.

집단별로 동일한 색의 의복을 착용하는 관습은 새로운 것이 아니라 오랜 세월에 걸쳐 뿌리내려온 전통이다. 복장은 계급을 구분 지어주며 옷의 색은 특정 계급을 나타낸다. 의복의 색에 대한 태국의 이러한 관습은 21세기의 정치적 대립이 색을 통해 드러나는 배경이 되었다. 태국의 다양한 사회집단 및 정치집단은 노랑·빨강·초록·파랑·흰색·분홍·보라·주황·검정 등 각기 구별되는 셔츠 색을 통해 자신들을 드러낸다.

라마 6세가 자신의 아버지를 기리기 위해 건립한 쭐라롱껀대학교의 상징색은 라마 5세의 탄생 요일색인 분홍색이다. 또 다른 국립대학인 마히돈대학교의 상징색은 파란색으로, 마히돈 왕 어머니의

사진 4 태국 여러 대학교의 상징색

요일색을 딴 것이다. 태국의 명문 법학대학인 탐마대학교는 상징색이 노란색과 빨간색이며, 농업대학에서 출발한 까쎗쌋대학교의 상징색은 초록색이다. 초록색은 태국의 자연과 농업을 상징한다. 예술대학인 실라빠껀대학교의 상징색은 깊은 바다의 색인 청록색인데, 이는 태국인들이 예술적 기질을 청록색과 결부시켜 인식하는 경향과 관련이 있다. 태국의 대학생들은 모두 같은 교복을 입기 때문에 교복만으로는 소속을 알 수 없다. 이들이 착용하고 있는 넥타이나 벨트, 배지 등에 사용된 학교별 상징색으로 어느 학교 소속인지를 알 수 있다. 태국의 어느 대학교에 가든 학교마다 상징색이 존재하며, 대학의 요소요소들에 모두 상징색을 사용하는 것을 볼 수 있다. 교직원 복장과 학생들의 체육복, 순환버스, 방향 표지판, 벽보, 여러 가지 부스, 건물의 로고, 각종 시설과 비품 등에까지 상징색이 사용된다(사진 4).

대부분의 태국인들은 자신의 생일에 요일색의 향초를 밝히며 행운을 기원한다. 요일색은 신성한 메루산의 방향과 관련이 있다고 믿어진다. 태국의 유명한 민속학자 프라야 아누만 라차돈Phraya Anuman Rajadhon은 태국의 모든 것은 색과 관련되며 태국인들은 중요한 선택의 순간에 자신의 생일색이나 요일색을 선택한다고 말한다. 피티 파니치판트Vithi Phanichphant의 말대로, 평상시 태국의 사무실이나 직장에서 사람들이 입고 있는 옷을 보면 그날이 무슨 요일인지 알 수 있으며, 태국 사람들은 날마다 무엇을 입을지 고민할 것도 없이 그날의 요일색 옷을 입으면 행운이 온다고 믿는다.

개업을 할 때도 색을 중요하게 고려한다. 가령 신발 가게는 주로 회색·갈색·흰색과 빨간색을, IT 소프트웨어 업종은 흰색·베이지색·회색을, 슈퍼마켓은 연한 노란색이나 초록색을, 장난감 가게는 흰색·분홍색·연두색·노란색을, 주류 가게는 하늘색·연초록색·분홍색으로 사업장을 단장하며, 작가들의 경우 초록색과 흰색으로 사무실을 꾸민다.

일상생활에서 쓰는 다양한 소품이나 종교적 상징물, 각종 상업 이벤트, 상품의 진열 등에도 요일색을 사용한다. 대체로 더운 지방에서 밝고 다양한 색들을 사용하는 경향이 있긴 하지만, 태국 사회에서는 태국만의 독창적인 색의 의미에 기초하여 색을 사용한다. 이처럼 각각의 색이 지닌 의미에 기초하여 색을 사용하는 현상은 최근에 우연히 등장한 현상이 아니라, 오랫동안 지속되어온 태국 사회만의 독특한 문화적 전통이다. 태국 사회 도처에서 색이 다양한 방식으로 사용되는 사례들을 일상적으로 접할 수 있다(사진 5).

일상적 편의를 위한 색의 사용

대부분의 나라에서 택시의 색은 보통 노란색이나 검은색이지만, 태국에서는 택시의 색도 다양하다. 태국의 방콕에서는 노란색·분홍색·초록색·오렌지색·파란색·보라색·빨간색 및 이 색들을 조합한 다양한 색의 택시들을 볼 수 있다. 이처럼 다양한 색의 택시들을 접하는 것도 방콕을 찾는 여행객들이 맛볼 수 있는 즐거움 가운데 하나로 꼽힌다.

사진 5 다양한 색상의 일상생활용품

방콕의 택시들에서 볼 수 있는 다양한 색은 아무렇게나 선택된 것은 아니다. 택시의 소속과 종류에 따라 색이 달라진다. 회사 택시, 조합 택시, 렌터카에는 단일 색상으로 초록색·파란색·빨간색·오렌지색·분홍색·보라색·주황색이 사용된다. 두 가지 색을 함께 사용하는 택시의 경우 보통 세 종류의 조합(노란색/초록색, 빨간색/파란색, 노란색/오렌지색)이다. 노란색/초록색은 정부에서 인가한 개인 택시이며, 빨간색/파란색은 렌트 택시, 노란색/오렌지색은 회사 택시로 분류된다. 태국인들은 노란색/초록색 택시를 선호하는데, 편리하고 친절하기 때문이라고도 하지만, 이 두 가지 색이 태국인들이 가장 선호하는 노란색(왕의 색)과 초록색(농업의 색)이기 때문이기도 하다. 보라색은 태국에서 죽음을 상징하는 색인 탓에 근래에는 사라져가는 추세이며, 대신 청보라색이 많아졌다. 현재 새로 생겨나는 택시들의 경우 흰색도 포함되지만, 요일색의 범위 내에서 두 가지 색으로 정해지는 것이 일반적이다.

택시 운전이 항상 사고의 위험을 내포하는 까닭에 택시기사들은 자신을 보호해주는 수호색으로 택시의 색을 선택하곤 한다. 불가피하게 자신의 출생 요일색과 다른 색의 택시를 운전할 경우에는 택시의 트렁크에 요일색에 해당하는 물건을 일종의 호신부로 넣어두기도 한다. 또한 택시의 번호판에 요일색을 넣고 운전을 하면 사고 위험을 피할 수 있다고 믿기도 한다. 일부 승객들, 특히 고령자의 경우 자신의 요일색에 해당하는 택시를 선호하는 경향을 보인다. 최근에는 고대로부터 내려오는 출생 요일색의 관습이 점차 사라져

가는 추세이긴 하지만, 위험과 결부된 일에서는 여전히 지속되고 있다.

택시 외에도 방콕의 중요한 교통수단으로 모터싸이클 택시motorsai taxi가 있다. 교통체증이 심각한 방콕에서 모터싸이클 택시는 정말 고마운 존재이기도 하다. 2006년부터 이들의 존재가 본격적으로 알려지기 시작했는데, 태국에서는 선거 포스터에 등장할 정도로 이들의 사회적 역할에 대한 관심이 높아지고 있다. 특히 정치적 대립이 최고조에 이르렀던 시기에 모터사이클 택시는 주요하게 대립하던 두 정치집단인 노란 셔츠와 빨간 셔츠에 의해 적극적으로 동원되었다. 또한 방콕의 명물로 널리 알려지면서 광고·영화·패션계에서도 주목을 받았고, 이제는 태국의 국민 캐릭터라 할 정도로 높은 인기를 누린다. 현재 방콕에서 모터사이클 택시는 색이 주황색으로 통일되었지만, 처음에는 주황색·분홍색·파란색·보라색·초록색·노란색·빨간색·회색 등이 다양하게 사용되었다. 재킷 색에 반영된 이 색들은 지역별로 구분되었는데, 일정 색의 재킷을 입은 모터사이클 기사들은 각각의 지역 내에서만 영업이 가능했다. 하지만 이후 승객들의 요구에 의해 지역 침범이 잦아지고 사고율이 높아짐에 따라 2015년부터는 지역 구분 없이 영업을 할 수 있게 되었고, 야간에도 눈에 잘 띄어 안전한 주황색 재킷으로 색도 통일되었다.

BMTA(국영 대중버스)도 다양한 색을 띤다(사진 6). 색은 대중버스의 노선을 확인하는 데도 중요하다. 방콕에서 버스를 탈 때는 번호만 보아서는 안 되고 색까지 유심히 보아야 한다. 가령 같은 11번

사진 6 방콕 시내에서 운행되는 다양한 색의 대중버스

버스라도 파란색의 11번 버스는 빨간색·초록색·보라색의 11번 버스와 다른 노선으로 운영되기 때문이다. 태국에는 같은 번호의 버스라도 색에 따라 노선과 시설, 요금에 차이가 있다. 이런 이유로 태국인들은 버스의 번호가 아니라 색으로 자신의 노선을 확인한다. 태국에서 일상적으로 색을 얼마나 체계적으로 사용하는지를 확인할 수 있는 예이다.

방콕에는 다른 나라에서는 쉽게 볼 수 없는 대중 교통수단이 하나 더 있다. 바로 수상버스이다. 수상버스는 방콕의 짜오프라야Chao Phraya 강과 수로에서 운항하는데, 방콕과 북쪽의 논타부리 사이를 연결한다. 수상버스 노선은 1971년에 개설되었으며, 여러 노선을 갖추고 방콕의 대중버스 노선과 지하철로 연결되어 방콕 시내의 교통 혼잡을 줄이는 데 크게 기여한다. 태국인들은 출퇴근용으로, 외국인들은 주로 관광용으로 수상버스를 이용하는데, 수상버스의 노선 역시 버스처럼 여러 색의 깃발로 구분된다(사진 7).

태국인의 손과 발이 되는 대부분의 교통수단을 색으로 구별하는 것은 편의성을 높이기 위한 것이기도 하지만, 색이 대중 편의를 제공하는 데 그만큼 효과를 거둘 수 있었던 것은 일상적으로 색을 사용해온 오랜 관습 덕분일 것이다.

색은 민감한 유행을 주도하는 핵심인자로서 유행시장을 이끌기도 한다. 한 연구자는 "유행의 변천은 늘 색의 변천을 동반한다"라는 말로써 색의 중요성을 일갈한 바 있다. 시대적 흐름에 따라 변화하는 사람들의 욕망은 색을 통해 표출되며, 따라서 특정 색의 유행

사진 7 짜오프라야 강의 타티엔 수상버스 선착장

사진 8 태국농업은행, 태국저축은행,

사진 9 태국군인은행, 태국상업은행

현상에 대한 분석은 사람들의 유동하는 심리를 예측하게 해준다. 대중매체의 파급력이라는 변수까지 고려하면, 색을 통한 대중심리의 조작 또한 가능하리라는 것을 예상할 수 있다.

태국의 은행들도 각각 자신의 대표하는 상징색을 갖고 있다. 태국인들과 인터뷰를 해보면, 아이들도 은행 이름은 몰라도 은행의 상징색은 기억해서 보라색 은행, 분홍색 은행, 초록색 은행, 파란색 은행 등으로 기억하는 경우가 많다고 한다. 이는 태국인들이 선호하는 색에 대한 개념으로 은행을 상징하는 것이 마케팅에도 도움이 된다는 판단에 따른 것으로 보인다(사진 8, 사진 9).

정치와 색

피분 정부의 랏타니욤Rathaniyom 정책은 모두 12개로, 1939년 6월 24일에서 1942년 1월 28일 사이에 부정기적으로 발표되었다. 이 정책들은 태국의 새로운 국가 건설과 태국인들의 의식개혁을 위해 국민들이 자발적으로 지켜주기를 요구하는 생활지침 또는 국민신조라 볼 수 있는 데, 흥미롭게도 색깔에 대한 규정이 포함되어 있다. 의생활에 관한 것이 그것인데, 규정을 살펴보면 평상복의 색은 청색, 노동복으로는 옥외의 경우 회색·청색·카키색·갈색, 옥내에서는 감색 옷을 입도록 한다는 내용이 발견된다. 이에 따라 지금도 태국에서는 유치원에서 대학생에 이르기까지 모든 학생들이 검은색이나 청색 하의에 흰색 상의를 입으며, 공무원의 경우 카키색으로 통일된 단체복을 입는다. 또 공무원이나 경찰, 군인은 상의 위쪽에 부착하는 여러 가지 색의 훈장을 통해 신분과 지위를 확인할 수 있다. 이처럼 태국 사회에서는 어떤 색의 제복을 입고 있느냐에 따라 그 사람의 신분이 확인된다.

전통시대 힌두브라만의 신왕 사상의 영향으로 오래전부터 국민에 대한 통제수단으로 신분과 계급을 구별할 수 있도록 특정 색의 제복을 입게 하였고, 그것을 통해 사회질서를 유지해왔다. 이러한 전통이 현대 태국의 정치에까지 이어져, 정치파벌들이 색을 활용해 시민세력을 정치적으로 동원하는 것을 볼 수 있다. 친親탁신계와 반反탁신계, 왕실 측 계파와 민주주의로의 복귀를 주장하는 계파 등 여러 정치파벌들이 저마다의 상징색을 정치적으로 활용한다. 탁신에 대한 지지 여부로 나뉘어 노란 셔츠와 빨간 셔츠가 대립했던 것이 대표적인 사례이며, 뒤이어 결성된 당들 역시 당의 정체성을 드러내는 데 색을 적극적으로 활용하고 있다. 가령 중도파인 태국자긍심당Thai Pride Party은 파란색을 상징색으로 사용하고 있으며, 빨간 셔츠에 반대해 의회의 정상화를 주장했다. 파란색은 라마 6세의 요일색이며, 태국 국기에도 사용된다. 다시 말해 이 색은 왕실을 수호하는 정당으로서 정치적 정당성을 확보하기 위한 목적으로 사용되고 있다. 새정치당New Politics Party의 경우 노란색과 초록색을 당의 상징색으로 사용하고 있다. 새정치당은 민주당과 구별되는 새로운 이미지로 창출의 일환으로 왕당파의 상징인 노란색과 깨끗한 정치 구현을 나타내는 초록색을 로고로 정해 자신들을 이미지화했다.

2006년 9월 군부 쿠데타 이후 태국 정치는 노랑, 빨강, 파랑, 노랑·초록 등을 통해 당의 정체성을 드러내고 국민을 동원하는, 이른바 '색의 정치'라 할 만한 양상으로 전개되고 있다. 이렇듯 색의 정치가 가능한 것은 태국인들이 다른 어떤 상징적 기호보다 색에 빠른 반응을 보이기 때문이다. 개인적이고 자율적인 태국인들을 가장 효율적으로 조직화할 수 있는 것이 바로 색이며, 태국 사회에서 그 효과는 즉각적이고 폭발적이다. 오랜 전통 속에서 색의 상징적 의미가 두텁게 쌓여온 태국 사회에서 색은 처음 사용되기 시작한 시절부터 이미 정치적이었고, 더 많은 색들로 분화된 지금은 분화된 색들만큼 다양한 정치적 목소리가 담겨 있다.

2016년 10월 13일 라마 9세가 서거했을 때 태국인들은 자발적으로 1년 동안 검은 상복을 입고 조문을 하거나 일상생활을 했다. 그 시절 태국의 거리를 걷다보면 대부분의 국민들이 상복을 입은 것을 확인할 수 있었다. 오죽하면 검은 옷 품귀현상이 일어나 외국에서 수입할 정도였다고 하니, 라마 9세에 대한 태국인들의 존경심은 우리가 상상하는 이상이다. 국왕 사후 거리에서 왕과 왕비를 상징하는 깃발이 사라지고 색의 사용이 조금 주춤했지만, 전통적 관습에서 비롯된 태국인들의 이러한 색의 사용은 다른 나라와는 구별되는 독특한 문화이다. 색과 관련한 태국인들의 이 같은 문화적 실천에 관한 이 글이 태국 문화에 좀 더 관심을 갖게 되는 계기가 되었기를 바란다.

따잇,
새롭게 부상하는 미얀마의 신들

강민지

교환학생으로 미얀마에서 생활하던 2011년, 이제 막 민주주의 체제로의 전환이 이루어지던 미얀마는 그리 자유로운 분위기는 아니었다. 공식 환전소도 없고 인터넷 사용도 제한적이어서, 한국에 연락을 취하는 데도 월례행사와 같은 시간과 마음의 준비가 필요했다. 외부세계와의 소통에 대한 열망과 자유에 대한 갈망, 그 시절을 미얀마에서 보낸 한국인이라면 누구나 공감하는 경험일 것이다.

미얀마 생활에 어느 정도 익숙해진 무렵의 어느 날 밤, 함께 살던 친구와 나는 이상한 경험을 했다. 이야기가 길어져 우리는 자정이 넘은 시간까지 잠을 이루지 못하고 있었다. 그런데 갑자기 창문에서 이상한 소리가 들리기 시작했고, 놀란 우리는 불을 켜고 창문을 살펴보았다. 그런데 놀랍게도 분명히 잠가둔 창문의 3분의 1가량이 열려 있는 것이 아닌가. 우리가 살던 집은 2층이었고, 창문 밖은 얼마 전 공사를 시작해 축대만 쌓여 있던 터라, 누가 2층까지 올라와 밖에서 창문을 열 수 없는 상황이었다. 무척 놀란 우리는 다음 날 현지인 선생님과 이 사건에 대해 진지하게 상담을 했다. 선생님은 우리에게 두 가지 해결책을 제안하셨다. 하나는 쉐더공 파고다의 사진 또는 마하보디Mahabodhi 불상의 사진을 벽에 걸어두는 것이고, 다른 하나는 아웅산 수찌Aungsan Sukyi의 사진을 걸어두는 것이었다. 그렇게 하면 다시는 그런 일이 생기지 않을 거라고 말하는 선생님의 눈빛은 매우 확신에 차 있었고 달리 방법도 없어서 우리는 하굣길에 8절 사이즈의 사진 세 장을 모두 사서 집으로 돌아왔다. 거실 벽면의 잘 보이는 위치에 사진을 붙인 그날 밤 이후, 신기하게도 우리는 평온한 밤을 되찾았다. 이 신기한 경험을 계기로 나는 불심이나 특정 인물에 대한 숭배를 통해 심신의 안정을 찾는 미얀마 사람들의 행동양식에 관심을 갖게 되었고, 이후 이 관심은 미얀마 사회의 독특한 신앙체계에 대한 연구로 나를 이끌었다.

미얀마인들의 신앙심은 여러 형태로 표현된다. 미얀마를 묘사할 때 자주 사용되는 '황금의 땅'이라는 수식어는 수많은 파고다들을 뒤덮고 있는 황금을 지칭한다. 국민 중 대다수가 상좌부 불교도인 미얀마는 국민들의 자발적 보시를 통해 황금을 이용하여 오랫동안 파고다를 치장해왔다. 미얀마를 처음 방문하는 사람들도, 여러 차례 방문한 사람들도 모두가 그 규모와 화려함에 감탄을 금치 못한다. 버강Bagan의 2,000기基가 넘는 파고다들과 양곤Yangon의 웅장한 쉐더공 파고다 등 미얀마의 수많은 파고다들은 많은 이들에게 강렬한 인상을 남길 만큼 매력적이다 못해 신비롭기까지 하며, 미얀마인들의 신실한 불심을 보여주는 증거이기도 하다.

하지만 더 눈여겨보아야 할 것은 토착신앙의 숭배대상들 역시 지배적 종교인 불교와 혼재하여 신심 깊은 불교도들에 의해 여전히 섬겨지고 있다는 점이다. 불상만 모셨을 것으로 생각되는 불교 사원 내부에 불상 외의 여러 성격의 신격들이 안치되어 있는 데서 이를 확인할 수 있다. 미얀마에서는 소위 '정령'으로 일컬어지는 신비로운 힘을 갖춘 존재에 대한 신앙이 불교 신앙과 함께 다양한 형태로 폭넓게 존재한다. 숭배의 대상이 되는 정령들은 신도들의 관심 여하에 따라 사라지거나 새롭게 생겨나기도 하는데, 정령들에 대한 신도들의 관심과 믿음은 그들의 불심에 견주어도 결코 뒤지지 않을 만큼 강렬하다.

미얀마에서 볼 수 있는 여러 형태의 정령신앙 가운데서도 최근 크게 유행하고 있는 것이 따잇Thaik 신앙이며, 따잇 숭배의 대상 중에서도 가장 영험한 존재로서 높은 인기를 누리고 있는 정령이 먀낭느웨Mya Nan Nwe이다. 양곤의 명소 중 하나인 보떠타웅Botataung 파고다와 그 맞은편에 자리한 먀낭느웨 신당(사진 1)을 찾는 사람들

사진 1 먀낭느웨 신당

간에는 매우 뚜렷한 차이가 발견된다. 외국인 관광객들로 붐비는 보떠타웅 파고다와는 대조적으로 먀낭느웨 신당 안에는 거의 미얀마 사람들만 가득 차 있는 것이다. 이는 먀낭느웨 숭배가 미얀마라는 토착 사회의 맥락 속에서 얼마나 큰 관심을 받고 있는지를 잘 보여준다.

먀낭느웨 신당을 방문하는 사람들은 계속 증가하는 추세이다. 먀낭느웨를 찾는 사람들의 수가 이처럼 증가하는 이유는 무엇일까? 먀낭느웨는 그저 하나의 숭배대상일 수도 있다. 하지만 먀낭느웨 숭배를 좀 더 깊이 들여다보면, 미얀마 사람들이 지향하는 삶의 방향은 물론, 급변하는 사회정치 환경 속에서 중요하게 여겨지는 가치가 무엇인지 등을 포착할 수 있다. 이처럼 미얀마 사회에서 중요한 의미를 갖는 따잇 신앙을 이해하기 위해서는 먼저 간략하게나마 미얀마 정령신앙에 대해 알아둘 필요가 있다.

기존 정령신앙

미얀마의 불교 및 불교 이외의 신앙에 관한 연구에 중요한 전기를 마련해준 미국의 인류학자 스파이로Melford E. Spiro는 미얀마의 초자연적 존재에 대한 신앙supernaturalism을 설명하면서 초자연적 존재를 영혼spirit, 유령ghost, 악귀demon, 마법사witch의 네 종류로 분류한 바 있다. 이러한 분류를 이해하기 위해서는 미얀마 종교의 혼합주의적 특징을 살펴볼 필요가 있다. 미얀마의 종교는 오래전부터 상좌부 불교와 힌두교, 대승불교, 그리고 아리불교로 대표되는 밀교와 토착신앙으로서의 정령신앙이 혼재하는 가운데 발전해왔다. 미얀마인들에게 불교 신앙의 목표는 보다 나은 내세를 위해 공덕kutho를 쌓아 해탈하여 열반에 이르는 것이다. 현세의 생을 잘 마감하고 다음 생에는 좀 더 좋은 환경에 태어나거나 윤회의 고통 자체로부터 벗어나는 것이 불교도들의 목표인 것이다. 하지만 삶 자체가 고통인 현실 속에서 대부분의 사람들은 열반에 도달한다는 궁극의 목표를 달성하기보다는 지금 당장 직면한 어려움과 고통에서 벗어나는 데 일차적 목표를 두지 않을 수 없다. 그러므로 현실의 삶이 요구하는 것을 성취하기 위해 정령과의 접촉을 시도할 수밖에 없다. 미얀마의 정령신앙은 불교에 비해 신앙체계가 확고하게 정립되어 있다고 보기는 어렵다. 하지만 성격이 다른 이 두 신앙은 서로의 영역을 침해하지 않으면서 각자 고유한 기능을 통해 대중에게 수용되어왔다. 불교가 하나의 거대한 법칙을 제시해주는 가운데, 현지 사회의 문화적 맥락에서 탄생한 토착신들은 찰나를 살아가는 인간들의 현세에 대한 요구를 들어주며 인간 세계에 머문다. 미얀마의 정령들이 미얀마 불교도들의 삶 속에 살아남아 있는 이유이다. 우선 가장 대중적인 정령인 낫, 보보지, 웨잇자에 대해 살펴보도록 하자.

낫

미얀마에 관심이 있는 사람이라면 한번쯤은 들어봤을 법한 가장 유명한 정령 중 하나가 바로 낫Nat이다. 낫은 보통 아래와 같은 세 유형으로 구분된다.

① 동식물이나 자연현상에 깃들어 있는 낫
② 힌두교·불교의 신의 성격을 띤 낫
③ 역사적·전설적 인물

일반적으로 낫은 사람들의 일상생활에 밀착되어 있다고 믿어진다. 농사와 밀접한 관련을 맺고 있을 뿐만 아니라 특정 지역을 관할한다고 여겨져, 미얀마 사람들은 이사를 가거나 특정 지역을 지나갈 경우 그 지역과 관련된 낫을 위로해야만 한다고 믿는다. 미얀마의 길거리나 보리수 아래 작은 신당에서 물그릇이나 음식 등을 발견할 수 있는데, 이는 낫에 대한 의례 행위의 일종이다(사진 2). 뿐만 아니라 미얀마의 많은 운전사들이 백미러에 재스민 꽃을 실로 꿴 화환을 걸어두는데, 이것 또한 안전 운전과 행운을 기원하는 낫 신앙의 한 형태로 이해할 수 있다.

보보지

미얀마의 유명 사원을 방문하다 보면, 손가락으로 무언가를 가리키는 신상을 발견할 수 있다. 이것은 미얀마어로 '큰할아버지'라는 뜻인 '보보지bobokyi'라는 이름의 정령이다. 보보지는 '퍼야보보지paya bobokyi', '데따보보지detha bobokyi', '따잇촉보보지thaikchok bobokyi'로

사진 2 낫을 모시는 신당

구분할 수 있다(사진 3, 4, 5). 이들은 능력과 기능에 따라 이름을 달리한다.

퍼야보보지는 파고다의 건립 장소를 점지해주는 일종의 풍수지리가의 역할을 하는 정령으로 알려져 있으며, 쉐더공, 술레, 보떠타웅 파고다 등 양곤의 유명한 사원들에서 이 정령의 모습을 어렵지 않게 만날 수 있다. 미얀마에 있는 대부분의 파고다에서는 퍼야떠마잉paya tamaing으로 불리는 파고다의 건립 역사와 발전 과정을 기술한 책자를 판매한다. 책에는 파고다의 건립 배경과 시기, 내부 구조와 외관, 안치된 불상들에 관한 내용이 담겨 있고, 일반적으로 비불교적 내용은 언급되지 않는다. 하지만 퍼야보보지만큼은 예외이다. 파고다 건립에 직접 개입했다는 점을 높이 평가하여 그에 관한 이야기와 사진 등을 수록한다.

데따보보지는 마을 단위의 지역detha을 수호한다고 믿어지는 정령이다. 데따보보지는 현대에 들어와 종적을 많이 감추고 있어, 양곤의 떠마잉Tamaing이라는 마을에서 그 사원을 찾아볼 있다. 마을 사람들은 데따보보지에게 자신들의 이야기를, 보통은 각자가 바라는 바를 털어놓는다. 물론 마을 사람들이 데따보보지에게 말하는 여러 가지 소망들 중에는 도덕적으로 옳지 못한 것도 있다. 현지조사 당시 한 사원지기가 들려준 말에 따르면, 도둑질을 하러 가기 전 이곳에 찾아와 자신의 계획이 부디 잘 성공할 수 있게 해달라고 기원하는 사람들도 있다고 한다.

마지막으로 따잇촉보보지는 따잇들을 총괄 관리하는 역할을 맡

사진 3 데따보보지

사진 5 따잇촉보보지

사진 4 퍼야보보지

고 있다. 따잇촉보보지는 양곤에서 차로 2시간 정도 떨어진 버고Bago의 데숭바Desungba 파고다에 안치되어 있으며, 이 파고다 내부에는 전국 각지의 따잇을 모시는 신당들도 설치되어 있다. 대부분의 정령신앙이 그러하듯, 미얀마의 따잇들도 자신의 영험함을 특정인의 꿈을 통해 드러낸다. 따잇촉보보지는 자신의 영적 능력이나 힘을 신도들의 꿈속에 드러내 보임으로써 사람들로 하여금 자신을 섬기는 신당을 건립하도록 만들었고, 위계상 자신보다 아래에 있는 전국 각지의 따잇들을 이곳으로 불러모았다고 전해진다.

웨잇자

웨잇자weikza는 빨리어로 '학자vijjā'라는 말에서 파생된 것으로, '연금술, 점성술, 부적술符籍術, 민간의술 등을 익혀 초자연적 힘을 얻게 된 존재'라고 알려져 있다. 미얀마에서 가장 유명한 웨잇자로는 보보아웅Bo Bo Aung과 보밍가웅Bo Min Gaung이 있다. 그들은 실존했던 인물로 믿어지며, 실제로 양곤의 유명한 사원들에서는 이들의 신상을 어렵지 않게 발견할 수 있다. 신령스러운 장소로 알려진 버강의 뽀빠Popa 산 정상에는 웨잇자 사원이 주를 이루고 있으며, 미얀마인들은 8월이 되면 이곳에 안치되어 있는 낫과 웨잇자들을 기리기 위해 대거 뽀빠 산으로 모여든다.

미얀마 불교도들은 자신들이 섬기는 정령들에게 예를 올릴 뿐 아니라 사진을 구매하여 지니고 다닌다. 미얀마의 마지막 왕조였던 꼰바웅 왕조의 보도퍼야 왕Bodawpaya, 재위기간 1782~1819의 승원 학우로 알려져 있는 보보아웅은 우연히 부적술을 습득하여, 훗날 부적을 통한 수행을 거쳐 초능력을 얻게 되었다고 한다. 그는 물건을 두 배로 크게 만들거나 죽은 닭을 살려내는 등의 힘을 지녔다고 전해진다. 한편 보밍가웅은 1930년대에 미얀마 각지에서 초능력을 발휘했던 것으로 유명한 인물로, 1938년부터 뽀빠 산에 들어가 수행을 쌓고 1952년에 이른바 '득도'를 했다고 전해진다.

웨잇자는 각자 수행하는 고유한 역할들에 따라 각기 다른 부류로 분류된다. 약초를 다루는 세웨잇자seweikza, 사원과 관련된 담마웨잇자Dhammaweikza 등이다. 웨잇자의 정확한 기원은 알 수 없지만, 미얀마 사람들은 이들의 영험함을 믿어 의심치 않는다. 웨잇자들은 모습을 바꾸거나 순간이동을 하는 등 초능력을 가지고 있다고 믿어지는데, 최근까지도 몸이 아픈 이들이 병을 치유해줄 거라는 믿음으로 웨잇자를 숭배하기도 한다.

웨잇자 신앙에서 볼 수 있는 가장 중요한 특징은 숭배자들이 조직화되어 있다는 점이다. 개인적으로 웨잇자를 섬기기도 하지만, '가잉gaing'이라는 조직을 만들어 웨잇자를 숭배하는 의식을 행하기도 한다. 이러한 가잉의 수가 어느 정도인지는 정확히 알 수 없지만, 게이코 토사Keiko Tosa의 연구에 따르면 대략 18개 정도의 가잉 조직이 존재하는 것으로 파악된다. 웨잇자 신앙의 핵심이라 할 수 있는 가잉의 존재는 역사 속에서도 확인되는데, 미얀마가 영국의 식민지로 전락한 이후 1930년대 초에 발발한 농민반란 서야상Saya San의 난을 주도했던 서야상이 민간의술사로 가잉에 들어가 부적술을 배웠다는 이야기는 널리 알려진 사례 중 하나다. 그는 스스로를 웨잇자로 지칭하했다고 하며, 전륜성왕 또는 미래불Metteyya(Pali)이라고 불렀다고 한다.

급부상하는 정령신앙 따잇: 먀낭느웨

따잇인 먀낭느웨를 처음 만났을 때의 느낌은 지금까지도 생생하다. 화려한 초록색 의상을 입고 곱게 앉아 손을 모으고 있는 그녀는 동남아시아의 한류 인기를 이끌고 있는 드라마의 여느 여주인공보다 아름다웠다. 그녀를 둘러싼 미얀마인들의 틈을 비집고 가까이 다가가 그녀를 보니 사람보다 더 사람 같은 모습에 섬뜩한 느낌마저 들었다. 먀낭느웨의 사진을 본 친구들은 그녀가 하루 종일 이 자세로 앉아 있느냐고 나에게 물어보기까지 했다. 사진 속 그녀가 사람인지 인형인지조차 구분하지 못할 정도로 잘 만들어져 있어서 일어난 해프닝이었다.

먀낭느웨의 일생과 업적도 그 모습만큼이나 대중의 관심을 끄는 요소들을 많이 내포하고 있다. 먀낭느웨 사원 앞에 즐비한 상점들에는 미얀마어로 '거도브웨'라고 부르는 의례용품들이 진열되어 있다(사진 6). 원화로 1,500원 정도의 돈을 지불하면 이곳에서 먀낭느웨의 일대기를 구입할 수 있는데, 어찌나 인기가 많은지 절판된 책을 구하려고 꽤 오랜 시간 대기했던 기억이 있다.

사진 6 거도브웨

사진 7 우아웅소와 직원들

일대기

먀낭느웨를 조사할 당시 가장 큰 도움을 준 사람은 우아웅소U Aung Soe이다. 당시 그는 86세의 나이로 미얀마인의 평균수명인 70세를 훌쩍 넘은 고령이었는데도 건강한 모습으로 먀낭느웨 사원을 활보하던 모습이 매우 인상적이었다. 그가 쓴 『먀낭느웨전』은 크게 세 부분으로 구성되어 있다. 그 첫 부분은 먀낭느웨를 만난 이들의 체험담으로, 주로 그녀가 가진 영험한 능력을 보여주는 사례들로 구성되어 있다. 둘째 부분에는 먀낭느웨의 일생에 관한 내용이 담겨 있다. 탄생에서 죽음에 이르기까지의 과정은 물론이고 그녀의 전생에 관한 이야기까지 포함되어 있다. 마지막 부분에는 이 책을 집필한 우아웅소 본인의 이야기가 담겨 있는데, 먀낭느웨와의 만남을 기록하면서 자신과 먀낭느웨의 특별한 관계를 강조하고 있다(사진 7).

『먀낭느웨전』에 기술된 내용들에서 진실성을 찾는 것은 무의미한 일이다. 하지만 이 책은 전설과 신화적 요소들을 모두 담고 있다는 점에서 매우 흥미로운 텍스트가 아닐 수 없다.

먀낭느웨는 꿈을 통해 자신이 전생에 나가매도nagamedaw[1]였으며, 고향인 모곡mokok을 떠나 양곤으로 가서 보떠타웅 파고다를 위해 헌신해야 할 운명임을 깨닫고 이를 실행에 옮긴다. 먀낭느웨에게 대부분의 꿈은 예지몽의 역할을 하고 행동의 직접적인 계기로 작용했으며, 부모님으로부터 물려받은 재산으로 지속적으로 많은 보시

1 힌두교 사원을 수호하는 뱀 신 나가의 속성을 지닌 여신.

사진 8 먀낭느웨가 보시한 불상

를 한 그녀는 매우 신성하고 고귀한 인물로 자리 잡기에 이른다. 먀낭느웨 숭배는 양곤 지역을 중심으로 시작되어 신도들의 신상神像 봉헌을 통해 점차 확산되어가는 추세이다. 그녀는 자신이 이루고자 했던 보떠타웅 파고다의 보수와 안녕을 일궈냈으며, 현재까지도 많은 신도들을 불러들이는 데 일조하고 있다(사진 8).

인간의 몸으로 태어난 먀낭느웨는 결핵에 걸려 죽음을 맞이하였다. 그러나 그녀가 인간인가라는 물음에 미얀마 사람들은 단호하게 아니라고 부정한다. 이러한 믿음의 배경에는 불교 사상, 특히 윤회에 대한 믿음이 자리하고 있다. 그녀는 비록 인간으로서 삶과 죽음을 경험해야 했지만, 살아 있는 동안 많은 공덕을 쌓았다. 이로써 그녀는 인간으로서 살아가는 동안 이미 '정령이 될 운명을 가진 자'가 되었으며, 정령이 되어 신묘한 능력으로 사람들을 지켜주고 있다고 믿어진다.

신당과 신상

보떠타웅 파고다 경내에 자리한 먀낭느웨 신당은 주로 거울로 내부가 장식되어 있는 2층짜리 건물이다. 매년 12월 먀낭느웨의 생일 행사가 열릴 때면 2층까지 올라가볼 수 있으나, 그 외의 시기에는 1층만 개장한다(사진 9).

보떠타웅 사원 내의 먀낭느웨 신당은 앞서 언급한 우아웅소의 노력으로 건립될 수 있었다. 불교도인 미얀마인들에게 사원군 안에 이질적인 정령을 모시는 신당을 세우는 일을 공식적으로 승인하는 것은 쉽지 않았다. 이를 성사시키기 위해 우아웅소는 고승 집단의 허락을 구해야 했는데, 당시의 어려움이 『먀낭느웨전』에 상세히 서술되어 있다. 당시 그는 고승들에게 먀낭느웨의 보시 행위를 끊임없이 강조하면서 신당과 신상을 안치할 수 있게 해달라고 간청했다.

그리하여 신당은 물론 신상까지 제작한 우아웅소는 그녀의 신상을 만들던 일을 다음과 같이 서술하고 있다.

> 우아웅소는 전생에 먀낭느웨와 인연이 있었고 그러한 연유로 현생에서도 다시금 인연을 갖게 되었다. (그렇기 때문에) 먀낭느웨가 강하게 원하여 (원래의 일자리를 그만두고) 보떠타웅 파고다에 오게 되었다. 다시 말해 먀낭느웨가 소망했기 때문에 이곳으로 오게 되었다. 우아웅소는 먀낭느웨가 보떠타웅 파고다를 지켜야 하는 의무를 이어나갈 수 있도록 1989년에 그녀의 신상을 만들었다. 신상의 자세는 (평소 그녀가 기도하던 자세를 모사하여) 인어공주처럼 양다리를 모은 채 양손을 공손히 모아 불상을 숭배하는 형태로 만들었다. 먀낭느웨의 신상 제작은 비밀스럽게 진행되었고, 동시에 먀낭느웨 사원의 공사 및 장식 등을 진행하였다. 초기에 그녀의 모습은 갈색 옷을 입고 머리를 민 형태였다. 얼마 지나지 않아 파고다의 일반 보수가 끝날 무렵 먀낭느웨 신당도 완성이 되었고, 그녀의 신상을 이곳에 안치할 계획을 세우기 시작했다. 먀낭느웨 신상을 모실 자리를 정하기 위해 붓다에게 예불을 드리고, 자리를 배정받도록 지극정성으로 불공을 드렸다.

사진 9 먀낭느웨 신당 내부

먀낭느웨의 머리 모양과 의상은 수시로 변한다. 신도들은 기부의 일종으로 생각해 새로운 옷을 사 입히고 장신구를 덧붙인다. 앞머리가 있는 가발과 없는 가발, 유행하는 스타일의 가발을 보시함으로써 먀낭느웨에 대한 자신의 마음을 표현한다. 우기가 시작될 때는 먀낭느웨의 모습이 비구니인 띨라싱thilashin의 차림새로 바뀌기도 한다. 사원 앞의 상점들은 더 아름다운 초록색 의복과 잡화를 원하는 신도들의 기호를 충족시키기 위해 새로운 물품을 열심히 준비한다. 신도들은 가장 좋은 것을 먀낭느웨에게 선물하기 위해 치열하게 경쟁하는 것처럼 보이기도 한다.

> 시간이 지난 후 신당에 있는 (먀낭느웨의 신상을 보면서 사람들이) 먀낭느웨의 이름을 항상 기억하고 보시하던 그녀를 존경하며, 보떠타웅 파고다를 위해 많은 보시를 한 그녀를 기억하게 위해 만들었다. 처음엔 단순한 신상의 모습이었지만, 얼마 지나지 않아 그녀와 관계가 있는 신도들에 의해 연단 위에 놓이게 되었으며 옷과 가발 등을 보시하여 그녀를 장식하였다.

의례

먀낭느웨 신당을 처음 방문했을 때, 나는 신도들의 행동을 보고 놀랐다. 신상을 겹겹이 둘러싼 사람들 틈을 비집고 먀낭느웨 앞에 선 나는 두 여성이 신상에 뭔가를 하는 것을 보았다. 한 사람은 신상에게 귓속말을 하고 있었고, 다른 한 사람은 우유에 빨대를 꽂아

사진 10 시기에 따라 변하는 먀낭느웨 신상의 모습

사진 11 신도의 의례를 돕는 메도의 모습

신상에게 정성스럽게 먹이고 있었다. 살아 있는 사람이 아닌 신상을 상대로 그런 행동을 하는 그들의 태도가 엉뚱해 보인 것도 사실이지만, 다른 한편으로는 그런 행동을 하는 두 사람의 진지하고 경건한 모습에 마음이 끌렸다. 먀낭느웨에 대한 나의 관심은 그렇게 시작되었다.

먀낭느웨와 관련된 의식은 대략 세 유형으로 행해진다. 첫째, 거도브웨를 구입하고 메도medaw에게 자신을 도와달라고 요청하는 것이다. 거도브웨에 들어가는 내용물은 보통 아래와 같은 물품들로 구성되는데, 신도들의 기호와 상점 상황에 따라 달라질 수 있다(사진 11).

① 코코넛 한 개
② 바나나 두 다발
③ 긴 레이스 소재의 초록색 천(제례용 바구니를 두르는 용도)
④ 바구니에 꽂는 막대기들
⑤ 양초 한 개
⑥ 향 한 개
⑦ 담배 한 개비 또는 한 갑
⑧ 꽃다발
⑨ 흰색, 빨간색으로 된 긴 끈
⑩ 향나무를 갈아 넣은 물병 또는 향수를 담은 병
⑪ 첨가물을 넣지 않은 꿍야(입담배)

사진 12 먀낭느웨의 귀에 소원을 속삭이는 신도의 모습

⑫ (소금을 넣지 않은) 찻잎과 견과류를 담은 그릇

⑬ 동전(1/4짯짜리)

메도는 의식에 익숙지 않은 이들에게 안내자 역할을 해준다. 의식의 순서를 알려주기도 하고 신도들의 고민을 듣고 기도문을 대신 읊어주기도 한다. 그 대가로 원화 1,000원에서 2,000원 정도의 수입을 얻는다. 신도들의 고민과 걱정은 한국인들과 크게 다르지 않다. 가족 및 친구와의 관계, 건강, 취업이나 사업운에 관한 것이 대부분이다. 이들이 읊조리는 말에 특별한 주문, 예컨대 '아브라카다브라'라든가 '비비디바비디붑' 같은 말이 있는지 열심히 귀 기울여보기도 했지만, 그런 것은 없었다. 사람들의 염원이 이들이 주문처럼 읊조리는 말의 주요 내용이었다.

> 고귀한 먀낭느웨시여, 이 신도는 어머니와 부인 그리고 두 딸과 함께 살고 있습니다. 현재 자동차 정비 관련 회사를 운영하고 있는데, 요즘 회사가 어렵다고 합니다. 고혈압을 앓고 있는 어머니를 비롯하여 부인과 딸들 모두 건강하길 바라며, 그의 회사도 번영하길 바랍니다. 두 자녀가 모두 공부도 잘하길 바라며 원하는 길로 나아갈 수 있길 바랍니다. 그의 가정에 늘 평화가 함께하길 바랍니다.

이 외에 우유와 튀밥 비슷한 빠욱빠욱paukpauk이 든 바구니를 구입하거나 우유에 빨대를 꽂아 입에 갖다댄 후 귓속말로 자신의 소원

사진 13 우유를 공양하는 신도의 모습

사진 14 우유와 진저릴리가 담긴 바구니

을 말하는 의례도 있다. 빨대를 꽂은 우유를 들고 먀낭느웨로 그녀가 마시고 있다는 생각으로 한참 동안 서 있어야 한다. 사람들은 빠욱빠욱이 먀낭느웨를 위한 간식거리라고 생각하며, 재스민과 진저릴리의 향기는 그녀의 기분을 좋아지게 해줄 거라 믿는다. 신도들은 자신의 소원이 새어나가지 않도록 최대한 입을 가리고 작게 말하려고 노력한다. 소원이 밖으로 새어나가지 않을 때 더 잘 이루어진다고 믿는다(사진 12, 13, 14).

따잇의 의미와 가치

종교적 가치

불교 사원에 안치된 따잇은 전통적으로 '사원의 수호자'로 여겨져 왔다. 따잇이 사원을 수호하는 주된 방법은 신도들로부터 기부 받은 것들을 외부로부터 지켜내는 것이었다. 미얀마인들은 금은보화를 노리는 존재가 인간에서 악령에 이르기까지 다양하고 믿는다. 미얀마어로 티hti, 우산라고 불리는 파고다의 꼭대기 부분은 다양한 보석들로 장식되어 있다. 이뿐만 아니라 사원에는 신도들의 기부금에서 음식에 이르기까지 탐하기 쉬운 물건들이 다양한데, 사람들은 이 물건들을 지키는 역할을 하는 존재가 바로 따잇이라고 믿는다. 따잇이 된 이들은 비범한 전생 덕분에 막강한 힘을 가지고 있거나 미래를 보는 능력이 있다고 여겨진다. 또한 이들은 대부분 나가와 관련이 있어 물속이나 땅속을 자유롭게 다닐 수 있다고 믿어지는데, 이러한 능력을 통해 사원에 닥칠 일들을 대비하고 해결하는 등 다양한 방법으로 사원을 지켜준다고 여겨진다. 그렇다면 미얀마인들은 사원을 지켜주는 따잇에게 감사와 존경을 표하기 위해 이들을 찾는 걸까? 만약 그렇다면 최근 들어 따잇이 더 큰 인기를 끌게 된 이유는 무엇일까?

대중적 의미

새로운 따잇의 등장 또는 재조명은 주로 일반 대중 사이에 입소문을 통해 확산되거나 언론매체를 통해 알려진다. 유명인사와 관련되었다는 소문이 나면 그 파급효과는 더욱 극대화된다. 미얀마의 뉴스 전문 주간지 『에야와디Irrawaddy』의 칼럼니스트 아까모Arkar Moe는 2009년 아웅산 수찌와 따잇 먀낭느웨의 관계로 인해 당시 군부의 실세였던 딴쉐Than Shwe에게 일어난 에피소드에 관해 기술한 바 있다. 그 무렵 딴쉐는 저녁 9시에서 다음날 아침 6시까지 먀낭느웨의 손을 묶어두라는 지시를 내린 적이 있다고 하는데, 그가 이런 지시를 내린 것은 당시 군부와 정치적으로 대립하던 아웅산 수찌에게 먀낭느웨가 힘을 주고 있다고 믿었기 때문이라고 한다. 먀낭느웨는 딴쉐의 꿈속에 초록색 옷을 입고 나타나 미얀마 국민과 승려들을 억압할 경우 그에게 나쁜 일이 일어날 것이라고 경고했고, 딴쉐는 평소 신뢰하던 점성술사 예아웅Ye Aung에게 꿈 이야기를 털어놓았다. 그러자 예아웅은 먀낭느웨와 아웅산 수찌가 전생에 인연이 있었다고 말하며 먀낭느웨의 손을 묶어 힘을 쓰지 못하도록 조치를 취하라고 권했다고 한다. 그리하여 먀낭느웨의 손이 저녁 9시부터 아침 6시까지 묶이게 되었던 것이다. 이 사건이 언론을 통해 보도된 것은 먀낭느웨에 대한 미얀마인들의 관심을 증폭시키는 계기가 되었다. 군부의 지배 아래 고달픈 삶을 살아가던 국민들은 아웅산 수찌와 먀낭느웨가 깊은 인연으로 이어져 있다는 데 큰 관심을 갖게 되었고, 그 결과 먀낭느웨 숭배는 미얀마 사회에 크게 확산되었다.

언론 보도가 먀낭느웨의 명성을 크게 만드는 데 기여한 것은 분명하지만, 먀낭느웨 신당의 관리자들은 여기에 좀 더 특별한 해석을 덧붙인다. 언론을 통해 먀낭느웨가 유명세와 명성을 얻게 된 것도 모두 그녀의 뜻이 관철된 결과라는 것이다. 다시 말해 먀낭느웨가 언론의 힘을 빌려 사원과 사원 주변의 환경에 좋은 영향을 불러일으키고 그것을 일반인들에게 알림으로써 많은 이들의 삶을 더 바람직한 방향으로 이끌었다는 것이다. 언론 홍보에 대한 신당 관리자들의 이 같은 해석은 먀낭느웨와 같은 정령을 재발견하거나 주목함으로써 새로 부상한 정령에 대한 신앙을 확산시키는 데 일조한다.

흥미롭게도 현지조사 기간 동안 인터뷰에서 먀낭느웨 신당에 방문한 목적을 물었을 때 공덕 쌓기와 관련된 이야기를 들려준 사람은 거의 없었다. 또한 사원 관리자나 사원의 상인들에게 사람들이 신당을 찾는 주요 목적이 무엇이냐고 물었을 때 돌아온 대부분의 답변은 '경제상황 개선'과 관련된 소원을 빌기 위해서라는 것이었다. 신당을 찾은 뒤 소원을 성취한 신도들을 통해 먀낭느웨의 영험함이 입소문을 타고 퍼져나감에 따라, 먼 곳에서 신당을 찾아오는 사람들도 늘었다. 소원을 말하면 이루어준다고 믿어지는 먀낭느웨는 이런 점에서 사원의 수호자라기보다는 '개인의 수호신'으로서 사람들의 숭배를 받는 것처럼 보인다. 또한 먀낭느웨 신당 자체가 하나의 관광상품으로 자리를 잡아감에 따라, 사원 수입 증대에 기여하는 효과도 일어났다. 이러한 기능적 변화는 먀낭느웨를 비롯한 따잇들이 다른 유형의 정령들에 비해 더 빠른 속도로 대중화되는 비결이기도 하다. 특히 보석과 관련성이 있다고 믿어지는 따잇은 재물이나 경제와 관련된 소원을 가장 잘 이루어준다고 알려져 있기도 하다. 이러한 성격과 기능의 변화로 인해 따잇에 대한 인식은 재조명되고 있으며 앞으로도 이러한 현상은 계속될 것으로 보인다.

지금까지 미얀마의 여러 정령들과 최근 가장 큰 관심을 받고 있는 따잇에 대하여 살펴보았다. 지금도 미얀마에는 새로운 따잇들이 등장하고 있다. 작년 말에도 내가 쉐더공 파고다 근처에 생겨난 쌍둥이 따잇을 보고 현지인에게 "이게 무엇인가요? 새로 생겼나요?"라고 묻자 그 자리에 있던 미얀마인이 "그냥 낫입니다. 원래부터 있었어요"라고 대답했다. "따잇이 아닌가요? 원래는 없었는데……"라고 내가 되묻자, 그는 놀란 입을 다물지 못했다. 외국인인 내가 따잇을 알고 있다는 것이 신기해서인지, 아니면 새로 만들어진 따잇을 들킨 것이 머쓱해서인지, 그는 더 이상의 대화를 피하려는 듯 했다.

존재하지 않았던 따잇들이 새롭게 생겨나는 현상을 날조된 전통이라고 폄하할 이유는 없다. 그런 현상 자체가 그들 문화의 일부일 수 있으니 말이다. 신앙의 정통성과 성스러움을 판단하기보다는, 그 이면에 숨어 있는 현지인들의 생활방식과 세계관을 이해하려 하는 것이 그 사회를 좀 더 깊이 이해하는 데 유익하지 않을까.

계속 생겨나는 따잇들에 대한 숭배 문화 또한 먼 미래의 미얀마인들에는 전통이 될 수 있을 것이다. 물론 이런 현상이 언제까지 지속될지, 또 어떤 형태로 변화할지는 알 수 없다. 한국인들도 과거에는 삼신할머니에게 아기를 점지해달라고 간청하고 도깨비의 존재를 두려워했지만, 이제 그런 존재들은 더 이상 경배나 공포의 대상이 아니다. 하지만 이웃나라 일본에서는 여전히 수많은 정령들에 대한 믿음과 그들에 대한 의식들이 지속되고 있다. 이처럼 정령이나 신비한 힘을 가진 존재들에 대한 인식은 시간(역사)과 공간(지리, 지형)에 따라 다르게 나타난다. 미얀마 사람들이 갖고 있는 종교적 관념과 실천이 앞으로 어떻게 변화할지는 알 수 없다. 그러나 적어도 현재까지는 낫과 따잇 등 인간들의 세상에 공존한다고 믿어지는 무수한 정령들이 이곳 사람들의 삶에 매우 깊은 영향을 주는 것만은 분명해 보인다.

미얀마를 방문할 계획이 있는가? 미얀마에 대해 궁금한 것이 많은가? 그렇다면 미얀마인들의 믿음에 대해 잘 살펴보길 권한다. 그러한 관심이 미얀마인들의 삶 속에 좀 더 다가갈 수 있는 좋은 길라잡이가 되어줄 것이다.

2부

동남아의 다양한 사회와 문화

필리핀의 가족과 여성

김동엽

한국과 필리핀을 포함하는 동아시아에서 사회의 가장 기초가 되는 단위인 가족은 서구 사회에 비해 구성원 간의 결속력이 훨씬 강하다. 이는 서구와 동아시아의 문화적 차이 때문이라고 볼 수 있다. 문화culture라는 단어는 '경작cultivate'이라는 말에서 유래했다고 한다. 이는 문화가 자연을 활용해 인간의 필요를 충족시키는 경작 활동과 밀접한 관련이 있음을 의미한다. 동아시아에서는 일찍이 쌀을 경작하여 주식으로 삼으며 살아왔다. 쌀을 경작하는 데는 개인의 노동력보다는 집단의 협동적인 노동력이 많이 요구된다. 이러한 쌀 경작 문화가 공동체적 삶의 기반을 제공했다고 볼 수 있다. 반면 서구에서는 일찍이 밀을 경작하여 빵을 주요한 식량으로 삼아왔다. 밀의 경작 방식은 씨를 흩뿌리는 방식으로, 집단 노동력이 그다지 요구되지 않는다. 이것이 서구에 집단보다는 개인의 중요성이 우선시되는 문화적 환경을 제공했다고 볼 수 있다. 한편 사회의 윤리적 기초를 제공하는 종교의 가르침도 서구와 동아시아에 가족의 의미에 대한 차이를 가져오게 했다. 서구 기독교 사상에서는 신과 개인의 일대일 관계가 중심이 된다. 반면 동아시아의 전통적 정령신앙이나 유교에 근거한 충과 효의 관념은 집단주의적 문화의 정신적 기초가 되었다.

가족은 일반적으로 혼인과 출산을 통해 구성된 집단을 의미한다. 그러나 가족의 의미를 더욱 확대하여 밀접한 사회적 관계를 맺고 있는 사람들끼리도 가족이라는 개념을 사용하기도 한다. 예를 들면 연예인이 자신의 팬클럽을 가족으로 부르기도 하고, 폭력배들의 이야기를 다룬 마피아 영화에서도 가족이라는 이름이 등장하기도 한다. 이처럼 가족의 개념은 혼인이나 혈연과 같은 전통적 요소에 따른 정의와 특별히 친밀한 의미를 부여하는 사회적 관계를 뜻하는 정의로 나눌 수 있다. 전통적 요소에 기반을 둔 가족에서도 각 문화에 따라 부계 혹은 모계 혈통을 중시하는 경향이 나타난다. 각 문화에서 남성과 여성이 가족 내에서 하는 역할이나 사회적 지위 등 다양한 측면에 따라 그런 차이가 나타난다.

필리핀의 가족 개념 확대와 끈끈한 유대감

필리핀에서는 결혼과 출산뿐 아니라 가톨릭 의례에 따라 맺는 대부와 대모 관계를 통해서도 가족 관계가 이루어진다. 필리핀 전체 인구 중 약 85퍼센트는 종교 생활을 하든 하지 않든 스스로를 가톨릭교도로 간주하며, 종교적 전통을 넘어 문화적 차원에서 대부분 대부와 대모를 둔다. 혈통과 관련해서 필리핀 사람들은 부계나 모계 중 어느 한쪽을 중시하는 것이 아니라, 양측 모두를 동등하게 인정하고 존중하는 양변 가족제도를 따르고 있다. 이처럼 가톨릭 의례에 따라 확대된 가족 구성과 양변 가족제도는 필리핀 사회에서 가족의 범위를 크게 확대하는 결과를 낳았다. 이러한 확대된 가족 개념을 바탕으로 지방에서는 파벌clan이 형성되기도 한다. 특정 파벌이 해당 지역의 정치적·경제적 지위를 독점하는 경향을 나타내는 것이다. 필리핀에서는 이를 '족벌체제political dynasty'라고 부르며 전근대적 정치 행태로서 부정적으로 인식하고 있다. 그래서 반족벌체제법anti-dynasty law을 만들어 이런 경향을 타파하려고 하지만, '족벌체제'의 개념과 범위를 정하는 문제에서부터 난항을 겪으면서 제대로 실행되지 못하고 있다.

가족 구성원이 함께 생활하는 단위로서의 가정home 혹은 가구household 형태는 전통 사회의 경우 여러 세대가 함께 생활하는 확대가족이 많고, 현대 사회에서는 도시화와 더불어 두 세대가 한 가정을 이루는 핵가족이 일반적이다. 그러나 필리핀의 경우 오히려 도

사진 1 필리핀 가족의 단란한 모습[1]

시에는 확대가족이 많고 농촌 지역에는 핵가족 형태의 가구가 많은 것을 볼 수 있다. 필리핀의 전통적 농촌 사회에서는 자녀가 결혼하면 인근에 집을 마련하여 분가시키는 것이 일반적이었다. 열대지방의 기후 특성상 자연재료를 이용해 수월하게 집을 마련할 수 있었기 때문이다. 그러나 도시화가 진행되면서 도시 지역의 집값이 비싸지고 새로 집을 짓는 데도 많은 비용이 필요하게 되자, 결혼한 자녀가 분가하지 않고 계속 부모와 함께 생활하게 된 것이다. 필리핀 농촌 지역의 핵가족 제도도 어떤 측면에서 보면 확대가족의 특성을 내포하고 있다. 자녀가 결혼해서 분가하긴 하지만, 부모 집과 가까운 곳에 거주하면서 공동 노동이나 상호 돌봄 같은, 확대가족에서 볼 수 있는 가구 기능을 여전히 유지하기 때문이다. 이러한 가구의 구성과 기능을 통해서도 필리핀 사회에서 가족의 유대관계가 얼마나 강한지를 엿볼 수 있다.

필리핀에서 가족 구성원 간의 결속력과 의무감이 얼마나 강한지는 다양한 측면에서 확인할 수 있다. 처음 필리핀에서 장기체류를 시작한 1990년대 중반, 필자는 필리핀의 어느 중상류층 가정에서 한국인 학생 두 명과 함께 하숙을 했다. 그곳은 빌리지 내에 있는 고급 주택으로, 하숙을 전문으로 하는 것이 아니라 본가에 딸려 있는 2층으로 된 게스트하우스에 잠시 하숙생을 들인 것이었다. 그 집에는 일하는 사람들 말고 젊은 남자 한 명이 있었는데, 그 남자

1 이 글의 모든 사진은 인터넷사이트 플리커Flickr에서 사용이 자유로운 것들 중에서 고른 것이다.

는 집안일도 돌보고 하숙하는 우리와 함께 어울리면서 자신의 고향 음식이라며 생소한 음식도 만들어주기도 했다. 그 남자는 그 집안주인의 고향에서 온 남동생이었다. 일자리를 찾아 해외로 나가기 위해 준비하는 중이었으며, 그래서 고향에서 올라와 특별히 하는 일 없이 누이의 집에서 기약 없는 날들을 흘려 보내고 있었다. 이후 필리핀에서 생활하면서 필자는 이와 같은 경우를 많이 목격했다. 직계 가족 속에서만 그런 것이 아니라 넓은 의미의 가족 범위에 속하는 사람들 사이에서도 마찬가지였다. 고향에서 먼 친척이 도시에 올라와 생활해야 할 경우, 함께 거주하기를 청하면 대부분의 사람들이 거절하지 않는다. 만약 그런 청을 거절하면 가족에 대한 도리를 외면하는 것으로 간주하여 스스로는 부끄러운 일이고, 다른 사람들에게는 인색하다는 비난을 받는다. 집이 협소해서 함께 기거하기 어려운 상황에서도 편의를 제공하는 경우를 쉽게 볼 수 있다. 이런 모습은 60대 이상의 우리 나라 사람들에게도 그다지 낯설지 않은 모습일 것이다.

필리핀에서 가족의 강한 유대감은 하층민들의 가족에 대한 희생정신으로 표현되기도 한다. 최근 필자는 필리핀 위안부 관련 자료를 조사하다가 1992년에 필리핀 위안부 중 최초로 자신의 경험을 일반에 공개한 헨슨Maria Rosa Henson 할머니의 자서전을 읽었다. 그 책에는 물론 일본군에 의해 무참하게 유린당한 할머니의 고백도 있지만, 자신의 출생과 성장 과정을 서술한 이야기에서는 필리핀 하층민 가족의 슬픈 현실과 애틋한 희생정신을 엿볼 수 있다.[2] 헨슨 할머니의 어머니 줄리Juli는 가난한 소작농의 딸로서 어려운 가정형편으로 인해 13세 되던 해에 지주landlord 집에 가정부로 들어갔고, 15세 되던 해에 지주의 겁탈로 임신하여 헨슨 할머니를 낳았다. 헨슨 할머니의 생부인 지주는 자신의 가족에게 그 사실을 숨겼지만, 헨슨 할머니의 양육에 필요한 돈을 비밀리에 계속 공급해주었다. 어린 시절 헨슨 할머니는 자신의 출생에 대해 알게 되고, 그 사실을 알게 된 급우들의 조롱거리가 되기도 했다. 그러나 자신을 낳아주고 비밀리에라도 돈을 보내 자신이 공부하고 가족들이 생활할 수 있도록 배려해준 늙은 아버지에게 고마운 마음을 표현하기도 했다. 줄리의 이야기는 오늘날 필리핀 중상류층 가정에서 일하는 어린 가정부들의 운명과 흡사한 면이 많다. 가난한 집안에서 태어난 소녀들 중에는 부모와 형제에게 경제적 도움이 되고자 어린 나이에 낯선 외국 남자와의 국제결혼을 결심하는 경우도 많다.

필리핀 여성의 사회 진출과 또 다른 불평등 구조

필리핀에서는 가족 구성원 중 여성의 역할이 모든 면에서 남성보다 큰 경우가 많다. 이는 동남아 사회에 일반적으로 나타나는 여성의 활발한 사회 활동과 맥락을 같이한다. 1990년에 필리핀에 이주하

---

2 Maria Rosa Henson, *Comfort Women. Slave of Destiny*, Pasig City, Philippine Center for Investigative Journalism, 1996.

여 지금까지 살고 있는 한 교민은 자신의 책에서 "필리핀에서는 여성의 지위와 생활력이 남성들보다 뛰어나다. 특히 서민층에서는 여성들의 책임의식이 훨씬 강해서 많은 회사들이 여성 관리자 밑에 남성 직원들을 배치하고 있는 것을 흔하게 볼 수 있다"고 말하고 있다.[3] 필리핀에서 여성의 사회적 지위가 높고 활동이 활발한 이유에 대해서는 다양한 설명이 존재한다. 무엇보다 오랫동안 스페인의 식민 지배를 받으면서 식민통치자들이 원주민 인력을 등용한 행태에 기인했다고 보는 시각이 있다. 남성보다 온순하면서도 끈기 있는 여성의 특성을 식민지 행정 인력으로 적극 활용했다는 것이다. 또 필리핀의 전통 계급사회에서도 수많은 서민 남성들이 지배층 여성들을 위해 일했으며, 그러한 전통이 오늘날 사회 각 분야에 이어지고 있다는 시각도 있다. 피상적이긴 하지만 필리핀 국민 대다수가 믿는 가톨릭 문화에서 그 이유를 찾기도 한다. 일반적으로 가톨릭에서는 예수님의 아버지는 하느님이고, 어머니는 마리아라고 인식한다. 이러한 인식에서 마리아의 남편인 요셉은 존재감이 거의 없으며, 이는 필리핀 가정에서 아버지의 역할을 대변한다는 것이다.

이유를 명확히 할 수는 없지만, 필리핀에서 여성들의 사회 활동이 두드러지는 것은 사실이다. 서민층 여성들이 강인한 생활력을 보여줄 뿐 아니라, 중상류층 여성들의 사회적 진출도 두드러진다. 필리핀에서 관공서나 회사 사무실을 방문하면 여성 매니저를 만나

---

3 문종구, 『필리핀 바로 알기』, 고양시, 도서출판 좋은땅, 2015, p. 277~280.

는 경우가 흔하다. 많은 전문직 여성들이 중상류층 가정에서 태어나 좋은 교육을 받고 사회에 진출한 경우가 많다. 필리핀에서 여성은 승진이나 임금 등 모든 면에서 남성과 차별이 없다. 그런데 이처럼 여성들이 활발한 사회 활동을 하려면 가정에서 전통적으로 여성이 해오던 역할을 대체할 인력이 요구된다. 잡다한 집안일이나 자녀 양육 같은 전통적인 여성의 역할을 대신해줄 누군가가 필요한 것이다. 실업 상태에 있는 남편이나 친척이 그 역할을 대신하는 경우도 많지만, 대개는 가정부를 두어 그런 일들을 해결한다. 필리핀 중상류층 가정에서 일하는 가정부들은 대개 시골의 가난한 가정에서 태어나 학교교육을 제대로 받지 못한 채 청소년기에 이르러 시골을 떠나 도시로 상경한 경우가 많으며, 대부분 숙식 제공에 최저임금 수준에도 미치지 못하는 낮은 임금을 받으며 일한다. 많은 경우 밥하는 가정부, 빨래하는 가정부, 어린아이를 돌보는 유모를 각각 둔다.

필리핀에서 어린아이를 돌보는 유모를 '야야'라고 부른다. '야야'의 돌봄을 받고 자란 필리핀 중상류층 가정의 자녀들은 전통 사회의 귀족들처럼 계급적 사고방식을 가지기도 한다. 그런 모습을 직접 목격한 적이 있다. 필자가 필리핀에 거주할 때 동호회 모임에서 등산을 간 적이 있다. 일행의 일부는 아직 대학생이었고, 일부는 졸업해서 직장을 다니는 사람들이었다. 1박 2일 일정의 산행이라 대부분 필요한 물건들을 배낭에 챙겨서 산에 올라갔다. 그런데 일행 중 한 명이 자기 집에서 일하는 남자 한 명을 짐꾼처럼 데려온 것이

사진 2 천진난만한 아이들 필리핀 모습

다. 그런 문화에 익숙하지 않은 필자는 텐트를 치고 안에서 쉬고 있는 주인(?)을 위해 밖에서 식사를 준비하는 그 남자의 존재가 너무나 어색하게 느껴졌다. 필자가 필리핀에서 만난 한 한국인은 이와 관련해 의미심장한 말을 했다. 그는 회사 주재원으로 가족과 함께 필리핀에 와서 생활하다가 귀국할 시점이 되자 회사에 사표를 내고 필리핀에 남아 개인 사업을 시작한 참이었다. 그런데 함께 생활하던 가족을 모두 한국에 보내고 필리핀에 혼자 남아 생활하고 있었다. 이유를 물으니, 아이들이 필리핀 가정에서 흔히 볼 수 있는 '야야'의 돌봄을 받으면서 자라면 나중에 한국 사회에 적응하기 힘들지 모른다는 염려 때문이라고 했다. 즉 어려서부터 집에서 보호자로 따르던 사람이 사실은 자신이 명령할 수 있는 고용인이라는 사실을 깨닫게 되면서 인간관계를 전통적인 계급관계로 인식하게 된다는 것이다. 자신의 자녀가 그런 전근대적 사고방식을 가지며 자라길 바라지 않는다는 것이었다.

필리핀 여성의 해외 가정부 진출과 그 그늘

필리핀 여성의 활동이 부각되는 또 다른 영역은 근로자로서 해외에 진출하는 것이다. 필리핀은 서구의 식민통치, 특히 미국의 영향으로 일찍이 근대적 교육제도가 발달했다. 그로 인해 근대적 고등교육을 받은 고급 인력을 일찍부터 배출했으며, 1970년대 초반까지만 해도 의사나 변호사, 회계사, 건축사 등 전문 인력을 해외에 파견했다. 그러나 주변 국가들도 경제발전에 성공하면서 교육수준이 향상되었고, 더 이상 필리핀인 전문 인력을 필요로 하지 않게 되었다. 한편 필리핀은 1970년대 마르코스 독재정권하에서 경제발전이 지체됨에 따라 고등교육을 받은 수많은 젊은이들이 실업 상태에 빠지게 되었다. 치솟는 실업률이 사회적 불안 요인으로 작용하자, 정부가 적극적으로 나서서 근로자를 해외로 파견하는 정책을 추진했다. 그 결과 전문직 종사자가 아니라 건설 현장 노동자나 선박에서 일하는 선원, 여성의 경우 가정부 등 소위 3D 직종의 필리핀 노동자들이 대거 해외에 진출하게 되었다. 오늘날 필리핀 전체 인구의 10퍼센트에 해당하는 1,000만 명 이상이 해외에 근로자로 진출해 있다. 이들이 해외에서 벌어 국내로 송금하는 돈은 필리핀 경제에 중요한 부분을 차지한다. 그 규모가 필리핀 국내총생산GDP의 약 10%에 달하며, 필리핀 정부의 1년 예산과 맞먹는 금액이다. 해외 노동이주의 패턴을 보면, 일반적으로 선진국에서 후진국으로 혹은 고급 직종을 찾아 이주할 때는 가족을 동반하는 경우가 많고, 후진국에서 선진국으로 혹은 3D 직종을 찾아 이주할 때는 가족을 동반하지 않고 혼자 가는 경우가 대부분이다. 이는 주로 경제적 부담 때문이다. 단독이주의 경우 국내에 머무는 가족 구성원과의 이별이 전제되며, 그로 인한 다양해 사회적 문제를 양산하기도 한다.

필리핀 해외 진출 근로자Overseas Filipino Workers, OFW의 약 20퍼센트가 가정집의 가정부이다. 주로 집에 상주해야 하는 직종의 특성상

사진 3 홍콩 길가에서 휴식을 취하는 필리핀 가정부

가족을 동반할 수 없으며, 이는 필리핀에 있는 가족과의 일시적 이별을 의미한다. 두고 온 가족 중 남편은 실업 상태인 경우가 많으며, 아이들 양육은 조모나 이모 등 가족 내 다른 여성들이 담당하는 경우가 많다. 이들은 해외에서 일하느라 자녀들을 손수 돌보지 못하는 것에 대한 미안함과 애틋함 심경을 주로 물질적 보상으로 해소하려는 경향이 있다. 그리하여 자녀들은 국내에서 높은 소비수준을 유지하게 되고, 어머니의 역할은 그런 소비생활을 뒷받침해 주는 경제적 공급자로 간주된다. 필리핀 해외 근로자의 범법 행위가 드러나 처벌되는 경우가 종종 보도되는데, 본국에 있는 가족의 높은 소비수준에 부응하기 위해 불법적인 일에 관여한 경우도 꽤 있다.

필리핀 해외 진출 여성 근로자들 중 본국에 자녀를 두고 온 경우는 자녀들의 심리 상태에도 부정적인 영향을 미치는 것으로 알려져 있다. 대부분 단기 계약직으로 해외에서 일하는 필리핀 가정부들은 계약 기간이 끝나고 집으로 돌아가면 특별히 할 일이 없다. 귀국한 직후에는 헤어졌던 가족과의 상봉으로 기쁨을 나누지만 그 기쁨은 오래 가지 못하고, 곧 경제적 문제로 인한 불안감이 찾아온다. 자녀들도 어머니가 가족을 떠나 해외에서 일하는 것이 오히려 자연스럽고 편안한 상황으로 인식되어, 그리웠던 어머니가 다시 새로운 일자리를 찾아 가족 곁을 떠나기를 고대하는 모순된 심리 상태를 가지게 된다. 이처럼 어린 시절 심리적 안정을 제공하고 초보적인 교육을 담당해야 할 가정의 분열과 그런 가정환경에서 자란

아이들의 불안정한 심리 상태가 필리핀 사회의 불안요인이 될 수 있다는 우려가 나오고 있다. 필리핀 정부는 이런 문제를 인식하고 해외 파견 근로자들의 높은 수입이 소비로 소멸되는 것이 아니라 종잣돈이 되어 국내에 돌아와서도 경제활동을 할 수 있도록 유도하는 다양한 프로그램을 개발하여 제공하고 있다.

출산 및 이혼과 관련된 필리핀 가족법 논쟁

요즘 필리핀에서는 가족과 관련된 중요한 두 개의 법안이 논란의 대상이 되고 있다. 하나는 임신과 출산에 관한 법안이고, 다른 하나는 이혼에 관한 법안이다. 필리핀은 2017년 기준 월도미터스 worldometers 총인구가 약 1억 500만 명으로 세계 13위에 해당한다. 그리고 인구증가율도 최근 감소 추세이기는 하지만 1.55퍼센트(한국은 0.37퍼센트)로 여전히 높은 수준이다. 인구의 도시 지역 거주율은 44.4퍼센트(한국 81.4퍼센트)로 농촌 지역 인구 비율보다 약간 낮으며, 평균 연령도 24.3세(한국 41.3세)로 대단히 젊다. 이처럼 많은 인구와 높은 인구증가율은 농촌 지역 하층민 가구의 높은 출산율 때문으로 여겨진다. 필리핀에서 도시를 벗어나 조금만 시골로 가게 되면 어린아이들이 무리지어 놀고 있는 모습을 쉽게 볼 수 있다. 농촌 지역 여성들의 초임 연령이 낮고, 피임에 대한 인식이 없어 자녀를 많이 낳기 때문이다. 이렇듯 아무런 사전 지식 없이 임신하는 것은 산

모의 건강에 무리를 줄 뿐 아니라, 양육비로 인해 가난이 대물림되는 원인으로 지목되기도 한다. 이런 문제를 개선하기 위해 제시된 법안이 출산보건법Reproductive Health Law, RH Law이다. 이 법안은 기본적으로 산모를 보호하려는 법으로, 임신과 출산에 관해 제대로 알지 못하는 여성들, 특히 어린 가임여성들에게 올바른 교육을 제공하고, 필요에 따라서는 피임 수단을 제공하기 위한 것이다.

여성 관련 시민단체들이 이 법안을 적극 지지하고 있으며, 그동안 필리핀 정부도 강한 의지를 가지고 법안 처리를 진행해왔다. 그러나 가톨릭계의 강력한 반대에 부딪쳐 오랫동안 의회의 문턱을 넘지 못하고 있었다. 가톨릭계의 주장에 따르면, 인간의 생명은 신의 섭리에 따른 것으로 인간이 인위적으로 관여할 문제가 아니라는 것이다. 그들은 특히 이 법안이 산모의 건강과 권익을 보호한다는 명목하에 낙태를 합법화하는 길을 열 수도 있다고 주장한다. 필리핀 인구의 약 85퍼센트가 가톨릭교도인 상황을 고려하면, 가톨릭계 지도자들의 주장이 사회에 미치는 영향력을 가늠해볼 수 있다. 특히 의회를 장악하고 있는 전통 엘리트의 대부분이 보수적 가톨릭교도이기 때문에 이 법안의 통과는 쉽지 않았다.

그러나 필리핀 여성의 낮은 초임 연령과 높은 인구증가율이 필리핀의 미래에 미칠 악영향에 대한 사회 각계각층의 주장 및 국제 사회의 우려 등 다양한 압력으로 출산보건법은 2012년 12월에 상하양원을 통과했다. 그러나 이 법안에 반대하는 사람들이 헌법소원을 제기함에 따라 법안 집행이 유보되었으며, 2년간의 치열한 법정

사진 4 필리핀 출산보건법RH Law 홍보 리본

싸움을 거친 후 2014년 4월 드디어 대법원에서 헌법합치 판결을 내렸다. 그러나 판결의 부수 조건으로 법안의 일부 조항에 대한 수정과 삭제가 요구되었으며, 이에 법안을 공동 발의한 일부 의원들은 그래서는 법안의 취지를 살릴 수 없다며 자신의 이름을 발의자 명단에서 삭제해달라고 요구하기도 했다. 어쨌든 이 법안에 따라 필리핀 정부는 국가예산을 편성하여 임신과 출산에 관한 교육을 하고 피임약이나 도구를 국민에게 제공할 수 있게 되었다.

필리핀의 가족법 논쟁 중 다른 하나인 이혼에 관한 법안은 필리핀 사회의 근본적 질서와도 관련이 있다. 필리핀에는 이혼에 관한 법률이 없다. 이는 필리핀에는 합법적인 이혼 방법이 존재하지 않는다는 것을 의미한다. 여성 시민단체에서 지속적으로 이혼에 관한 법률 입안을 요구하고 있지만, 아직까지 실현되지 않고 있다. 전 세계에서 이혼이 허용되지 않는 나라는 가톨릭 왕국인 바티칸을 제외하고 필리핀이 유일하다. 이것 역시 필리핀의 지배적 종교인 가톨릭의 영향으로 볼 수 있다. 신 앞에서 한 혼인서약을 인간이 인위적으로 파기할 수 없다는 것이 이혼법을 허용하지 않는 논리이다. 바티칸과 필리핀을 제외하고 전 세계 가톨릭 국가에서 이혼에 관한 법률이 시행되고 있다는 점을 감안하면, 필리핀 가톨릭계의 보수적 성향을 엿볼 수 있다.

결국 필리핀에서는 남녀가 한 번 결혼하면 평생 합법적으로 다른 배우자를 맞이할 수 없다. 하지만 현실적으로는 결혼 후 다양한 이유로 인해 부부가 헤어지는 경우가 있다. 그런데도 부부관계를 법적으로 정리할 방법이 없어 법적 부부관계가 여전히 유지된다. 배우자와 헤어진 사람들은 다른 사람을 만나 새로운 가정을 꾸리기도 하지만, 그 관계는 합법적인 부부관계가 될 수 없다. 그런 경우 그저 함께 사는 사실혼living-in partner 관계로 살아간다. 이처럼 이혼법의 부재는 법적으로 정리되지 않은 가족관계를 남겨 필리핀의 가족관계를 복잡하게 만드는 데 일조한다.

합법적인 이혼이 존재하지 않지만 혼인관계를 법적으로 정리는 방법이 전혀 없는 것은 아니다. 유명인이나 재력가들은 법적 소송을 통해 혼인관계를 정리하기도 한다. 법원에 결혼무효 소송을 제기하는 방법이다. 그러나 이런 소송에는 많은 비용이 필요하므로 일반인들은 이용하기가 쉽지 않다. 물론 깨진 혼인관계를 법적으로 말끔히 정리하지 않아도 사회생활이나 자녀 교육에 그다지 큰 어려움은 없다. 필리핀 사회가 지닌 다양한 가족관계에 대한 넓은 포용력도 여기에 한몫한다. 즉 필리핀에서는 싱글맘single mother 가정이나 사실혼 가정에 편견이나 차별을 별로 두지 않는다. 더불어 필리핀에는 주민등록 제도나 가족관계증명서 같은 공식 서류가 존재하지 않으며, 대부분 출생 신고서로 개인의 존재를 증명한다. 이런 제도적 환경이 필리핀에서 법률적 가족관계의 불명확성이 그리 큰 문제가 되지 않는 배경이기도 하다.

맺음말

필리핀은 서구의 식민 지배를 오랫동안 받았고, 동남아 국가들 중 최근에 독립한 동티모르를 제외하고 유일하게 가톨릭을 지배적 종교로 삼고 있다. 이로 인해 서구문명의 아시아 창구로 묘사되기도 했다. 그러나 서구문명의 기반을 이루는 개인주의 사상은 필리핀 사회에 깊이 뿌리내리지 못한 것으로 보인다. 오히려 필리핀에는 동양의 집단주의 사상이 강게 드러나며, 이런 집단주의 성향이 집약적으로 나타나는 단위로 가족을 꼽을 수 있다. 가족 구성원 간의 강한 유대감은 필리핀 사회에 긍정적인 영향과 부정적인 영향을 모두 미친다. 긍정적 영향은 가족 구성원 간의 높은 신뢰감을 바탕으로 한 유대감이 사회적 자본social capital으로 기능한다는 점이다. 특히 국가의 역량이 닿지 않는 아동이나 노인 같은 취약계층을 돌보는 영역에서 중요한 기능을 담당한다. 반면 종교적 의례와 양변 가족제도로 인해 확대된 가족 범위와 더불어 이들 간의 폐쇄적 유대감이 이권을 독점하는 파벌로서 기능한다는 부정적 영향을 미치기도 한다.

한편 필리핀은 여성 대통령을 두 명이나 배출한 국가로서 남녀 차별이 존재하지 않으며, 오히려 여성의 사회 활동이 남성에 비해 더 활발한 것을 볼 수 있다. 그러나 여성의 활발한 사회 활동의 이면에는 하층민 여성에 대한 또 다른 착취구조가 존재한다. 하층민 가정의 높은 출산율과 이들의 노동력을 수용할 수 없는 취약한 국내 산업구조는 가정부 같은 저임금의 비공식 노동시장을 활성화하는 요인이 된다. 이러한 저임금 여성 노동력은 중상류층 여성들의 사회 진출을 용이하게 만드는 배경이 되기도 한다.

필리핀 정부는 사회의 구조적 불평등 문제를 개선하기 위해 다양한 노력을 기울이고 있다. 특히 높은 출산율로 인해 빈곤이 대물되지 않도록 취약계층에게 임신과 출산에 관한 교육과 피임 수단을 제공하는 법안을 발의하기도 했다. 그러나 생명의 존엄성을 강조하는 보수적 정치인과 가톨릭계의 반대로 그 법안의 취지를 제대로 살리지 못하고 있다. 더불어 필리핀 국민들은 깊은 신앙심과 자녀에 대한 강한 애착 때문에 출산을 축복으로 여기고 빈곤은 운명으로 간주하여 자녀를 많이 두는 것과 빈곤을 연관 짓지 않는 경향이 있다. 한편 이혼법이 존재하지 않기 때문에 가족 관계가 법률적으로 명확히 정리되지 않는 경우가 많다. 많은 여성단체들이 이혼법 제정을 촉구하고 있지만, 필리핀의 주류사회는 여전히 귀 기울이지 않고 있다.

지금까지 살펴본 필리핀의 가족과 여성에 관한 다양한 측면은 오늘날 한국 사회의 맥락과 한국인의 관점에서 가치를 평가하기에는 무리가 있다. 필리핀 사회는 나름의 문화적 배경과 제도적 기반하에 공동체를 유지하고 있다. 필리핀 사람들은 남녀 차별이나 계층 간의 불평등 문제도 한국 사람들이 느끼고 공감하는 것과는 다른 차원에서 생각할 수 있다. 사회적 규범과 활동의 기준을 제공하는 제도들이 한국 사회와 다르기 때문이다.

미얀마의 장례식:
죽음을 대하는 두 가지 방식

김희숙

인류학자 레비스트로스는 그의 책 『야생의 사고』에서 장례의식에 관한 흥미로운 이야기 하나를 소개한 바 있다. 북아메리카 인디언들의 계승의식에서 벌어지는 게임에 관한 것이다. 죽은 자를 산 자로 대체하는, 곧 장례의식이기도 한 이 계승의식에서 사람들은 승부를 다투는 게임을 벌인다. 사실 이 게임의 승패는 게임이 시작되기 전에 이미 정해져 있다. 죽은 자의 팀과 산 자의 팀으로 미리 갈라둔 두 패의 사람들이 치르는 이 게임에서 최종 승리는 언제나 죽은 자의 팀에게 돌아간다. 죽은 자와 산 자를 표상하는 두 팀이 무승부가 될 때까지 며칠이고 계속 시합을 벌이는 가후쿠-가마족의 게임 역시 동일한 결말로 마무리된다. 언제나 죽은 자의 승리로 끝나는 게임. 레비스트로스는 이런 의식의 목적이 죽은 자를 떨쳐버리고, 그 원혼들이 이제는 산 자가 아니라는 한恨에 사무쳐 복수해오는 것을 방지하는 데 있다고 설명한다. 죽은 자의 승리로 끝나는 게임은 사실은 눈속임에 불과한 것으로, 이를 통해 보호하고자 하는 무엇인가에 이 의식의 궁극적 목적이 숨겨져 있다. 바로 살아 있는 사람들의 삶이다. 고통스러운 죽음을 맞이한 망자亡者의 혼일수록 더욱 극진히 달래줄 필요가 있으며, 이는 곧 죽은 자를 떠나보내고 이승에 남은 사람들의 삶을 지키는 방법이 된다. 단호히 살아 있는 자의 편에 서는 이들의 철학을 레비스트로스는 아래와 같은 말로 요약한다.

죽음은 괴롭다. 그러나 슬픔은 더욱더 괴롭다.

죽음보다 슬픔이 더 괴로운 것은 가족이나 친구를 먼저 보내고도 살아갈 날들이 남아 있기 때문이다. 살아갈 날들이 아직 남아 있는 자들은 언제까지고 슬픔에 빠져 있을 수만은 없다. 가족이나 친구를 잃은 슬픔으로부터 벗어나도록 하기 위해선 죽은 자에 대한 위로 못지않게 산 자에 대한 위로 또한 필요한 법이다. 하여 죽은 자를 위로하는 장례의식은 살아남은 자들의 슬픔을 달래는 의식으로 전환되기도 하는데, 이와 같은 전환의 논리를 공급해주는 문화적 원천은 사회마다 같지는 않을 것이나 대개의 경우 우리는 그 자리에서 '종교'를 발견하곤 한다.

산 사람이 경험해본 적 없는 죽음 이후의 과정에 대한 상상보다 종교가 더 깊숙이 관여하는 영역이 있을까. 전 국민의 약 90퍼센트에 달하는 인구가 불교도인 미얀마 사회에서 불교는 바로 그러한 위치를 점한다. 불교적 세계관을 지탱하는 핵심교리인 '윤회'에 대한 상상은 누군가의 죽음을 목전에 둔 상황에서 그 어느 때보다 강렬해지며, 장례는 죽은 자를 그 거대한 섭리의 장으로 돌려보내는 의식으로 인식된다. 미얀마 사람들은 이러한 세계관에서 죽음이라는 돌이킬 수 없는 사건이 죽은 자와 산 자 모두에게 가져다주는 슬픔과 고통을 매우 극적인 방식으로 삶에 대한 긍정으로 전환시키는 방법을 찾은 듯하다. 지금부터 나는 미얀마에서 우연히 접한 두 장례식에 대한 기억을 더듬으며 이에 대해 사유하고자 한다.

산 자로 하여금 공덕을 쌓게 하는 장례식

미얀마에서 내가 처음 접한 장례식은 2013년 12월 현지조사를 위해 방문해 있던 마을 인근 사원에서 치러진 장례식이었다. 당시 나는 마을의 어느 집 마당에서 집주인 내외와 이야기를 나누고 있었다. 미얀마에 도착한 지 한 달이 갓 지난 참이었고, 마을 주민들에게는 외국인인 나의 존재가 아직 신기하고 낯설게만 여겨질 시점이었다. 집주인 내외와의 이야기가 끝나갈 무렵 이웃 한 사람이 찾아왔다. 옆 마을 사원에서 치르는 장례식에 참석하기 위해 모터사이클을 빌리러 온 것이다. 사원에서 치르는 장례식이라니 미얀마 불교도들의 장례의식을 살펴볼 수 있는 좋은 기회라고 생각한 나는 집주인에게 장례식 장소를 물었다. 장례식장에 가고 싶다는 나의 말에 주위가 갑자기 부산해졌고, 모터사이클을 빌리러 온 이웃은 사뭇 흥에 들뜬 채 잠시 기다리라고 말하고는 서둘러 자리를 떴다. 그렇게 그가 떠난 지 얼마 되지 않아 어딘가에서 승용차 한 대가 와서 집 앞에 섰다. 걸어서 가기엔 제법 먼 이웃마을 사원에 나를 데려가주기 위해 사원에서 보내준 차량이었다.

버스 편조차 마땅치 않은 지역 사정에서 승용차를 타고 사원까지 가는 호사를 누린 것만도 예기치 않은 경험이었지만, 이윽고 도착한 장례식장의 풍경은 나를 더욱 놀라게 했다. 장례식 장소인 사원은 흡사 축제가 벌어지는 장소인 양 수많은 사람들로 넘쳐났고, 아이스크림 같은 군것질거리를 파는 좌판까지 곳곳에 펼쳐져 있었던 것이다. 아이들은 부모의 손을 잡고 좌판 앞을 서성대거나 떼를 지어 사원의 불탑 주위를 돌며 또래들과 놀기에 여념이 없었다. 그곳에 참석한 유일한 외국인인 나를 에워싸고 따라다니며 내가 찍는 사진들을 보여달라고 조르는 것도 그런 놀이 중 하나였다.

장례식장에서의 놀이는 아이들만 하는 것은 아니었다. 사원 앞

마당에는 전면에 무대를 설치한 커다란 만닷[1]이 세워져 있었고, 그 아래 여러 조각으로 넓게 펼쳐진 돗자리 위에는 사람들이 옹기종기 모여 앉아 있었다. 사잉와잉을 비롯해 여러 전통악기들로 구성된 미얀마식 오케스트라가 무대 아래에 차려졌고, 몇 시간 후 장례식 절차가 모두 끝나면 유명 만담꾼들의 공연이 시작될 거라 했다.

떠들썩한 잔칫집 분위기는 한국의 전통 장례식에서도 볼 수 있지만, 사람들의 곡소리나 슬퍼하는 모습은 전혀 없이, 모처럼 만의 오락거리에 흥겨워하는 사람들로 가득한 장례식장의 모습은 참으로 이색적인 광경이 아닐 수 없었다. 더구나 장례식이 풍기는 어두운 분위기와는 어울리지 않게 뛰노는 아이들로 법석대는 장례식이라니! 나중에 알고 보니 아이들이 많았던 것은 장례식 동안 며칠 전 생일을 맞은 아이의 부모가 사람들에게 음식을 대접하는 아흘루ahlu[2]가 사원에서 함께 치러지고 있었기 때문이었다.

미얀마를 포함해 태국이나 라오스 등 테라바다 불교 사회에서 승려처럼 공덕이 큰 인물의 장례식은 여기에 참석한 사람들도 공덕을 쌓을 수 있는 통로로 여겨진다. 장례식장을 찾은 수많은 사람들에게 음식을 접대하는 일은 장례식 비용을 분담해준다는 점에서 실질적 이점이 있기도 하지만, 사람들은 그런 현실적 이유보다

---

1 네 모서리에 대나무 등으로 기둥을 세우고 그 위에 나뭇잎이나 차광막 등으로 차양을 친 구조물.

2 본래 공덕을 쌓기 위한 희사를 뜻하는 말로, 승려들에 대한 음식 공양에서 사원이나 불탑 건축 등에 이르기까지 다양한 형태의 실천을 아우른다. 고아나 돌볼 자식이 없는 노인들을 돌보는 기관, 병원 등에 대한 기부나 봉사활동 등도 넓은 의미에서 아흘루로 여겨진다.

사진 1 사원 안에 설치된 무대와 공연이 시작되길 기다리며 앉아 있는 사람들의 모습.
무대 위에는 미얀마 전통악기들로 구성된 악단이 자리하고 있다

사진 2 사원 입구 옆에 별도로 세워진 생일잔치용 만닷.
아이의 열번째 생일을 기념해 가족이 준비한 식사가 만닷 안에서 제공되고 있다

는 큰 공덕을 쌓을 수 있다는 굳건한 믿음 아래 음식 대접을 자원한다. 장례식에 맞춰 개최된 아이의 생일잔치 역시 이러한 목적에서 본래의 생일날보다 연기하여 치러진 것이었다. 죽음의 의식이 진행되는 한 켠에서 생명의 탄생을 기념하는 의식이 동시에 치러지는 이 현장보다 삶과 죽음에 대한 이곳 사람들의 태도를 확인하기에 적절한 공간은 없을 듯했다.

이처럼 사위가 떠들썩한 가운데 한쪽에서는 엄숙한 분위기 속에서 죽은 자를 보내는 의식이 진행되고 있었다. 법당 안이었다. 불상이 안치된 법당 안에는 두 다리를 한쪽 방향으로 모으고 앉아 있는 사람들로 가득했다. 불상 앞에는 승려들이 이들을 마주보며 앉아 있었고, 그중 한가운데 앉은, 가장 많은 와Wa[3]를 보낸 승려가 부처의 가르침을 사람들에게 전하고 있었다. 간간이 하나의 설법이 끝나고 승려가 주문呪文 같은 문구를 선창하면 사람들은 그대로 따라 제창했다. 승려를 따라 문구를 제창하는 사람들 모두 이 문구를 다 외우고 있음이 분명했고, 따라서 승려의 선창은 새로운 주문을 알려주는 것이라기보다는 주문을 읊을 때를 알려주는 신호와 같은 것이었다. 이승에 태어난다는 것 자체가 고통이요, 억겁의 시간 중 찰나에 불과한 이승에서의 삶은 덧없고 무상한 것이라는 사실이 엄숙한 분위기 속에서 참석자들에게 공유되며, 덧없음에 대

3 빨리어 'Vassa'에 상응하는 미얀마어로, 승려들이 사원 밖 외출을 삼가고 부처의 가르침에 따라 계율을 지키며 수행에 정진하는 3개월 동안의 우안거雨安居를 지칭하는 말이다. 승려들의 서열은 세속에서의 생물학적 나이와 무관하게 와를 보낸 횟수에 의해 정해진다.

사진 3 매장을 앞두고 승려의 설법을 듣기 위해 사원 법당 안에 모여앉아 있는 사람들

사진 4 설법을 듣는 평신도들의 앉은 자세

한 이러한 명상은 죽음이 야기한 슬픔을 견디는 힘이 되어 살아남은 이들을 위무한다.

떠들썩한 사원 안뜰과 법당은 서로 별개의 공간인 양 사뭇 다른 분위를 자아내고 있었고, 한 장소에 공존하는 이 두 공간은 매우 극적인 대비를 이루었다. 하지만 얼마 지나지 않아, 견고하게 분리되어 있는 듯 생각되었던 두 공간의 경계는 순식간에 허물어졌다. 사람들이 구름처럼 모여드는 곳에는 널빤지를 잘라 새의 형상으로 만든 커다란 구조물이 놓여 있었다. 아름다운 울음소리를 내는 것으로 알려진 신화 속의 새 까라웨익의 형상으로 장식된 상여였다. 한국식으로 보자면 일종의 꽃상여인 셈이다. 다른 점이 있다면 한국의 상여가 사람이 어깨에 이는 가마 형태인 것과 달리 이 상여는 바퀴 달린 수레 위에 얹어 끄는 형태라는 점이다. 수레의 양쪽에는 두 개의 길고 튼튼한 줄이 매어져 있기까지 한데, 흡사 학창시절 운동회의 대미를 장식하던 줄다리기 줄 같다. 아니나 다를까, 때가 되자 상여 위에 모여든 사람들이 상여를 가운데 두고 양편에 늘어서서 수레에 매인 줄을 잡고는 큰 구령소리와 함께 줄다리기를 하는 게 아닌가!

장례식 줄다리기는 미얀마 사람들도 일상적으로 접하기 힘든 매우 진기한 광경이라니, 미얀마에서 마주친 첫번째 장례식에서 그 광경을 보게 된 나는 참으로 운이 좋았다. 줄을 잡고 늘어선 사람들이 흥겨워하는 모습은 운동회의 줄다리기 광경과 다를 바가 없었고, 나는 곧장 레비스트로스를 떠올렸다. 양편의 함성과 함께 수

사진 5 신화 속 새 까라웨익의 형상으로 장식한 상여

사진 6 상여를 실은 수레 양쪽에 매인 줄을 잡고 줄다리기를 하는 사람들

차례 이쪽저쪽으로 당기고 밀리기를 거듭했지만, 사람들은 당기면 당기는 대로, 밀리면 밀리는 대로 즐거운 표정이었다. 아마도 이 줄다리기의 승부가 북미 인디언들의 게임과 마찬가지로 이미 정해져 있기 때문이었을 것이다. 이쪽에서 아무리 잡아당겨도 상여는 종국엔 장지를 향해 가게 될 터였다. 사자의 관을 실은 상여가 계속 사원에 남아 있을 수는 없지 않은가! 줄 양편에 선 사람들은 실제로는 모두 살아 있는 사람들이되, 서로 대립되는 세계의 요구를 표상하는 상징적 역할을 수행한다고 해석할 수 있을 것이다. 한쪽에서는 죽음이란 누구도 피할 수 없는 것이니 그 섭리에 순응해 죽음의 세계로 보내야 한다고 주장하고, 그 반대쪽에서는 세속에서의 인연이 아쉬워 보낼 수 없다고 주장하는 것이다. 그러나 이 모든 것은 한 판의 연극, 이미 돌이킬 수 없는 사실이 된 죽음으로 인해 혼란에 빠진 사자의 영혼을 달래는 의식일 뿐이다. 다시 말해, 매장지를 향해 놓인 상여의 진행 방향 반대쪽에서 사력을 다해 줄을 잡아끄는 사람들의 모습을 보며 사자의 영혼이 위안을 얻고 죽음을 순순히 받아들이게 한다는 것이 이 상징 연극의 숨은 의도일 터이다. 언제나 죽은 자의 승리로 끝나는 인디언들의 장례의식과 마찬가지로, 이 연극 역시 사자를 위로하고 궁극적으로는 살아 있는 자들의 남은 삶을 위한 것이다.

장례의식의 한 절차로서 행하는 줄다리기는, 비록 흔히 볼 수 있는 것은 아니지만 현재까지도 여전히 행해지고 있다. 그러나 그것의 기원이나 의미를 설명해주는 문헌은 매우 드물다. 저널리스트이

자 영국 식민정부의 행정관으로 미얀마(당시 버마)에 수년간 체류한 제임스 조지 스콧James George Scott이 수웨이요Shway Yoe라는 미얀마식 필명으로 미얀마 사람들의 생활상과 풍습에 관해 기록한 책『버마인: 그의 삶과 관념*The Burman: His Life and Notions*』과 태국 사회를 연구한 인류학자 키이스Charles F. Keyes의 저술에서 단편적이나마 기록을 찾아볼 수 있는 정도이다.

두 사람이 전하는 바에 따르면, 승려와 같이 공덕이 높은 이의 관을 실은 상여를 두고 열리는 줄다리기는 많은 사람들이 동시에 공덕을 나눌 수 있는 기회를 제공해주는 의식이다. 줄다리기에서 이기는 마을에 공덕이 돌아간다는 말도 있지만, 사실 우르르 몰려와 양쪽에서 줄을 잡고 선 사람들을 일정한 사회적 기준에 따라 구별하기란 불가능하다. 게다가 양쪽을 오가며 줄을 당기는 사람들이나 힘이 달리는 쪽에 새로 끼어드는 사람들을 보면 이런 설명은 그다지 설득력이 없어 보인다. 또한 변한 위치를 통해 어느 쪽이 이기고 있는지 확인할 수는 있으나, 처음부터 기준점 없이 시작한 터라 어느 한 편의 승리를 분명하게 선언할 수도 없다. 이런 이유로 키이스는 이 의식이 처음부터 어느 한쪽에 공덕을 주기 위한 것이라기보다는, 망자가 지닌 공덕이 서서히 흘러나올 수 있도록 상여를 앞뒤로 잡아끌어 보다 많은 사람들이 함께 공덕을 나눌 수 있게 하는 목적이라고 설명한다.

죽은 자를 묻으려는 측과 보내지 않으려는 측이 외치는 말을 옮기고 있는 스콧의 기록에 따르면, 줄다리기는 죽음을 받아들이라는 요구와 이에 저항하는 이들 간의 치열한 실랑이를 표상한다. 그러나 이 의식에 참여하는 미얀마나 태국 현지인들은 가능한 한 많은 사람들이 공덕을 나누어 받을 수 있다는 설명만 내놓을 뿐이다. 장례식에서 행하는 모든 의식들은 필요한 음식을 제공하는 것이나 법당 안에서 승려의 설법을 듣는 것과 마찬가지로 참가자들이 공덕을 쌓을 수 있는 방도가 되며, 줄다리기는 그 가운데서도 가장 많은 사람들이 동시에 공덕을 쌓을 수 있는 방법으로 인식된다. 승패를 가르는 게임이 승자도 패자도 없는 공덕 쌓기의 기술로 급격히 전환되는 이 순간이야말로 이들 사회에서 종교가 가지는 의미를 확인할 수 있는 순간이 아닐까. 이들에게 종교는 이렇듯 죽은 자를 통해 산 자들이 삶을 지속하도록 힘을 제공해준다. 현생에서 보상 받을 가능성이 없는데도 미얀마 불교도들이 공덕을 쌓기 위해 적지 않은 돈을 쏟아붓는 것을 보고 어떤 사람들은 어리석다고 여길지도 모른다. 이들의 이런 종교적 관행이 경제발전을 더디게 하는 부정적 결과를 초래했다고 보는 학자들도 적지 않다. 하지만 우리로 하여금 삶 속으로 한발 더 내디디게 하는 것은 삶 자체에 대한 축복이 아니겠는가. 삶 자체가 고통이라는 부처의 통찰을 온전히 받아들인 후에도 삶은 여전히 지속되어야 할 것이니, 사람들은 인간으로서의 욕망과 삶이 주는 쾌락을 포기한 채 정진하는 승려들을 부양함으로써 구속에서 풀려난다. 삶에 대한 부정이 아니라 강력한 긍정과 축복, 이것이 내가 미얀마에서 마주한 첫번째 장례식에서 본 것이다.

살아남은 자를 위로함으로써 쌓는 공덕

미얀마에서 장례의식의 전 과정은 매장 또는 화장 절차를 포함하여 보통 7일 동안 행해진다. 사망한 지 9일 만에 매장이 이루어진, 앞서 묘사한 승려의 모친상과 달리, 일반인들은 대개 사망한 지 3일[4] 만에 매장이나 화장을 마친다. 그럼에도 불구하고 장례의식의 전 과정이 7일이라는 것은 매장한 지 7일째 되는 날, 즉 미얀마어로 '얏레Yet Le'가 되어야 사자와의 작별이 완결되기 때문이다. 이승에서의 삶을 억겁의 시간 속에서 되풀이되는 찰나의 사건으로 보는 불가의 교리에 따르면, 사람이 죽으면 이 세상에는 아무것도 남지 않는다. 숨을 거둠과 동시에 사람의 영혼은 윤회의 법칙에 따라 다른 세계로 떠난다. 미얀마 사회에 조상 숭배의 풍속이 존재하지 않게 된 것도 이러한 종교적 세계관의 영향이다. 그럼에도 불구하고 사람들은 죽은 자의 영혼이 얼마 동안은 자신의 죽음을 받아들이지 못한 채 이승을 맴돌고 있다고 믿는다. 하여 사망한 날로부터 시신을 장례 치르기까지 사흘 동안 망자의 영혼을 위로하고, 이후 7일째 되는 날 다시 한 번 현세보다 나은 내세의 삶을 기원하는 의식을 치르고 나서야 장례의식의 전 과정이 끝난다고 본다. 승려를 초대해 설법을 듣고 예삿차외디, 즉 작은 주전자의 물을 천천히 따르며

---

4 부유하거나 사회적으로 명망이 있는 이들의 경우 5일째에 장례를 치르기도 한다. 승려들의 경우 장례식 기간이 훨씬 연장되어, 때로 성대한 장례식을 치르기 위한 비용이 마련되기까지 일 년 이상 의식이 연기되는 경우도 있다.

산 자와 죽은 자 모두가 공덕을 나누어 받길 기원하는 의식을 마친 뒤에야 비로소 사자의 영혼 레잇빠leitpya, 나비가 돌이킬 수 없는 죽음을 받아들이고 이승을 떠난다고 사람들은 설명한다.

시신을 깨끗이 씻긴 후 생전에 사자가 가졌던 가장 좋은 옷으로 갈아입히는 등 장례 절차는 근소한 문화적 차이가 있을 뿐 한국의 장례식과 별반 다를 바가 없다. 사자의 엄지발가락을 자녀의 머리카락으로 묶는다든지, 위아래 앞니 사이에 동전을 물리는 등 어딘가에서 한번쯤 들어본 듯한 관습이다. 큰 차이는 죽은 이의 육신과 영원히 작별하는 매장 또는 화장이 이루어지는 과정에서 확인된다.

미얀마 체류한 지 여러 달이 지난 어느 날, 나는 사원 근처에 자리한 마을 공동묘지에서 갓 마흔이 된 젊은 남성의 매장 의식이 치러지는 것을 지켜볼 수 있었다. 이웃 마을에서 치른 승려의 모친상이 외관의 화려함과 줄다리기 같은 요소 때문에 '미얀마적인' 장례식으로 학자의 촉수를 자극하는 것이었다면, 이른 나이에 죽은 남성을 매장하는 장례식 풍경은 사뭇 충격적이었다. 장례 과정에서 포착되는 다양한 요소들에 상징적 의미를 부여하도록 부추기는 성대한 장례식과 달리, 지나치다 싶을 만큼 있어야 할 최소한의 것조차 생략되어 있다는 것이 충격의 원인이었다.

내가 지켜 본 그 장례식은 매정하다 싶을 정도로 간소하고 허술하기 짝이 없었다. 공동묘지에 도착한 망자의 가족과 친지들은 승려와 함께 묘지 안에 마련된 자얏zayat에 모여앉아 영원할 수 없는 삶에 대해 명상하고 사자가 더 나은 내세를 맞이하길 기원하는 의식을 치렀다. 사람들이 승려의 설법에 귀 기울이고 있는 사이, 시신이 안치된 관을 실은 수레 하나가 무심하게 묘지로 들어섰다. 수레가 자얏 둘레를 빙 돌아 들어섰지만, 사람들은 여전히 설법에만 집중했다.

마을에서 공동으로 사용하는, 그동안 그와 유사하게 가난 속에서 생을 마감한 사자의 육신을 무덤까지 옮기는 데 수도 없이 사용된 것이 틀림없는 낡은 관 안에는 평소 입던 낡은 옷을 그대로 입은 뼈와 가죽만 남아 앙상한 시신이 누워 있었다. 일부가 깨져 투명테이프로 간신히 붙여놓은 얼굴 부분의 유리창 때문에 시신의 모습은 더욱 초라해 보였다.

수레에 싣고 오는 동안 얼기설기 얹어 관을 장식하고 있던 분홍색 휘장을 벗기자, 매장을 맡은 예닐곱 명의 사람들 중 몇 명이 풀이 무성한 묘지의 한 곳을 사람 몸 크기로 파냈고, 곧 시신이 관에 깔려 있던 싸구려 플라스틱 돗자리째로 실려와 구덩이 안에 놓였다. 승려의 설법이 끝난 후 가족 한 사람이 다가와 파놓은 무덤 의 시신 위로 흙 한 줌을 뿌리자 곧바로 매장이 진행되었고, 몇 차례의 삽질 끝에 봉분도 없는 무덤이 만들어졌다. 대나무를 엮어 만든 작은 덮개와 그 위에 놓인 다비 잎을 꽂은 화병, 그리고 땅을 파헤친 데 대한 사죄의 뜻으로 대지의 신 봉마조Boungmazo에게 바치는 강황을 섞어 지은 밥 한 덩어리가 그 아래 시신이 있음을 알려주는 전부였다. 얼마 지나지 않아 시신이 묻힌 자리는 풀이 무성했던 본래의 모습으로 돌아가 그 흔적조차 찾을 수 없게 될 것이다. 그날 사자의

사진 7 마을 공동묘지의 의례장소에서 승려의 설법을 듣는 사람들(위)과
관을 실은 수레가 매장지에 도착해 있는 모습(아래)

사진 8 시신을 매장한 자리

몸을 누인 돗자리조차도 오래전 누군가의 시신을 묻었던 자리일 수도 있다. 이미 사후세계에 들어가서 윤회를 기다리고 있을 영혼이 빠져나가고 난 육신이란 한줌의 흙과 다르지 않다는 불교적 세계관이 이러한 매장의식을 통해 확인된다.

길지도 않았던 인생의 태반을 술꾼으로 살다가 이른 나이에 생을 마감한 이 남성은 살아 있는 동안 가족에게 적지 않은 고통을 안긴 인물이었다. 그래서였을까, 장례식에 참석한 이웃 주민들의 역할은 그의 가족을 위로하고 장례 절차를 돕는 데 집중되었다. 한국의 장례식장에서 밤새 화투판이 벌어지는 것과 마찬가지로 이웃 주민들이 상가喪家에서 포커게임을 하며 망자의 가족과 함께 밤을 지새우는 것도 그런 위로의 한 방식이다.

도박은 불교도들이 일상적으로 지켜야 할 다섯 가지 계율 중 하나를 위반하는 일이다. 하지만 상가에서 벌어지는 도박판에는, 지역마다 일률적이지는 않지만 보통 딴 돈의 5퍼센트 정도를 적립하여 망자의 가족에게 준다는 규칙이 적용된다. 가족 구성원이 세상을 떠나는 바람에 남은 가족이 당면하게 될 경제적 곤궁을 덜어주려는 공적 부조의 한 형태를 도박판에서도 찾을 수 있는 것이다. 액면 그대로 볼 때 공덕으로 이어질 만한 행위는 아닐 것이나, 여기에 참여하는 이들의 해석은 다르다. 이승과 저승 사이의 문턱을 아직 넘지 못한, 얼마간 위험한 존재인 사자의 영혼으로부터 살아남은 가족을 보호하기 위해 함께 밤을 지새우고, 적으나마 금전적 도움까지 줄 수 있다는 점에서 밤샘 도박은 선행이며, 따라서 이 또한 내세를 위한 공덕으로 축적될 수 있다고 사람들은 믿는다. 이로부터 우리는 종교적 관념의 모태가 세속의 도덕임을 깨닫게 된다.

가난한 이의 장례식이든 공덕이 높은 승려의 장례식이든, 이 의식의 목적은 산 자와 죽은 자의 이별을 공식화하는 데 있다. 죽은 자의 영혼이 죽음을 더 이상 돌이킬 수 없는 것으로서 받아들이고 이승의 문턱을 넘게 하는 것. 사람들은 사자의 영혼이 내세에서 더 나은 삶을 얻도록 사자를 위한 아흘루를 열어 공덕을 쌓고 기도한다. 사람들은 영혼과 내세라는, 교리 상으로는 양립할 수 없는 존재와 시간에 대한 관념을 자신들이 이해할 수 있는 논리구조 안에 결합시켜 죽은 자를 떠나보내는 의식으로 만들어낸다. 우리는 이러한 의식의 이면에 자리하고 있는, 모든 장례의식의 궁극적 목적이라 할 수 있는 전략을 모르지 않는다. 죽은 자를 평화롭게 떠나보내기 위해 동원되는 모든 방법들은 죽음보다 더 괴로운 것일 수 있는 살아남은 자의 슬픔을 위로하고 그가 앞으로 살아갈 이승에서의 삶을 긍정하도록 하는 데 있다는 것을.

말레이시아 다문화의 다면성

김형종

다종족·다문화 사회인 말레이시아에서 종족 간 화합과 단일 정체성 형성은 중요한 과제이다. 말레이시아의 다종족 사회구조는 영국 식민통치의 결과이다. 식민 지배를 통해 형성된 다종족 구조는 독립 이후 정치 불안을 야기할 가능성이 높다. 다종족 사회는 다수 종족의 지배를 통한 권력 편중과 소수 종족에 대한 차별로 인해 종족 간 불신, 갈등, 충돌로 이어질 수 있기 때문이다. 특히 부富가 특정 종족의 경계를 따라 분배될 경우 경제정의가 훼손되어 정치를 더욱 불안정하게 만들 수 있다. 또한 종교 문제로 인해 정치·경제적 갈등 구조가 더욱 악화될 가능성이 높다.

1969년 종족 간 유혈사태를 계기로 종족 간 평화와 국민통합은 말레이시아 사회의 가장 중요한 과제가 되었다. 산업화와 도시화를 통해 종족 간 접촉과 교류가 증대되었고 일상의 접촉과 교류 증가는 다문화 사회의 정체성 형성에 기여했다. 이후 말레이시아는 다종족 사회구조에서 비롯될 수 있는 부정적 영향들을 비교적 안정적으로 관리해왔다.

말레이시아 문화의 특성을 이해하기 위해서는 다종족 사회가 형성된 역사적 과정을 이해하고 다양한 종교의례를 통한 종족 간 교류를 살펴볼 필요가 있다. 다문화 사회는 완성된 것이 아니라 언제나 진행 중인 과정이다. 현재 말레이시아가 지닌 다문화 사회의 특징과 함께 극복해야 할 과제도 정치·경제적 측면에서 고려할 필요가 있다.

말레이시아 다종족·다문화 사회의 형성

15세기경 말레이 반도에 위치했던 말라카 왕국은 동서 해상무역의 중심지로 번영을 누렸다. 1511년 포르투갈이 말라카를 점령한 이후 1641년에 네덜란드, 그리고 1824년에 영국이 차례로 말라카를 점령해 식민통치를 했다. 영국 식민통치 기간에 다종족 사회구조가 형성되었다. 영국은 식민지를 값싼 원자재 공급처와 수출 시장으로 착취하였다. 영국 식민정부의 관심은 주석, 고무 등 천연자원 수탈에 한정되었다. 식민정부는 말레이 사회의 지도자인 술탄의 지위를 인정해주었는데 이는 술탄의 저항을 줄이기 위해서였다. 말레이인의 다수는 농촌 지역에 거주하며 전통 생활양식을 유지했다. 1850년즈음 식민정부는 인도와 중국 노동자들의 이주를 적극적으로 추진했다. 주석 광산 개발을 위해 중국 노동자를, 집단농장에 노동력을 충당하기 위해 인도 노동자를 유입하려 했다. 인도 노동자들은 대부분 인도 남부 출신의 타밀족이었다. 영국은 분할통치divide and rule 전략을 펼쳤다. 교육받은 소수의 말레이 엘리트들은 교사와 관료로 충원되었고 경제 분야에서는 중국계의 활약이 두드러졌다. 이주 노동자들을 유입하는 정책은 세계 경제 침체로 천연자원 수요가 급감한 1920년경까지 계속되었다.

2차 세계대전 중인 1941년, 일본군이 말레이 반도 동해안에 상륙했고, 불과 70여 일 만에 싱가포르까지 점령했다. 이 시기에 항일 말라야 시민군Malayan Peoples' Anti-Japanese Army, MPAJA을 주도했던 중국계는 일본에 저항했을 뿐만 아니라 영국의 식민 지배도 반대했다. 일본이 패전한 이후 영국은 식민통치를 재개했다. 1946년 영국 식민정부가 말라얀 연합Malayan Union을 설립하려 했으나 말레이계의 반대로 무산되었다. 결국 말레이 술탄의 지위를 복원하는 말라야 연방Federation of Malaya이 설립되었다. 중국계 다수는 이 연방안에 반대했다. MPAJA를 계승한 말라야공산당CPM은 1948년 영국 식민정부에 대항하는 무장 투쟁을 했고, 이에 비상사태가 선포되었다. 초기 CPM의 게릴라전에 1만 2,000여 명에 참가했으나, 영국 식민정부의 제압으로 그 수는 현격히 줄어들었다. 게릴라의 보급로 차단을 이유로 중국계 마을 주민 다수가 새로운 마을로 강제이주당했다. 아울러 영국 식민정부는 공산당의 추가 충원을 막기 위해 100만 명에 달하는 중국 이민자에게 시민권을 부여했다.

비상사태 때문에 말라야 연방의 독립은 1957년에야 가능했다. 영국 식민정부와 말레이계 정치 지도자들 간 독립협상 과정에서 이주민에 국적을 부여하는 문제가 쟁점이 되었다. 영국 식민정부는 중국과 인도계에 시민권 부여를 전제로 협상에 임했고, 결국 말레이계는 이를 수용할 수밖에 없었다. 독립 이후에는 말레이계 정당 UMNO, 중국계 정당 MCA, 인도계 정당 MIC를 중심으로 구성된 연합정권이 집권해왔다. 종족 중심의 정당이 각 종족의 이해를 대변하지만, 연합정권 창출을 통해 말레이시아의 종족 간 정치권력 구도는 종족 간 권력투쟁이 아닌 권력 공유를 표방했다.

1963년 사바, 사라왁, 싱가포르가 말라야 연방에 가입하며 말레이시아를 형성했으나 싱가포르가 2년 만에 연방에서 탈퇴하며 현재의 말레이시아의 모습을 갖추었다. 보르네오 동북부에 위치한 사바와 사라왁이 연방에 합류하면서 말레이시아는 종족과 문화 측면에서 더욱 다양해졌다. 사바와 사라왁은 70여 개 이상의 소수종족으로 구성되어 있으며, 종교도 말레이 반도의 말레이계와는 다르다. 사바, 사라왁의 소수 종족 대부분은 비非무슬림이지만 말레이계와 더불어 '부미뿌뜨라bumiputra, 땅의 자손'라고 불린다. 부미뿌뜨라는 선주민으로서의 역사적 배경을 반영할 뿐 아니라, 이후 정책적으로도 중국계나 인도계와 구별되는 제도적 혜택을 받았다.

말레이시아 인구통계에 따르면 2015년 기준 부미뿌뜨라, 중국계, 인도계의 구성비율은 각각 68.6퍼센트(약 1,900만 명), 23.4퍼센트(약 650만 명), 7퍼센트(약 190만 명)이다. 다종족 구조는 역사적·정치적 결과지만, 일상에서의 종족 간 상호작용과 포용력이 다문화 사회를 이끄는 원동력으로 작동하고 있다.

종교적 의례의 다양성과 포용성

말레이시아의 수도인 쿠알라룸푸르의 일상은 다문화 사회의 일면을 보여준다. 출퇴근길에 버스나 경전철을 타면 다양한 피부색의 사람들이 자연스럽게 자리하고 있다. 다국적 기업을 비롯한 대부분의 회사에서도 다양한 종족의 사람들이 팀을 이루어 함께 일한다. 말레이어가 공용어지만 비즈니스 분야에서는 영어가 광범위하게 사용된다. 신문과 방송도 영어, 말레이어, 중국어, 타밀어 등 다양한 언어로 제공된다. 말레이어로 교육하는 국공립학교와 더불어 중국어와 타밀어로 교육하는 초등학교도 공식 교육 과정으로 인정된다. 종족과 언어의 다양성을 보장하는 유연한 초등교육 정책은 종족 정체성을 유지하는 데 크게 기여한다.

전통 종교의례도 종족 정체성을 유지하는데 매우 중요한 역할을 한다. 말레이계의 이슬람교, 인도계의 힌두교, 중국계의 전통 풍습, 사바 및 사라왁 소수종족의 전통 풍습 등은 일상의 의례 및 문화와 깊이 연관되어 종족의 정체성을 반영한다. 주목할 점은 종족 기반의 종교 기념일과 명절을 타종족에게도 개방하고 함께 즐긴다는 것이다. 대표적으로 주요 명절에 행하는 오픈하우스open house 전통이 있다. 명절에 친척뿐 아니라 종족 및 종교에 상관없이 지인과 친구를 초대해 함께 음식을 먹고 교류하는 것이다.

말레이계와 이슬람교의 하리라야

전체 인구의 68퍼센트가 넘는 말레이계는 무슬림이며 수니파 중 샤피이 학파를 따른다. 이슬람교는 말레이시아의 공식 종교이다. 공식 종교는 국교 개념과는 다르며 타 종교의 자유도 보장하고 있다. 샤리아Syariah법은 무슬림의 개종과 이혼 등 가족 문제에 제한적으로 적용된다. 다만 무슬림에게 전도 행위를 하는 것은 법으로 금지된다. 동해안 뜨렝가누 지역에서 발견된 비석인 바뚜 버르수랏Batu Bersurat은 14세기경 이슬람교가 이미 전파되었음을 보여준다. 이슬람교의 본격적인 수용은 15세기에 이루어졌다. 말라카 왕국의 빠라메스와라Parameswara 왕이 교역을 위해 말라카를 찾은 아랍과 인도의 무슬림 상인을 접하고 개종하면서 이슬람교가 수용되었다.

15~16세기는 말레이 전역으로 이슬람교가 전파되었으며 말레이 문화에 많은 영향을 미쳤다.

말레이 무슬림들은 생활 속에서 종교의 가르침을 실천한다. 하루에 다섯 번 기도하는 것은 무슬림의 가장 기본적인 의무이다. 기도 시간을 알리는 아잔azan 소리가 곳곳의 이슬람 사원 스피커를 통해 큰 소리로 울려 퍼진다. 아침잠을 깨우는 도심의 큰 아잔 소리 때문에 비무슬림들이 불만을 제기하는 경우도 있지만, 아잔 소리는 일상에서 접하는 대표적인 이슬람교 의례이다. 하루 다섯 번의 기도는 혼자 또는 여럿이 함께 할 수 있다. 이슬람 사원뿐만 아니라 학교·회사·정부·기타 공공시설의 기도실 수라우surau에서 기도를 한다. 남자들은 금요일 오후 기도 시간에 사원에 가서 함께 기도를 한다. 금요일 점심시간부터 약 두 시간 동안은 정부기관을 비롯해 은행 등이 문을 닫는다. 말레이 반도 동북부 지역은 이슬람 색채가 좀 더 짙다. 예를 들어 끌란딴, 뜨렝가누, 끄다 주는 금요일이 공식 휴일이며, 금요일 기도 시간에는 맥도널드 같은 식당도 문을 닫는다. 요즘에는 대도시의 민간 사업체의 경우 서비스 카운터 등은 비무슬림 직원이 대체 근무를 하며 서비스를 제공하는 경우도 많다. 보통 목요일엔 저녁 기도인 마그립Maghrib과 이샤Isya를 위해 사원에 간다. 말레이시아에서는 공식 만찬 행사는 8시에 열리는 경우가 많은데, 이것은 저녁 7시 반쯤에 기도를 해야 하기 때문이다. 말레이시아를 여행하면 호텔 방의 천장이나 서랍장 안에 초록색 화살표 표시가 있는 것을 볼 수 있는데, 메카를 향해 기도하기 위한 메카 방향인 키블라Qibla를 표시한 것이다.

무슬림은 수입에 비례해 헌금 자깟zakat을 바쳐야 한다. 대부분의 무슬림은 형편이 허락한다면 평생에 한 번은 꼭 성지순례를 가는 것을 목표로 한다. 메카 성지순례에는 적지 않은 비용이 들기 때문에 평소에 돈을 모은다. 과거에는 이자수익을 금지하는 이슬람교의 가르침 때문에 성지순례 자금을 마련할 때도 금융기관 이용을 피하고 베개 밑에 현금을 모으곤 했다. 1963년 안전한 저축과 자금 활용을 위해 상업적 목적을 배제한 이슬람 성지순례기금 따붕 하지Tabung Haji가 설립되었다. 이 기금에 가입하면 개인 납부금에 더해 보조금이 지급된다. 하지Haji 성지순례 기간에는 전 세계에서 무슬림들이 모여들기 때문에 사고가 발생하기도 한다. 성지순례를 떠나기 전 메카의 모형을 만들어 동선을 익히고 예행연습을 하기도 한다. 순례 참가 인원은 국가별로 제한되는데, 말레이시아에 배정되는 인원수는 매년 2만여 명에 달한다. 성지순례의 기회는 여전히 제한적이며 참가자의 기쁨은 매우 크다.

특히 중요한 일상의 이슬람 의례는 이슬람력 9월인 라마단Ramadhan기간에 행해진다. 이 한 달 동안 무슬림들은 해가 떠 있는 낮 시간에는 금식을 한다. 음식물 섭취는 물론, 일부러 침을 삼키는 행위도 금기시된다. 금식뿐 아니라 그릇된 생각이나 성관계를 삼가며, 봉사, 헌신 그리고 종교 학습을 강화해 신앙심을 더욱 굳건히 한다. 쇼핑몰 식당가에는 수십 명, 많게는 수백 명이 일찍이 자리 잡고 음식을 앞에 놓은 채 먹지 않고 기다린다. 그러다가 마침내 아잔이 울리면 고요한 정적 속에 간단한 기도를 한 후 일제히 금식을 푸는데, 이를 부까 뿌아사buka puasa라고 한다. 배가 고프지만 절대 서두르지 않고 천천히 목부터 축인다. 이런 광경은 이방인에게는 낯설지만, 일상에서 이슬람 문화를 느낄 수 있는 기회이다. 도심의 호텔과 고급 식당에서는 라마단 기간 중에 특별 뷔페 메뉴를 준비한다. 도심과 시골 마을 곳곳에서 바자bazaar라고 불리는 라마단 전통 시장이 열린다. 여기서 주로 금식을 깨는 데 사용할 다양한 먹거리들을 사고판다. 금식하는 낮 시간에 비해 밤이 되면 도시 전체가 활기를 띤다. 학교와 회사에서 또는 친지끼리 라마단 기간 중 함께 부까 뿌아사 모임을 가진다. 무슬림이 아니어도 금식 여부와 상관없이 함께 음식을 나누고 상대의 종교를 존중하며 우의를 다진다. 일부 사원에서는 경제적으로 어려운 사람들을 위해 부까 뿌아사를 위한 음식을 무료료 제공하기도 한다.

부까 뿌아사 이후에는 함께 모여 쿠란을 낭독한다. 그리고 간식을 먹는데, 보통 간단한 전통 과자와 차 등의 음료를 준비한다. 그리고 이른 새벽 해뜨기 전에 다시 간단한 식사를 한다. 라마단 단식은 무슬림의 의무이다. 어린아이와 임산부, 환자 등 특수한 여건에 있는 이들은 라마단 금식 의무에서 제외된다. 보통 어린아이는 7~8세를 전후해서 라마단 금식을 시작한다. 라마단 기간 중 금식을 지키지 못하면 이후에 개인적으로 이행하기도 한다.

한 달간의 금식을 마치면 이슬람 최대 명절인 하리라야 아이딜피트리Hari Raya Aidilfitri가 시작된다. 전국적으로 2일이 공휴일이고 4개

주에서 추가로 공휴일을 갖는다. 실제로 축제 분위기는 한 달간 지속된다. 고향을 떠나 생활하던 사람들은 하리라야를 가족과 함께하기 위해 귀향(발릭깜풍balik kampung)한다. 말레이 사람들은 남녀노소를 가리지 않고 전통 옷을 입는다. 남자는 바주 멀라유baju melayu를 입고 삼뼁samping을 허리에 두르고 머리에 송콕songkok을 쓴다. 여자들은 바주 꾸룽baju kurung을 입는다. 하리라야에 특별히 먹는 음식은 코코넛 밀크를 넣고 대나무 그릇에 지은 밥인 르망lemang, 격자무늬로 엮은 코코넛 잎에 쌀을 넣고 찐 꺼뚜팟ketupat, 소고기 또는 닭고기를 코코넛 밀크와 함께 요리한 른당rendang, 다양한 꼬치 요리인 사떼sate, 집에서 만든 과자와 과일 등 풍성하다. 하리라야 기간의 가장 큰 특징은 오픈하우스(루마 떠르부까rumah terbuka)이다. 이웃, 친지, 친구들을 집으로 초대해 그간의 잘못에 대해 서로 용서를 구하고 축복한다. 오픈하우스는 무슬림에 국한되지 않는다. 중국계, 인도계 등 다양한 종족의 지인과 친구들을 초대하여 함께 축제를 즐긴다. 과일 등 간단한 먹거리를 선물하기도 한다. 아이들에게는 두잇라야duit raya라는 특별한 용돈을 준다. 세배는 없지만 한국 설날의 세뱃돈과 같다. 정치인, 기업인 또는 기관이나 직장 차원에서 오픈하우스를 조직하기도 한다. 이때도 종족이나 종교를 차별하지 않는다.

하리라야 아이딜피트리에서 70일이 지나면 아이드아드하Eid Adha를 지낸다. 이때는 축제 분위기는 다소 약하지만 종교적 의미는 결코 덜하지 않다. 사원에서 염소 또는 소를 제물로 바치고 이를 가난한 사람들과 나눈다. 이 밖에도 선지자 무하마드의 탄신일과 이슬

사진 1 하리라야에 모인 말레이 가족

람력 첫달 무하람Muharram에 특별한 기도모임을 가진다.

중국계의 설날 풍습과 오픈하우스

중국계의 말레이 반도 이주는 영국 식민정부 시대 이전으로 거슬러 올라간다. 15세기에 중국의 항리포Hang Li Po공주가 말라카 왕과 결혼하면서 수백 명이 함께 이주했다고 알려졌다. 이들의 후손을 포함한 중국 이주민들이 말레이 문화를 접하면서 독특한 문화를 형성하게 되는데, 이들을 바바뇨냐(남자는 바바Baba, 여자는 뇨냐Nyonya)라고 부른다. 이들은 종족 간 결혼으로 중국과 말레이 혼합문화를 형성했다. 바바뇨냐의 종교는 기독교 또는 이슬람교이다. 음식과 의복에서 독특한 혼합문화적 성격을 띠었으며, 언어적으로도 기존 말레이어와는 다른 어휘들을 다수 사용한다. 말레이시아 말라카에서는 이들의 후손이 거주하는 곳이 자연스럽게 박물관의 형태를 띠기도 한다. 또 뇨냐 음식은 쿠알라룸푸르와 같은 도시에 전문식당이 있을 정도로 유명하다.

말레이시아의 중국계는 출신 지역별로 다양한 모국어를 사용한다. 만다린 외에 호킨福建, 하카客家, 캔토니스廣東, 떼쪼우潮州 등이 있다. 중국계 중에서도 같은 방언을 사용하는 공동체는 강한 유대와 소속감으로 결속되어 있다. 호킨, 하카 순으로 사용자가 많다. 수도인 쿠알라룸푸르에서는 캔토니스가 폭넓게 사용된다. 고등교육을 받은 중국계 주민들은 자기가 속한 공동체의 언어, 만다린, 말레이어, 영어 등의 언어를 구사한다. 정부 지원을 받는 만다린으로 교육하는 중국계 학교는 약 1,200개가 있다. 중등교육 과정에서는 말레이어로 교육받는다.

중국계는 중국식 이름을 사용하고 전통 풍습을 유지하고 있다. 추석과 설을 대표적 명절로 지낸다. 추석은 중국계 주민 모두에게 큰 의미가 있다. 추석에는 둥근 보름달을 상징하는, 다양한 재료로 만든 월병을 먹는다. 둥근 원은 완벽함을 상징하며 가족의 화합을 기원한다. 추석을 앞두고 월병을 선물로 주고받는다. 아울러 각양각색의 등燈을 집과 가게, 거리에 단다. 중국계 인구가 많은 쿠알라룸푸르 또는 페낭에서는 추석에 등 행렬lantern parade이 펼쳐진다. 등을 밝히는 것은 개인의 소원을 비는 의식이다. 이런 이유로 추석을 문케이크 페스티벌, 땅롱tanglung, 등 페스티벌로 부르기도 한다. 가족이나 친구끼리 모임을 갖는 것이 원칙이나 공휴일이 아니어서 설과 같은 대규모 이동은 없다.

중국계 주민 최대의 명절은 설날이다. 중국계는 불교·도교·유교·기독교 등 다양한 종교를 믿지만, 설은 특정한 종교적 색채를 띠기보다는 중국 전통 풍습의 일부이다. 요즘에는 이메일과 문자 메시지로 신년인사를 전하지만, 많은 이들이 여전히 붉은색 연하장을 주고받는다. 설 전날 가족이 함께하는 저녁 식사는 중요한 가족 행사이다. 이를 위해 타지에서 설에 맞추어 귀향하거나 부모님이 계신 곳으로 이동한다. 타지 출신의 중국계 주민이 많은 쿠알라룸

사진 2 설 연휴에 모인 중국계 가족

푸르는 설 연휴 기간이면 매우 한가해진다. 예전에는 중국계 주민이 운영하는 거의 모든 가게가 문을 닫아 일상생활이 어려울 정도였다. 세뱃돈은 앙빠우Angpau, 붉은 봉투에 넣어 건넨다. 가족 또는 친구 모임에서 재미삼아 카드놀이와 마작을 하기도 한다. 폭죽놀이도 흔했으나, 요즘에는 안전사고의 위험 때문에 법으로 금지하고 있다. 공동체 활동의 일환으로 사자춤 또는 용춤 공연이 펼쳐진다. 공휴일은 이틀간이지만, 이후에도 보름 동안 설 분위기가 이어진다.

설 기간 동안 빼놓을 수 없는 풍습은 친구나 동료 등을 초청하는 오픈하우스이다. 말레이계의 하리라야 오픈하우스와 마찬가지로 타 종족에게도 개방적이다. 종족과 종교에 상관없이 신년을 축하하고 서로를 축복한다. 정치인, 기업인, 그리고 각종 기관들도 공식적인 오픈하우스를 개최한다. 이때 먹는 음식으로는 위셩Yusheng이 대표적이다. 얇게 썬 생선회에 여러 가지 채소를 곁들여 먹는 것으로, 여럿이 함께 젓가락으로 재료들을 가능한 한 높이 들어 섞는다. 부를 기원하는 의미이다. 중국에도 유사한 전통이 있었지만 주로 쿠알라룸푸르에서 현재 형태의 위셩이 시작되었다고 한다.

보름째 되는 날은 찹고메Chap Goh Mei라고 부르는데, 캔토니스로 열다섯번째 밤이라는 뜻이다. 가족 간 화합을 다지고 조상에게 감사기도를 하는 날이기도 하다. 가족 간의 화합을 상징하는 찹쌀 경단을 시럽과 함께 먹는다. 이날은 '발렌타인 데이'로도 알려져 있다. 약 2,000년 전 중국에서는 밤 시간 여성의 바깥출입이 제한되었는데, 이날만은 예외적으로 허용되어 새로운 친구들을 만날 수 있었다고 한다. 요즘에는 젊은 여성이 남자친구를 만나기 위해 귤을 강물에 던지는데, 귤에 자기 이름과 전화번호를 적는다. 최근에는 역사적 근거는 없지만 남자들이 바나나를 바다에 던지며 여자친구가 생기기를 바라는 장난기 어린 행동을 하기도 한다.

인도계의 디파발리와 오픈하우스

말레시이아 인도계의 다수는 인도 남부 지방 타밀족의 후손들이다. 인도에서도 삶의 질이 낮은 편이었던 이들은 말레이 반도로 이주한 후 상용작물 농장에서 일했다. 후추, 사탕수수, 커피 농장을 거쳐 20세기 초에 천연고무에 대한 수요가 증가함에 따라 이주자의 수도 증가했다. 이들은 대부분 불평등 계약 노동자로 이주했고 다수는 하층 카스트 출신이 대부분이었다. 나중에는 북인도 출신을 포함한 중산층과 고리대금업자 등도 유입되었다. 식민정부는 4년의 초등교육 과정으로 타밀어 학교를 지원했는데, 기초교육에 국한되었다. 다수는 집단농장을 벗어나지 못했으며, 중등 이상의 교육을 받는 이는 드물었다. 그래서 인도계의 사회적 계층이동은 매우 제한되었다. 현재 타밀어로 가르치는 초등학교는 말레이시아 전국에 500여 개에 달한다.

1960년 이후 인도계는 힌두 부흥운동 등을 통해 힌두교를 중심으로 한 타밀족의 정체성을 강화해왔다. 인도계 정당인 말레이시아 인도계 국민회의MIC를 중심으로 종족의 정체성과 이익을 지키려 했다. 지도부는 카스트 신분제에 구애받지 않고 구성되었다. 힌두 타밀계는 말레이시아에서 카스트 제도 등을 개혁하자는 운동을 전개하기도 했다. 그러나 종족 내부의 교육 및 빈곤의 격차는 여전히 크다. 타종족에 비해 인도계의 빈곤율과 범죄율이 높게 나타난다. 도시화에 따라 다수의 인도계가 도시에 거주하면서 전통적인 카스트 문화 및 엄격한 종교의례가 점차 느슨해진 대신 정체성 유지를 위해 디파발리와 타이푸샴 등 대중적 종교의례 참여는 증가했다.

말레이시아 인도계의 대부분은 힌두교를 믿으며, 일부는 이슬람교와 기독교 신자들이다. 다수의 인도계는 힌두교를 통해 정체성을 공유한다. 이름도 힌두 신의 이름을 따서 짓는다. 개인의 대소사 및 일상의 문제도 힌두교 전통과 의례에 의지한다. 힌두교는 업보와 윤회를 중심으로 한 세계관을 가지며, 신자들은 건강·학업·승진 등 현실적 바람을 기원하며 힌두 사원을 찾는다. 가장 큰 종교 기념일은 힌두력의 일곱번째 달에 행하는 디파발리Deepavali이다. 신화에 따르면 크리슈나Krishna 신이 어둠의 신을 자처하는 악마 디카라를 죽였다. 후에 대지의 여신이 간청하여 디카라를 빛의 신(니카라)으로 다시 부활시켰다. 어둠을 물리치는 빛은 순수를 상징하며 디파발리는 '빛 꾸러미'를 의미한다. 디파발리 동안 오일 램프로 집을 밝힌다. 빛을 밝히면 죽은 영혼이 천국으로 가는 길에 도움이 된다고 믿는다. 요즘에는 화려한 전구 장식을 쓰는 경우가 많은데, 흡사 크리스마스트리 장식을 연상시킨다. 하리라야와 설에도 유사하게 화려한 색 전구로 장식한다. 디파발리 몇 주 전부터 집안을 청소하고, 당일 아침이면 식물성 기름 날렌나이nallennai으로 머리를 감고 목욕을 한다. 이러한 의식이 정신과 육체를 정결한 상태로 만들고 죄를 씻어준다고 믿는다. 신의 축복을 기원하며 화려한 색으로 염색한 쌀로 출입구 바닥에 아름다운 문양 콜람Kolam을 새긴다. 대형 쇼핑몰 등에서도 디파발리를 전후해 콜람을 볼 수 있다. 아침 식사 후 사원에서 기도를 마치면 친지와 친구들을 방문한다. 이주 초기부터 다양한 신분과 사회적 지위를 가진 이주민들이 한데 모이는 장소가 바로 사원이었다. 디파발리 축제에서도 자연스럽게 오픈하우스가 행해진다. 디파발리 역시 종족과 종교에 관계없이 다양한 사회적 관계들을 이어주는 계기가 된다.

또 다른 중요한 의례는 타이푸삼Thaipusam 축제이다. 타이thai에 악을 물리친 무루간murugan 숭배의식으로 행해지는데, 보통 1~2월에 해당한다. 디파발리가 인도 북부의 전통에 영향을 받은 것이라면 타이푸삼은 인도 남부에서 널리 숭배되는 무르간 신을 기리고 헌신적 행위를 하는 축제로, 인도 타밀계의 정체성 형성과 유지에 중요하다. 타이푸삼 축제는 무루간 신의 다면성으로 인해 남부와 북부를 아우르고, 배타적 엄격성과 비엄격성을 동시에 가진 덕분에 출신 지역과 카스트를 초월하는 정체성을 형성하는 데 기여했다.

쿠알라룸푸르 인근의 바투케이브Batu Cave 동굴사원은 타이푸삼 축제 기간에 2만여 명의 군중이 운집하는 힌두교 성소이다. 270여

사진 3 인도계의 디파발리

개의 계단을 오르면 천연 석회 동굴 안에 사원이 자리 잡고 있다. 여기서 외부인이 보기에는 매우 충격적인 장면이 펼쳐진다. 무루간으로부터 받은 은총에 대한 답례로 절대 복종을 상징하는 고행을 하는 것이다. 요란한 드럼 소리에 맞춰 혀, 입, 등에 피어싱을 하고 그 끝에 과일 등을 매달거나 뒤에서 잡아당긴다. 그런 다음 신을 모시고 가는 의례로 공작 깃털로 장식한 수십 킬로그램에 달하는 반원형의 틀 카바디를 짊어지고 계단을 오른다. 이 고행에 참여하려면 마음을 정갈히 하고 육식을 금하는 등 수개월 전부터 준비를 해야 한다. 다수는 개인적 기원을 가지고 이 행사에 참여한다. 타이푸삼은 종교적 의미뿐만 아니라 다양한 외부인들도 함께 참여하는 축제의 장이다. 축제는 3일간 지속되는데, 고행을 하는 힌두교도뿐 아니라, 일반 관광객들로도 붐빈다. 한쪽 구석에는 임시 놀이동산도 마련된다.

사바, 사라왁 소수종족의 풍습과 오픈하우스

사바와 사라왁 주는 1963년 말라야 연방에 합류하면서 말레이시아를 형성했다. 영국 통치하에서 기독교가 전파되어 다수는 기독교 신자이다. 이들은 종족적 배경이 다양하 상이한 방언을 사용한다. 그러나 공교육의 보급으로 말레이어 의사소통도 수월해졌다. 울창한 밀림 지대인 내륙 지역은 도로가 미비하고 강과 지류를 따라

해상교통이 발달했다. 사라왁 주의 이반족과 같은 소수종족들은 외부의 침입에 대비하고 순환적 공동 농경과 수렵을 하기 위해 함께 거주했다. 일명 롱하우스long house 또는 루마빤장rumahpanjang에 적게는 서너 가구, 많게는 수십 가구가 함께 거주한다. 지면에서 높이 올려 지은 집에는 긴 복도가 있으며 각 가구의 생활 단위인 방 빌릭bilik들로 구성된다. 집 자체가 하나의 마을인 셈이다. 롱하우스의 리더 꺼뚜아ketua를 중심으로 공동체를 위한 협동작업을 한다. 통상적으로 이들은 이주 경작을 위해 15년 정도의 주기로 새로운 거처를 마련했는데, 요즘은 정부의 지원으로 한곳에 정착했다.

사라왁 주 다약이반족의 대표적 명절로는 추수감사절에 해당하는 가와이다약GawaiDayak 축제를 들 수 있다. 가와이다약은 '다약의 날'이라는 뜻이다. 다약은 이반·비다유·까얀·껄라빗·무룻 등 소수종족들을 통칭하는 말이다. 사라왁 주에서 2일간의 공휴일을 포함해 일주일간 지속되는 가와이다약 축제는 5월 31일 밤 무와이안뚜루아MuaiAntuRua 의식으로 시작된다. 탐욕과 나쁜 운을 버리는 의식이다. 의식이 거행되는 동안 아이 또는 남자 두 명이 큰 바구니 짜빤chapan을 롱하우스 복도에서 끌고 간다. 그러면 각 방에 거주하는 가구들은 원치 않는 물건들을 하나씩 바구니에 던진다. 복도 끝까지 가서 모든 가구의 물건을 담으면 롱하우스 마당으로 가지고 나가 버린다. 그럼으로써 나쁜 운을 제거한다고 믿는다. 이어 공동체 보호와 추수에 감사하는 제례 의식을 갖는다. 축제 기간 중에는 팜나무 잎으로 집을 장식한다. 가와이다약 기간에는 친지와 친구를 방문하는데, 이를 응아방ngabang이라고 한다. 이것 역시 조건 없이 외부인에 개방되는 오픈하우스 행사이다. 가와이다약 축제 때는 춤과 술을 즐기는데, 주로 쌀로 만든 뚜악이라는 전통술을 나눠 마신다. 가와이다약 축제의 마지막에는 가와이 여왕과 가와이 전사를 선발한다.

1960년대부터 시작된 롱하우스를 이용한 관광상품 개발에 정부가 개입하기 시작하면서 롱하우스 문화에도 변화가 생겼다. 관광업체와 일종의 계약을 맺고 관광객을 맞아들여 삶의 일부를 공개하고 그 대가를 공유했다. 그러나 전통적인 생활방식에 대한 이방인의 기대를 충족시키기 위해 이들의 삶이 무대화되고 상품화되는 부작용도 낳았다. 롱하우스 지붕을 전통 방식으로 다시 복원하는 한편, 텔레비전 등과 같은 전자기기의 제품 사용은 투어 기간에는 자제되어야 했다. 무엇보다 관광업체와의 이익 분배를 둘러싼 불만은 롱하우스 주민의 자발적 참여를 제약하는 요인으로 작용했다. 요즘은 다수의 다약족이 전통적인 농경과 수렵 생활을 벗어나 도시에서 일자리를 찾음에 따라 롱하우스를 벗어나 도시에 거주한다. 이들은 가와이다약 축제 기간에 전통 의례에 참여하기보다는 휴식과 친구, 친지를 만나는 일로 시간을 보낸다.

다문화 사회의 과제

말레이시아 다문화 사회의 원동력은 다양성을 보장하는 포용력과 조화를 위한 노력이다. 각 종족들의 전통의례와 명절은 종교와 깊은 연관이 있어서 타종교인을 배제하거나 배타적 양상을 띨 수 있다. 그러나 앞서 보았듯이 종교의 자유, 종교 관련 공휴일을 헌법으로 보장하고 있다. 공통적으로는 오픈하우스를 통해 서로 다른 종족 간의 이해와 화합을 도모한다. 오픈하우스는 고유의 종교적 의례가 말레이시아의 다종족 사회구조와 결합하면서 형성된 독특한 문화이다. 이슬람 사원에서 중국계 주민의 설 오픈하우스를 주관하는 경우도 있다. 이는 오픈하우스라는 전통이 친지나 친구 방문에 그치는 것이 아니라 종교간의 대화와 화해를 이끌어내는 매우 중요한 기능과 잠재력을 가지고 있음을 보여준다. 오픈하우스는 영어 표현이지만 말레이시아 다종족의 공통된 문화로 자리 잡으면서 일상에서도 영어 표현 그대로 사용되고 있다. 다문화 사회를 일상에서 경험하며 만들어가는 것이다.

말레이시아의 국가 형성 과정이 보여주듯이, 다종족 사회는 정체성을 발전시킴으로써 새로운 민족을 형성nation building해야 하는 과제를 안고 있다. 그러므로 오픈하우스로 상징되는 말레이시아의 다문화적 특성은 정치적 과정이기도 하다. 총리 및 장관을 비롯해 여야 정치인들은 오픈하우스를 적극적으로 주관하거나 참여한다. 그러나 다문화 사회로의 성숙을 위해서는 극복해야 할 과제들이 여전히 남아 있다.

1969년 종족 간 유혈사태로 도입된 정치·경제 구조는 다종족 사회의 갈등요인을 내재하고 있다. 1969년 수도권인 슬랑오르Selangor 주에서 총선 결과를 둘러싸고 말레이인과 중국계 사이에 충돌이 발생하고, 소요가 전국적으로 확산됨으로써 공식적으로 196명의 사망자가 발생했다. 실제 사상자는 더 많을 것으로 추정된다. 희생자들은 대부분 중국계였다. 경제적 부가 중국계에게 편중됨으로써 이런 사건이 발생했다고 판단되었고, 이에 말레이계(부미뿌뜨라) 우대 정책이 도입되었다. 말레이계 주민의 우위(꺼뚜아난 멀라유 ketuananMelayu)와 특권을 바탕으로 국민통합을 추진하려 한 것이다.

이슬람교과 말레이어의 지위는 헌법 개정으로 더욱 강화되었다. 그리고 부의 재분배를 위해 신경제정책NEP이 실시되었다. 대학 입학에 종족별 쿼터제가 시행되어 부미뿌뜨라의 대학 진학을 도왔고, 늘어난 공무원 일자리의 절대 다수가 말레이계로 충원되었다. 말레이계는 토지와 주택을 구매할 때도 더 낮은 이자 조건을 누릴 수 있었다. 1980년대에 경제성장이 이루어지면서 신흥 말레이 중산층이 형성되었고, 도시화로 다문화 공간이 확대되었다. 그러나 국민통합을 목표로 도입한 이러한 '긍정적 차별positive discrimination'은 부당한 차별을 낳았다. 종족 내 불평등도 심화되었다. 능력주의 원칙에 어긋나는 공식적 차별은 중국계와 인도계 주민에게 이등 국민이라는 인식을 심어주었다. 교육열이 높고 학업 성적이 우수한 중국계 학생들의 두뇌 유출 현상도 발생했다. 오랫동안 지속된 말레이계 우대 정책은 말레이계 주민의 경쟁력을 오히려 약화시켰다. 정경유착을 통해 소수의 말레이 기득권층에 부가 편중되었기 때문이다.

말레이계 중산층이 성장했으나 농촌 거주자 대부분과 도시 노동자는 여전히 빈곤에서 자유롭지 못하다. 정부의 제도적 지원에서 소외된 중국계와 인도계 주민의 종족 내 불평등도 심화되었다. 부의 분배와 사회정의 문제는 본질적으로 종족 간 갈등이 아닌 종족 내 불평등, 계급, 권력 독점의 문제였다. 종족 문제에 이의를 제기하면 국가안보를 위태롭게 한다는 이유로 엄격히 제한했다. 부정부패와 권위주의를 비판하는 사람들을 탄압하는 데도 종족 간 평화 유지를 명분으로 내세웠다.

일각에서는 말레이시아 상장사들의 자본소유 구조를 기준으로 볼 때 말레이계 주민의 부는 당초 목표했던 30퍼센트 이상을 이미 달성했다는 분석이 제기된다. 야당의 말레이 정치 지도자들도 말레이우대정책을 재고해야 한다는 의견을 피력한 바 있다. 일부 여당 지도자들도 말레이 우대정책이 역설적으로 경쟁력의 약화를 가져왔다고 비판적 의견을 제시하기도 한다. 그러나 말레이 우대정책은 공식적으로 이름을 바꾸며 여전히 실질적 차별을 낳고 있다.

집권당의 말레이 정치인들은 종족 문제를 정치적으로 이용했다. 종족 문제가 정치화되면서 종족 간 반목과 갈등 가능성이 커졌고 권위주의 통치도 강화되었다. 상대적으로 높은 경제수준과 제도적 민주주의의 정착에도 불구하고, 말레이시아의 정치적 자유와 부정부패 척결 정도는 여전히 낮다. 프리덤하우스Freedom House는 말레이시아의 언론자유도와 순자유도를 각각 '자유롭지 않음not free'과 '부분적으로 자유로움partly free' 상태로 평가했다. 2018년, 독립 이후 최초의 정권 교체를 이루는 과정에서 종족 간, 종교 간 화합은 더욱 중요한 의미를 갖는다.

시민사회의 대응은 오히려 종족 간 갈등을 초월하는 모습이다. 버르시Bersih 운동이 대표적이다. 깨끗함을 뜻하는 '버르시'는 공명선거를 위한 제도개혁을 목표로 시민사회단체가 연합하여 2007년부터 전개하고 있는 운동이다. 특정 정파, 종족, 종교에 얽매이지 않고 민주주의와 사회적 정의라는 공동의 가치를 추구하고 있다. 최근에는 버르시 관계자들이 경찰에 연행되는 등 시민사회에 대한 탄압도 계속되고 있다. 이들은 공정선거와 부정부패 척결 등을 외치며 지난 정권의 부패를 규탄하는 대규모 시위를 벌여왔다. 시위는 평화적이며 각종 공연을 함께 즐긴다. 다양한 종족이 함께하는 다문화 축제를 연출했다.

말레이시아의 다종족 사회는 식민 지배에서 비롯된 역사적 산물이지만, 역동적인 다문화 사회를 건설하는 것은 말레이시아인들의 손에 달려 있다. 종족적 경계를 뛰어넘는 말레이시아인으로의 정체성 형성은 그들에게 항상 제일 중요한 정치적·사회적 과제였다. 일상생활에서 말레이시아인들은 서로의 종교와 문화를 존중하고 오픈하우스를 통해 다문화 사회를 유지해왔다. 말레이시아의 다종족, 다문화는 역사적·문화적 현상에 국한되는 것이 아니라 본질적으로 정치·경제적 구조 속에 여전히 진행 중인 현상이다. 다문화의 장점이 정치적 목적으로 이용되는 순간 종족적·종교적 다양성은 갈등요인으로 변하곤 했다. 왜곡된 경제·사회적 정의가 종족 간 문제로 비화되기도 했다. 역설적으로 일상의 다문화가 국가 차원에서 실현되는 것은 다문화적 가치를 존중하는 정치 발전이 있을 때 가능할 것이다.

인도네시아: 종교의 화합과 관용

신재혁

인도네시아는 세계 최대의 이슬람 국가이다. 2억 5,000만 명 가까운 인구 가운데 약 90퍼센트인 2억 명이 넘는 인구가 무슬림이다. 수도 자카르타에서도 마스짓masjid이라 불리는 이슬람 사원을 곳곳에서 볼 수 있고, 스피커를 통해 울려 퍼지는 이슬람교 지도자의 설법과 기도 소리를 심심치 않게 들을 수 있다. 기도 시간을 알리는 소리이다. 무슬림은 하루에 다섯 번 기도를 한다. 해 뜨기 직전의 새벽 기도를 파즈르Fajr, 해가 가장 높이 있는 시간에 하는 점심 기도를 주흐르Zuhr, 오후 기도를 아스르Asr, 해가 진 직후의 저녁 기도를 마그립Maghrib, 밤 기도를 이샤Isha라 한다. 그런데 해 뜨는 시간과 해가 가장 높이 있는 시간, 해 지는 시간이 매일 조금씩 달라지기 때문에, 사원의 스피커를 통해 다섯 번의 기도 시간을 매일 공지하고 알리는 것이다. 기도를 자주 해야 하기 때문에 인도네시아에서는 관공서나 학교, 공항, 역 등 공중 시설에서 무숄라musholla라 불리는 기도실을 쉽게 볼 수 있다.

무슬림과 이슬람 정당

흥미로운 현상은 무슬림이 인구의 대부분을 차지하는 나라에서 이슬람 정당이 세속 정당보다 인기가 없다는 것이다. 최초의 선거였던 1955년 총선에서 수카르노가 이끄는 세속 정당 인도네시아 국민당Partai Nasional Indonesia이 1위를 차지했고, 이슬람 정당 마슈미Masyumi와 나들라툴 울라마Nahdlatul Ulama는 각각 2위와 3위를 차지했다. 그래도 이때는 2위 마슈미 정당이 1위 인도네시아 국민당에게 득표에서는 다소 뒤졌지만 의석수는 같을 정도로 선전했고, 5퍼센트 이상 득표한 주요 정당들 중 이슬람 정당들의 득표율이 세속 정당들의 득표율보다 높았다(표 1). 하지만 이후 수하르토 시대에는 1971년부터 1997년까지 실시된 모든 선거에서 집권당인 골카르당이 압도적 승리를 거두었으며, 주요 이슬람 정당들의 득표율은 단 한 번도 30퍼

표 1 인도네시아 역대 총선에서 주요 정당의 득표율

연도	1955	1971	1977	1982	1987	1992	1997	1999	2004	2009	2014
세속 정당	38.7	69.7	70.7	72.2	84.0	83.0	74.5	56.2	47.6	49.1	67.7
이슬람 정당	39.3	24.0	29.3	27.8	16.0	17.0	22.4	30.4	32.5	19.2	30.0

주: 당해 선거에서 5퍼센트 이상 득표한 정당들만 포함함

센트를 넘지 못했다. 특히 하나의 이슬람 정당만 허용한 1977년 선거 이후 여러 이슬람 정당들이 개발통합당Partai Persatuan Pembangunan, PPP으로 결집했지만, 득표율은 크게 달라지지 않았다. 민주화와 함께 정당 설립이 자유로워진 1999년 이후에도 이슬람 정당들은 세속 정당들에 비해 훨씬 낮은 득표율을 기록했다(표 1).

인도네시아의 무슬림 유권자들 중 절반 이상이 이슬람 정당보다 세속 정당을 선호하는 것이다. 그 이유는 무엇일까? 대다수의 인도네시아 무슬림은 정치와 종교가 분리되어야 한다고 생각한다. 공동체의 삶을 조정하는 정치와 개인의 삶을 규율하는 종교는 다르다는 것이다. 공동체를 위해서는 경제성장과 분배, 공공 서비스 같은 일들이 필요한데, 종교 지도자들이 이러한 일들을 세속 정당 지도자들보다 잘할 거라 기대하기는 어렵다. 따라서 인도네시아 무슬림은 대개 투표소에서는 세속 정당 지도자에게 투표를 하고, 사원에서는 이슬람 지도자의 설법에 귀를 기울인다. 개인의 삶을 종교의 계율에 따라 엄격하게 규율하기 위해서는 법제도가 필요하기 때문에, 종교가 정치에도 영향을 미쳐야 한다고 믿는 근본주의자는 극소수에

불과하다. 따라서 인도네시아의 이슬람 정당들은 이슬람 율법 샤리아sharia를 국가의 법률로 지정하려 들지 않으며, 점점 더 세속 정당들과 차이가 없어지는 추세이다.

사실 이런 현상은 인도네시아에서만 관찰되는 것은 아니다. 국민 대다수가 무슬림인 국가들 중 인도네시아처럼 정교 분리를 원칙으로 하는 세속주의 헌법을 채택한 국가들로는 말레이시아, 이집트, 터키 등을 꼽을 수 있다. 이 나라들에서도 대체로 인도네시아처럼 이슬람 정당이 세속 정당보다 인기가 없는 편이다. 말레이시아에서도 세속 정당들이 압도적인 득표를 하고 있고, 이집트에서는 독재자 무바라크Hosni Mubarak가 이끌었던 세속 정당 국민민주당National Democratic Party이 압도적이었다. 터키 역시 2000년대 초 강력한 이슬람 정당인 정의개발당Justice and Development Party이 등장하기 전까지는 세속 정당들이 압도적이었다.

세속 정당들이 여전히 더 인기가 있는 인도네시아나 말레이시아와 달리, 이집트와 터키에서는 이슬람 정당들이 크게 약진하였다. 이집트의 경우, 2011년 무바라크가 퇴진한 후 실시된 총선에서 이슬람 정당들이 국회에서 다수 의석을 차지하였고, 이듬해 대통령 선거에서도 이슬람 형제단 출신 무르시Mohamed Morsi가 당선되었다. 2013년 쿠데타가 일어나 군부가 다시 집권하긴 했지만 이집트에서 이슬람 정당들에 대한 지지도가 크게 높아졌다고 볼 수 있다. 터키 역시 세속주의 헌법을 채택하고 있지만, 2001년 에르도안Recep Tayyip Erdogan이 설립한 이슬람 정당인 정의개발당이 2002년부터 계속 집권하고 있다.

그렇다면 인도네시아와 말레이시아와 같은 동남아시아 국가에서 무슬림이 여전히 세속 정당을 더 지지하는 이유는 무엇일까? 인도네시아의 이슬람 정치 전문가들에 따르면, 이에 대해 서로 상반된 두 가지 설명이 팽팽하게 맞서고 있다고 한다. 하나는 인도네시아 무슬림 중에는 중동 무슬림처럼 독실한 신자들이 많지 않아서 세속 정당이 더 인기라는 것이고, 다른 하나는 이슬람 정당들이 세속화되어 다른 세속 정당들과 별 차이가 없기 때문에 차라리 세속 정당을 지지한다는 것이다.

이중 첫번째 설명이 더 설득력이 있다고 생각한다. 그 이유는 다음과 같다. 정치 지도자들은 선거 승리를 목표로 한다. 선거에서 승리 가능성을 높이기 위해서는 유권자들이 원하는 것을 제공해야 한다. 그러므로 이슬람교를 믿는 다수의 유권자들이 샤리아를 법률로 제정하는 등 이슬람교를 정치화하길 바랐다면 이슬람 정당들은 그렇게 하려고 노력했을 것이다. 결국 무슬림 유권자 대다수가 이슬람교의 정치화를 지지하지 않기 때문에 이슬람 정당들이 세속화 전략을 선택했다고 봐야 할 것이다. 동남아시아의 무슬림 중에는 (이슬람교의 정치화를 바라는) 독실한 신자들이 많지 않기 때문에 이슬람 정당보다 세속 정당이 더 인기가 있고, 따라서 이슬람 정당들도 세속화를 추구한다고 볼 수 있다.

그렇다면 중동 국가들과 달리 인도네시아나 말레이시아 같은 동남아시아 국가들에는 왜 독실한 이슬람교 신자들이 많지 않을까?

사진 1 이스티칼 사원(왼쪽)과 자카르타 대성당(오른쪽)[1]

중동으로부터 이슬람교를 받아들인 지 얼마 되지 않아서 중동의 무슬림처럼 되려면 시간이 더 필요한 걸까? 사실 동남아시아의 이슬람교 역사는 상당히 긴 편이다. 1136년 이슬람 왕 술탄이 다스리는 최초의 왕국 끄다 술탄국Sultanate of Kedah이 세워졌다. 이후 오늘날의 말레이시아 영토인 말레이 반도와 보르네오 섬에 말라카 술탄국Sultanate of Malacca, 술루 술탄국Sultanate of Sulu, 조호르 술탄국Sultanate of Johor 등이 생겨났다. 1527년에는 인도네시아의 마자파힛 제국Majapahit Empire이 인도네시아 해안에 자리 잡은 이슬람 도시국가 연합의 공격을 받아 멸망하고 마타람 술탄국Sultanate of Mataram이 세워졌다. 이후 발리 섬 등 일부 지역을 제외한 인도네시아 전역이 이슬람 영향권에 들어가게 되었다.

종교의 화합과 관용

이렇듯 동남아시아에서 이슬람교의 역사가 꽤 길다면, 왜 이 지역 무슬림들은 중동 무슬림들과 다를까? 인도네시아를 방문할 때마다 이 질문이 늘 머릿속을 맴돌았다. 그러던 중 수도 자카르타에서 놀라운 것을 발견했고, 그것이 동남아시아 무슬림들의 특성을 잘 보여준다는 생각이 들었다.

---

1 이 글에 사용된 사진은 모두 저자가 직접 촬영한 것이다.

자카르타 중심부Central Jakarta에는 메르데카 광장이 있고, 그 가운데에는 모나스Monas, Monumen Nasional라 불리는 독립기념탑이 있다. 거기서 북동쪽으로 난 페르위라 길Jalan Perwira을 걷다가 거대한 이슬람 사원과 가톨릭 성당이 작은 하천을 사이에 두고 마주보고 있는 모습을 발견했다(사진 1). 거대한 이슬람교 사원은 이스티칼 사원Masjid Istiqlal이고, 그 맞은편의 성당은 자카르타 대성당Jakarta Cathedral이었다.

아랍어로 '독립'이라는 뜻을 지닌 이스티칼 사원은 인도네시아 정부가 네덜란드로부터의 독립을 기념하기 위해 만든 것이다. 이 사원은 12만 명을 수용할 수 있는 규모로, 동남아시아에서 가장 큰 이슬람 사원이라고 한다. 1961년에 공사를 시작해 1978년 완공되었다니 17년이나 걸려서 지은 것이다. 가까이 가보니 건물이 무척 커서 전체를 한눈에 다 보기 어려울 정도였다. 주말이라 관광객도 많았다. 정문으로 들어가니 이스티칼 사원이라고 새겨진 거대한 표지석이 눈에 들어왔다(사진 2). 관광객들이 그 앞에서 연신 사진을 찍고 있었다. 한 무리가 찍고 나가면 다음 무리가 와서 찍는 식이다. 이곳을 방문한 사람들은 이 표지석 앞에서 사진을 찍지 않고는 그냥 지나칠 수 없을 듯했다.

더욱 신기한 광경은 뒤를 돌아보았을 때 나타났다. 자카르타 대성당이 손에 잡힐 듯 가까이 보인 것이다(사진 3). 주변의 나무에 가려 잘 보이지 않다가 놀랍게도 이스티칼 사원 안에서 바라볼 때 모습이 가장 잘 드러나 보인다. 이곳을 방문해 기도하는 무슬림들은 사원에 들어오고 나갈 때마다 크고 웅장한 가톨릭 성당을 볼 수밖

사진 2 이스티칼 사원

사진 3 자카르타 대성당

에 없을 것이다.

그들의 기분이 어떨까 싶어 한참을 서서 지켜보았다. 흰옷을 입고 기도하러 들어오는 사람이나 마치고 나가는 사람이나 성당에 특별히 눈길을 주거나 불쾌한 표정을 짓지 않았다. 전혀 개의치 않으며 평안한 표정으로 지나다니는 태도가 관광객들과 흡사했다.

아마 중동에서는 이런 모습을 볼 수 없으리라. 인도네시아에서는 어떻게 이런 일이 가능할까? 어찌하여 이토록 거대한 이슬람 사원과 가톨릭 성당을 나란히 짓게 되었을까? 무척 궁금해졌다.

우선 자카르타 대성당이 지어진 시기를 확인해보니 1901년이었다. 이스티칼 사원이 공사를 시작한 1961년에 자카르타 대성당은 이미 이 자리에 있었던 것이다. 그렇다면 인도네시아 정부가 가톨릭 성당 바로 옆에 이슬람 사원을 짓기로 의도적으로 결정했다고 볼 수밖에 없다. 무슬림이 대부분인 나라에서 정부가 왜 그런 결정을 했는지 궁금하다.

처음 제안된 위치는 현재 위치에서 남쪽으로 약 3킬로미터 떨어진 시내 중심부였다고 한다. 그런데 초대 대통령 수카르노가 지금의 위치를 주장했다. 메르데카 광장 자카르타 대성당 바로 옆에 이 사원을 지어야 한다고 주장한 것이다. 수카르노는 그런 주장의 이유로 자신이 제시한 인도네시아의 건국이념 판차실라Pancasila에 의거한 종교의 화합과 관용을 들었다.

당시 인도네시아에서는 이슬람 국가를 만들기 위한 다룰 이슬람Darul Islam 세력의 무장 투쟁이 벌어지고 있었다. 이들은 1949년에 이슬람 국가를 선포하고 반란을 일으켰고, 1950년대 후반에는 서부 자바 섬과 남부 술라웨시 섬, 아체 지역을 점령하기에 이르렀다. 수카르노는 1957년에 계엄령을 선포했고 1962년이 되어서야 이들의 반란을 진압할 수 있었다. 그러므로 이스티칼 사원 건축을 계획할 때 수카르노 대통령은 한편으로 이슬람 무장 세력을 진압하기 위한 전투를 치르고, 다른 한편으로는 종교의 화합과 관용의 메시지를 국민들에게 전파하고 싶었을 것이다.

당시 인도네시아 국민들이 가톨릭 성당 바로 옆에 이슬람 사원을 짓기로 한 대통령의 결정을 얼마나 지지했는지, 혹은 이에 얼마나 반발했는지는 알기 어렵다. 그러나 1967년 수카르노가 대통령직에서 물러난 이후에도 공사가 계속 진행되어 완공에 이른 것을 보면 국민들의 반발이 그리 크지는 않았으리라 짐작할 수 있다.

인도네시아의 무슬림 다수가 종교의 화합과 관용을 원했기 때문에 그런 일이 가능했는지, 아니면 국가 지도자의 화합과 관용의 메시지가 전달된 결과인지 역시 알기 어렵다. 하지만 대중과 지도자는 서로 영향을 주고받는 관계라는 것을 기억할 필요가 있다. 지도자는 대중이 원하는 것을 제공하려 하지만, 그가 원하는 대로 대중을 이끌 수도 있는 것이다. 대중의 요구와 지도자의 요구가 일치할 때 더욱 강력한 효과가 발생한다.

식민지 시대부터 1949년까지 오랜 독립전쟁을 경험했고 이슬람 반군과의 내전이 발발한 인도네시아에서 국가 지도자와 국민 다수는 평화를 염원했을 것이다. 그 결과물 중 하나가 종교의 화합과 관용을 상징하며 가톨릭 성당 옆에 지은 이스티칼 사원이라 할 수 있다. 오늘도 인도네시아의 많은 무슬림들은 이스티칼 사원을 드나들 때 자카르타 대성당을 보면서 자신들이 이룩한 평화를 자랑스럽게 여길지 모른다.

태국 화폐 속 인물과 역사 이야기

황규희

현재 태국의 화폐 단위는 바트Baht와 싸땅Satang[1]이다. 지폐는 1,000바트와 500바트, 100바트, 50바트, 20바트가 있고, 동전은 10바트, 5바트, 2바트, 1바트, 50싸땅, 25싸땅 등이 있다. 바트의 아래 단위인 싸땅은 실제로 사용되는 일은 적다. 바트는 원래 영국의 파운드처럼 15~16g 무게의 동전을 가리키는 단위였던 것이 현재의 화폐 단

1 1바트는 100싸땅이며, 2018년 5월 기준으로 1바트는 원화로 약 34원이다.

위로 발전한 것이다.

지폐가 통용되기 이전에 태국에서는 조개Cowrie, 구운 점토 동전 프크랍Prakab, 폿두엉Pot Duang[2] 등이 화폐의 기능을 담당했으며, 1853년 라마 4세 몽꿋 왕King Mongkut, 재위기간 1851~1868이 서구 열강과의 교역에서 최초의 지폐 마이Mai를 사용했다. 몽꿋 왕은 짝끄리 왕조라고도 불리는 현 왕조 랏따나꼬씬 왕조의 네번째 왕으로서 근대화의 시조로 일컬어지는 인물이다.

태국의 근대 지폐는 몽꿋 왕의 아들 라마 5세 쭐라롱껀 대왕The Great King Chulalongkorn, 재위기간 1868~1910 시대인 1902년에 발간되었는데, '시리즈 1'을 시작으로 2018년 3월 현재 '시리즈 16'까지 발행되었다. 현재 통용되는 지폐의 앞면에는 '살아 있는 부처', '국가의 아버지'라고 불리며 태국 국민들의 깊은 존경을 받다가 2016년 10월에 서거한 라마 9세 푸미폰 국왕King Bhumibon Adulyadej, 재위기간 1946~2016의 연로한 모습이 담겨 있다.[3] 그리고 뒷면에는 태국 역사상 위대한 업적을 남긴 역대 국왕들의 초상화가 그려져 있다. 태국 정부는 2016년 12월에 새로 즉위한 현 국왕이자 푸미폰 국왕의 장남인 와치라롱껀King Maha Vajiralongkorn의 초상화가 들어간 신新지폐와 동전이 2018년 4월부터 통용될 예정이라고 밝혔다. 이 글에서는 2018년 3월 현재 통용되고 있는 태국 지폐 속의 역사적 인물들을 살펴보면서 그

2 합금으로 만든 쑤코타이 왕국의 화폐.

3 이 버전은 2010년에 한 차례 개정된 것이다. 직전 버전은 앞면에 푸미폰 국왕의 젊은 시절 초상화가 담겨 있고, 뒷면에는 태국의 유명한 사원, 국회의사당, 왕실 배 등이 그려져 있었다.

들의 업적을 조명해보고자 한다. 구체적으로 20바트 지폐 뒷면의 람캄행 대왕과 50바트 지폐 뒷면의 나레쑤언 대왕, 100바트 지폐 뒷면의 딱씬 왕, 500바트 지폐 뒷면의 라마 1세 짜오프라야 짝끄리 왕, 그리고 태국에서 가장 큰 화폐 단위인 1,000바트 지폐 뒷면의 라마 5세 쭐라롱껀 대왕을 차례로 알아보고, 끝으로 모든 지폐의 앞면을 장식하고 있는 라마 9세 푸미폰 국왕에 대해 살펴보겠다.

1. 쑤코타이 왕국의 람캄행

먼저 20바트 지폐의 뒷면을 장식하고 있는 인물은 태국에서 '마하랏Maharaj, 대왕'이라고 불리는 람캄행The Great Ramkhamhaeng, 재위기간 1279~1298 대왕이다.

람캄행 대왕은 타이족이 인도차이나 반도에 세운 최초의 통일 왕국 쑤코타이 왕국Sukhothai Kingdom, 1238?~1438의 세번째 왕이다. 쑤코타이 왕국의 건립 과정은 람캄행 대왕의 비문에 자세히 기록되어 있다. 비문에 따르면, 13세기경 태국의 북부에는 타이족이 세운 여러 왕국이 존재했는데, 당시 크메르 왕국에 조공을 바치던 짜오프라야 강 유역 랏Rat 왕국의 파므엉과 방양Ban Yang 왕국의 방끌라하우가 협력해 1238년에 크메르 세력이 지배하고 있던 쑤코타이를 점령하면서 독립을 선언했다. 방끌라하우가 쑤코타이 왕국의 시조 씨인트라팃Sri Intratit 왕이 되었다. 이후 아유타야 왕국에 완전히 합

사진 1 20바트 뒷면의 람캄행 대왕[4]

병되기까지 약 200년 동안 쑤코타이 왕국에는 아홉 명의 왕이 존재했다.

그중 쑤코타이 왕국의 세번째 왕 람캄행 대왕은 우리 나라의 세종대왕에 자주 비유되는 인물로, 1283년에 타이 문자(44개 자음, 32개 모음, 5개의 성조로 이루어짐)를 창제했다. 그의 통치방식은 한 가정의 아버지로서 자녀를 타이르고 가르치는 가부장적 방식이었다. 즉 왕과 백성과의 관계에서 왕은 전시戰時에는 지휘관, 평화 시에는 백성의 보호자이자 자상한 아버지였다. 왕궁 앞에 종을 매달아 백성들의 억울함을 해결해주기도 했다. 뿐만 아니라 그는 상좌부 불교의 포교자로서, 불법佛法을 통한 탐마라차Dhammaraja 정치[5]를 실현했다. 또한 자유무역을 허용했고, 도자기 산업(쌍카록)을 외국에 수출했다. 그러나 람캄행 대왕의 최고 업적은 영토 확장이다. 람캄행 대왕은 북부의 란나타이Lannathai 왕국에서 북동부의 프래·난·루앙프라방, 동부의 비얀티얀과 남부의 나컨씨탐마랏과 말레이 반도, 그리고 서부로는 테네썸·타와이·빼구에 이르기까지 광활한 영토를 장악했다. 그는 쑤코타이 왕국을 가장 번영시키고 강력한 왕국으로 만든 인물로 태국 국민들의 존경을 받고 있다.

---

4 이 글에서 사용된 모든 지폐 사진은 실제 지폐를 필자가 촬영한 것이다.

5 탐마라차 정치는 불법의 '정의正義'이다.

2. 아유타야 왕국의 나레쑤언

50바트 지폐 뒷면의 인물은 미얀마에게 패배한 아유타야 왕국 Ayutthaya Kingdom, 1350~1767을 회복시킨 나레쑤언 대왕The Great Naresuan, 재위기간 1590~1605이다. 나레쑤언도 태국에서 '대왕'이라고 불린다. 아유타야 왕국은 람캄행 대왕의 서거 이후 점차 세력이 약화되고 있던 쑤코타이 왕국을 수 차례 공격하여 속방으로 만들었다. 아유타야 왕국은 이후 417년간 지속된, 타이족이 세운 최대의 강국으로 다섯 왕조(우텅 왕조, 쑤판나품 왕조, 쑤코타이 왕조, 쁘라쌋텅 왕조, 반플루루엉 왕조)가 교대로 지배했다. 쑤코타이 왕국과 마찬가지로 중국과 조공무역을 하며 우호관계를 유지했고, 서구와의 교역을 통해 왕실 재정의 기반을 마련하기도 했다. 1511년 이후에는 포르투갈을 선두로 스페인, 네덜란드, 영국, 프랑스 등이 태국에 진출해 포교와 무역 활동을 했다. 한편 아유타야 왕국은 이웃 국가 미얀마와 전쟁을 반복했는데, 전쟁에서 승리하기 위해 특히 포르투갈로부터 전쟁 전술법과 신무기 제조법, 성곽 쌓는 법 등을 배웠다. 그럼에도 불구하고 아유타야 왕국은 1569년과 1767년 두 차례 미얀마에 패배했다.

1569년 첫번째로 패배하면서 아유타야 왕국은 15년간 미얀마의 지배를 받게 되었다. 당시 미얀마는 태국인 마하탐마라차티랏 Maha Tammarajatirat, 재위기간 1569~1590을 왕으로 지명하여 간접 통치를 했다. 당시 아홉 살에 볼모로 잡혀간 나레쑤언 왕자는 미얀마 버윙나

사진 2 50바트 지폐 뒷면의 나레쑤언 대왕

사진 3 영화 《나레쑤언 왕의 전설The Legend of King Naresuan》

웅Bayinnaung 왕의 양자로서 교육 받은 후, 열다섯 살에 왕위 계승자 자격을 얻어 태국으로 귀국했다. 미얀마어를 구사하고 미얀마 왕실 사정도 잘 알고 있던 나레쑤언 왕자는 피싸눌록의 젊은이들을 소집해 군사훈련을 실시하면서 독립의 기회를 살폈다. 1581년 버잉나웅 왕이 사망하자 미얀마에서는 내란이 발생했는데, 나레쑤언은 그 기회를 틈타 1584년에 미얀마를 공격했고 마침내 독립을 선언했다. 1590년에 마하탐마라차티랏 왕이 서거하자 나레쑤언이 왕위에 올랐다. 나레쑤언은 1590년과 1592년에 미얀마의 공격을 방어했고, 미얀마의 속방이었던 타와이와 따나우씨, 그리고 크메르를 공격해 태국 역사상 최대의 영토를 확보했다. 태국에서는 아유타야 왕국을 미얀마로부터 해방시킨 국민 영웅 나레쑤언 대왕을 소재로 한 영화도 시리즈로 제작되어 많은 사랑을 받고 있다.

3. 톤부리 왕국의 딱씬

100바트 지폐 뒷면의 초상화는 미얀마로부터 도시 아유타야를 되찾은 톤부리 왕국Thonburi Kingdom, 1767~1782의 딱씬 왕King Taksin, 재위기간 1767~1782이다. 딱씬 왕은 왕족이 아닌 평민의 혈통으로 왕위에 오른 인물이다. 그는 1734년 도박장에서 세금징수 일을 하던 중국인 아버지와 태국인 어머니 사이에서 태어났으며, 짜오프라야 짝끄리Chaophraya Chakri의 양자로 들어가 왕궁 시종이 되었다. 그는 중국어와 베트남어, 인도어, 태국어를 유창하게 구사할 줄 알았으며, 3년간 출가하여 엑까탓 왕King Ekatat, 재위기간 1758~1767의 관료로 들어가 딱Tak 지역의 영주가 되기도 했다.

나레쑤언 왕이 아유타야를 해방시킨 후에도, 당시 미얀마의 구국 운동가 얼라웅파야Alaungpaya 왕은 과거 버윙나웅 왕의 전성기를 재현하려는 야망을 갖고 호시탐탐 기회를 엿보다가 아유타야를 향해 진군해왔다. 미얀마의 공격을 막아내기 위해 만반의 준비를 해야 함에도 불구하고 당시 엑까닷 왕은 정사를 돌보지 않고 여흥에 빠져 있었으며, 왕실과 관료들의 분열로 정국이 불안정해졌다. 얼라웅파야 왕이 사망하고 1766년 아유타야를 포위한 싱뷰싱Hsinbyushin 왕은 무조건 항복을 요구했으나 아유타야 왕국은 항전을 계속했고, 결국 1767년 4월 7일 아유타야 도시 전체가 잿더미가 되었다. 왕궁 밖에 숨어 있던 아유타야 왕국 최후의 왕 엑까탓은 미얀마군에게 붙잡혀 사망했으며, 이로써 417년간 이어져온 찬란했던 아유타야 왕국은 멸망하고 말았다.

이후 태국에서는 관료들과 승려, 왕족 등 많은 사람들이 뜻을 모아 구국운동을 전개했다. 그러다가 1767년 11월 6일, 씬Sin이라는 인물을 중심으로 짠타부리에 포쌈똔에 주둔하고 있던 미얀마군을 축출하면서 태국은 다시 통일되었다. 통일 후 씬은 수도를 아유타야에서 짜오프라야 강의 톤부리로 옮기고 톤부리 왕국의 유일한 왕이 되었다. 이 사람이 바로 딱씬 왕이다.

딱씬 왕은 15년간의 통치 기간 중 9차례 미얀마와 전쟁을 했고,

사진 4 100바트 지폐 뒷면의 딱씬 왕

크메르 지역의 일부를 장악하여 영토를 확장했다. 정치적 안정이 회복되자, 딱씬 왕은 그동안 전쟁으로 훼손된 불경과 삼장을 복원하고, 사원·불상·탑 등을 증·개축했다. 또한 빈민을 위한 무료 급식소 롱탄Rongthan를 마련해 일반 백성의 복지를 향상시켰다. 그러나 재위기간 동안 치른 수차례의 전쟁과 쌀 부족 등 심각한 경제난, 지나치게 엄격한 통치방식 등으로 인해 말년에 정신이상 증세를 보이기 시작했다. 그는 스스로 생불生佛이라 칭하며 승려들에게 무조건적 경배를 강요했다. 이를 어길 시, 승려를 처형함으로써, 왕이 지켜야 하는 10계[6]를 어겼다. 이에 관료들이 모여 논의한 결과 만장일치로 그를 처형하기로 결정하면서, 톤부리 왕국은 역사 속으로 사라지게 되었다.

4. 랏따나꼬씬 왕국의 라마 1세, 짜오프라야 짝끄리

500바트 지폐 뒷면에 그려진 초상화는 현 짝끄리 왕조Chakri Dynasty, 1782~현재[7]의 시조인 라마 1세Rama I 프라밧쏨뎃프라풋타엿화쭐라록 재위기간1782~1809이다. 라마 1세는 당시 쏨뎃짜오프라야 마하까쌋쓱이라는 관직에 있었고 1782년 캄보디아와의 전쟁을 승리로 이끈 인

---

6 왕의 10계(톳싸핏 라차탐)에는 보시(탄), 지계(씬), 희생(버리짝), 정직(아차와), 온유와 예의(맛타와), 고행(따빠), 평온(아꼬타), 비폭력(아위흐싸), 인내(칸띠), 이타(아위로타나)가 있다.

7 랏따나꼬씬 왕국 또는 방콕 왕국이라고 한다.

사진 5 500바트 지폐 뒷면의 라마 1세

물 '텅두엉Thong Duang'으로, 관료들에 의해 추대된 왕이다. 딱씬 왕의 폭정이 왕실 내 후궁과 왕세자에게까지 이르자, 프라야 싼Phraya San은 딱신을 강제로 축출하고 정권을 장악하고자 했다. 그러나 반란군 내에 분열이 일어났고, 캄보디아로 원정을 갔던 텅두엉이 귀국하자, 관료들은 그를 왕으로 추대했다.

라마 1세의 건국이념은 '아유타야 왕국의 영광과 번영'을 재현하는 것이었고, 아유타야 왕국을 모델로 삼아 수도를 건설했다. 그는 즉위하자마자 톤부리 건너편 짜오프라야 강 동쪽에 있는 방콕Bangkok을 수도로 정했다. 수도 방콕은 넓은 평지라는 지리적 이점이 있었기 때문에 북쪽이나 동쪽으로 자유롭게 확장할 수 있었다. 왕궁과 사원도 짜오프라야 강변에 세웠고,[8] 수도 방위를 위해 아유타야를 본떠 왕궁 주변에 해자를 건설했다. 한편 이 시대의 왕권은 아유타야 왕국과 달리 신왕神王, 테라와차으로서의 권한은 약해지고 법왕法王, 탐마라차으로서의 지위가 강조되었다. 왕권은 왕이 지켜야 할 10계에 의해 한정되었고, 왕은 사회적으로 백성과 관료 위에 군림하면서 통치하는 최고 수장의 지위였다. 특히 왕은 새로운 인재를 관료로 등용했는데, 신흥 관료 중 대표적인 가문이 분낙 가문이다. 분낙 가문은 왕위계승과 관련해 상당한 영향력을 행사했으며, 라마 1세 역시 분낙 가문의 사위였다.

라마 1세는 1785년에 공식적인 즉위식을 거행하고 충성맹세식을

---

8 이 지역은 당시 중국인들의 집단 거주지. 왕이 왕궁에서 3킬로미터 떨어진 쌈펭 지역을 이들에게 하사하고 이주하게 하여 오늘날의 태국 내 차이나 타운이 되었다.

가졌다. 그리고 아유타야 왕국 시대부터 행해온 각종 왕실 의식을 실시하고 백성들의 놀이도 부활시켰다. 불교증진 정책을 실시해 아유타야 왕국의 붕괴로 훼손된 '프라뜨라이삐독 차밥텅'[9]을 편찬하기도 했다. 또한 총 41권에 이르는 삼인법三印法, 꼿마이 뜨라 쌈두엉[10]을 편찬했고, 승려의 기강을 바로잡기 위해 승려법을 제정했다. 에메랄드 사원(왓프라깨우)을 건축하여 왕립사원으로 만들고, 왓포 사원을 개축했다. 수도뿐만 아니라 지방에도 많은 사원을 증·개축하여, 백성에게 부처의 가르침에 따른 생활을 강조했다.

5. 랏따나꼬씬 왕국의 라마 5세 쭐라롱껀

1,000바트 지폐 뒷면의 초상화는 현 왕조의 다섯번째 왕 쭐라롱껀 대왕이다. 쭐라롱껀 대왕은 태국 근대화의 아버지로 대표되는 인물로, 태국 국민들이 가장 존경하는 국왕이다. 19세기 유럽 열강의 식민지 정책으로 인해 동남아시아와 그 주변 국가들이 자주권을 잃어갈 때, 태국을 근대화시켜 자주독립국으로 지켜냈기 때문이다. 쭐라롱껀의 아버지 라마 4세 몽꿋 왕은 태국 근대화의 시조라고 불린다. 그는 서구와의 접촉이 불가피한 상황에서 1855년 정치적

---

9 태국의 아홉번째 삼장三藏으로 경장經藏 · 율장律藏 · 논장論藏으로 구성되어 있다.

10 이 법령집에는 싸무하나욕의 직인인 사자인(해태인), 국방상 직인인 코끼리인, 끄롬타(프라클랑)의 꼬싸티버디 직인 연화인 등 3개의 도장이 찍혀 있기 때문에 삼인법이라고 부른다.

사진 6 1,000바트 지폐 뒷면의 쭐라롱껀 대왕

독립을 위해 영국과 바우링Bowring 조약[11]을 체결함으로써 태국 근대화의 기초를 다진 왕이다.

라마 5세는 부친 몽꿋 왕의 갑작스러운 사망으로 인해 1868년 열다섯 살의 나이로 왕위에 올랐으나, 국정을 짜오프라야 씨쑤리야웡Chao Phraya Srisuriyawongse, Chuang에게 5년간 맡기고 싱가포르, 네덜란드령 인도네시아, 영국령 인도 등을 방문했다. 그는 태국이 동등한 국가로서 서구와 어깨를 나란히 할 수 있도록 서구식 근대화 정책을 추진했다. 1873년 제 2차 대관식을 치른 후, 이듬해에 추밀원과 국정자문위원회를 두어 필요시 자문을 구했다. 라마 5세는 영국을 모델로 행정 개혁을 추진해 중앙집권체제를 강화하고, 자유와 평등 사상을 기반으로 노예제와 프라이[12]의 부역제를 폐지하는 등 사회 개혁을 단행했다. 사법제도를 개선하고 법 전문 인력을 양성하고자 법률학교를 설립하고 변호사 협회를 창설했다. 대법원을 비롯해 고등법원(항소법원), 민·형사법원과 경찰법원을 설립했다. 경제개혁을 단행해 조세제도를 조정하고 조세행정의 효율성을 높여 국가 개혁에 소용되는 비용을 충당했다. 또한 서구의 과학문명에 대한 지식을 갖춘 능력 있는 인재를 양성하기 위해 학교를 설립했다. 1884년

---

11 바우링 조약은 태국이 서구와 맺은 최초의 불평등 조약으로, 이 조약에 처음 '싸얌'이라고 서명함으로써 태국이 서구에 알려졌다.

12 태국의 신분시회는 지배계급(왕족과 귀족)과 피지배계급(프라이와 노예)으로 나뉜다. 프라이는 피지배계급이나 자유인 평민으로 평생 상전을 위해 부역하거나 전쟁터에 나가야 하는 신분이다. 크게는 프라이 쏨Phrai Som(만 18세 청년으로 왕 이외의 개인을 상전으로 섬긴다)과 프라이루엉Phrai Ruang(만 20세 이상으로 상전 또는 소속기관이 왕이나 4부 등 국가기관에 속한다)으로 나뉜다.

방콕의 마한파람 사원 내에 태국 최초의 공립학교를 설립했고, 점차 중등교육과 고등교육으로 확대하여 최초의 왕립대학 쫄라롱껀 대학교를 설립했다. 이 외에도 군과 경찰제도를 개혁해 서구식으로 개편했다. 국민 보건위생을 위해 상수도용 저수지 및 수로를 건설했다. 뿐만 아니라 1889년 왕립의료원 씨리랏 병원을 비롯해 여러 병원을 설립했다. 한편 여성에게도 교육의 기회를 주고자 1901년 태국 최초의 여학교 밤룽싸뜨리위차 학교를 설립했다. 대외적으로는 이른바 '대나무 외교정책Bamboo Diplomatic policy'으로 불리는 유연한 정책을 전개하는 동시에 자주권을 최우선으로 했다. 이처럼 라마 5세는 서구 열강 사이에서 근대화 정책을 추진하여 동남아시아 국가 중 유일하게 식민 지배를 받지 않고 국가의 위상을 지켜낸 위대한 왕으로서, 오늘날까지도 태국 국민은 그의 사진을 집에 두거나 액운으로부터 지켜주는 프라클랑으로 목걸이에 매달아 몸에 간직한다.

6. 랏따나꼬씬 왕국의 라마 9세 푸미폰 아둔야뎃

앞서 살펴본 모든 지폐의 앞면에는 현 왕조의 라마 9세 푸미폰 아둔야뎃 왕의 초상화가 들어 있다. 2016년 10월 13일, 태국 국민의 아버지로 존경받았던 푸미폰 국왕 서거하자 태국 국민 전체가 슬픔으로 오열했고, 그 모습이 전 세계에 조명되어 21세기 태국 왕에 대한 관심을 불러일으켰다. '푸미폰'은 '땅의 강함, 비교할 수 없는 힘'을 의미한다. 쭐라롱껀 대왕의 손자인 푸미폰은 스위스 로잔대학에서 유학할 당시인 1946년 6월 친형 라마 8세 아난다 마히돈Ananda Mahidon, 재위기간 1935~1946 왕이 갑자기 사망했다는 소식을 듣고 급히 귀국해 왕위에 올랐다. 그러나 삼촌 차이낫 랑싯 왕자Prince Rangsit of Jainat를 섭정으로 임명하고 다시 스위스로 돌아가 정치·법학 과정을 마치고 귀국해 공식적으로는 1950년에 대관식을 치렀다.

1932년 입헌혁명에 의해 정치체제가 입헌군주제로 바뀌어 푸미폰 국왕은 명목상의 국가원수지만, 1986년 12월 5일 60회 생일에 푸미폰 '대왕'으로 추대되어 입헌군주로서는 최초로 대왕이 되었다. 푸미폰 국왕은 태국 국민들이 쑤코타이 왕국 이래 가장 이상적인 통치사상으로 인식해온 전통적인 탐마라차 자질을 계승했다. 입헌군주제에서 국왕은 과거 절대왕정 제도에서의 왕과는 전혀 다른 상징적 존재지만, 푸미폰 국왕의 정치적 영향력은 절대적이었다. 1932년 입헌혁명 이후 태국에서는 모두 19차례의 쿠데타가 발생했는데, 그중 12차례의 쿠데타가 성공했고, 7차례의 쿠데타는 실패했다. 태국에서 쿠데타의 성공 또는 실패 여부는 국왕의 승인에 달려 있다. 즉 태국 정치에서 국왕의 존재는 민주화의 발판을 마련해온 동시에 민주주의의 저해요인으로도 작용해왔다는 것이 국내외의 일반적 분석이다.

푸미폰 왕은 국가의 위기 속에서 정치적 안정을 꾀하고 국민화합을 이끄는 통합자였다. 1973년 한국의 4·19 학생혁명에 비유되

사진 7 2018년 3월 현재 통용되고 있는 지폐 앞면의 푸미폰 국왕

는 10월 혁명(14, 뚤라)이 태국에서 발생했다. 이 혁명의 주도세력은 학생들로서, 이들은 타넘과 쁘라팟Thanom Kittikachorn-Praphast Charusathian [13] 군부독재 정권에 맞서 저항했다. 이에 대해 푸미폰 국왕은 군부정권 측이 아닌 학생 측에서 조정 역할을 하여 태국 민주화의 계기를 마련해주었다. 또한 1992년 5월 혁명 당시에도 국왕은 군부와 중산층 넥타이 부대 사이에서 중산층 넥타이 부대의 편에 서면서 태국에도 민주화의 시기가 도래했다. 이처럼 쿠데타가 발생하면 국왕의 암묵적 승인 여부에 따라 그 성패가 갈렸다. 한편 태국의 현 총리 쁘라윳 짠오차Prayut Chan-o-cha는 2014년 5월 잉락 친나왓Yingluck Shinawatra 민주정권을 붕괴시키고 쿠데타로 군사정권을 수립한 인물이다.

푸미폰 국왕은 '나라의 어버이' 또는 '살아 있는 부처'로 일반 국민들의 절대적인 신망과 존경을 받았다. 방콕 곳곳의 거리는 푸미폰 국왕의 초상화로 넘쳐난다. 농촌 마을의 음식점에도 국왕과 씨리낏 왕비의 초상화가 액자로 걸려 있거나 심지어 버스나 택시 안에도 국왕과 왕비의 얼굴이 작은 액자에 담겨 있다. 푸미폰 국왕은 왕실 프로젝트를 통해 일반 국민들과 가까이 지낸 왕이었다. 지방을 순방할 때 검은 선글라스를 쓰고 카메라를 목에 두른 채 펜으로 수첩에 메모하는 모습을 자주 보였는데, 그 모습이 언론에 기사화되어 큰 주목을 받았다. 이로써 그는 국민의 소리에 귀 기울이는

13 타넘과 쁘라팟은 사돈 관계다. 타넘의 아들 나롱Narong이 쁘라팟의 딸과 혼인했다.

친근한 국왕의 이미지를 구축하는 데 성공했다.

태국 헌법 9조에는 "국왕은 불교도이며 종교의 수호자이다"라고 명시되어 있다. 즉 불교적 가치를 소중히 인식하고 있는 대다수 태국 국민의 든든한 후원자가 바로 국왕이다. 따라서 태국 국민들은 불교도로서 불교를 수호하고 불교 교단 승가僧伽를 후원하는 국왕에게 절대적 신뢰를 보낸다. 한편 푸미폰 국왕은 국민의 복지 향상을 위해 수자원 및 관개 개발, 토지 개발, 농업 개발, 연구 개발, 보건위생 개발, 교육 개발 등을 주도했다. 입헌군주로서 지방 순시도 태국에서 경제·사회적으로 가장 열악한 동북부 지역에서 점차 북부, 남부, 서부 지역까지 확대했다. 푸미폰 국왕은 지방 순시를 통해 쑤코타이 왕국의 자비로운 아버지 탐마라차 왕의 모습으로 국민들에게 다가갔다. 엄격하고 권위주의적인 왕이 아니라, 국민의 이익과 행복을 추구하고 열심히 일하는 왕의 이미지가 강조되었다. 푸미폰 국왕은 세계에서 가장 오래 집권한 국가원수이자, 70년의 재위 기간 동안 격변기에 정치적 안정을 이끌어내고 국민통합의 구심점이 되어 태국 국민의 자부심과 정체성을 유지시킨 국왕으로서 태국 국민들로부터 가장 사랑받은 국왕이 되었다.

지금까지 지폐 속 국왕들을 통해 태국의 역사를 간략하게 살펴보았다. 태국의 지폐는 태국 국민들에게 사랑받는 역대 국왕들의 초상화가 그려져 있어서 화폐 그 이상의 의미를 지닌다. 태국에는 아직 국왕(왕실) 모독죄가 존재한다. 태국 헌법 6조는 "왕은 지존의 존재이며, 누구도 왕의 지위를 침해할 수 없고 왕을 비난하거

사진 8 1,000바트 지폐 앞면의 푸미폰 국왕

나 고소할 수 없다"고 규정하고 있다. 또한 국왕 모독죄에 관한 형법 112조는 국왕, 왕비, 그의 상속자나 섭정을 비방, 모욕하거나 위협하는 자는 3년에서 15년 사이의 형벌에 처해지도록 규정한다. 지폐 속의 역대 국왕들을 비롯해 푸미폰 국왕은 태국에서 존경받는 절대적인 인물로서, 화폐를 구기거나 훼손하는 행위는 태국 형법에 위배될 수 있으므로 지폐 사용에 주의해야 한다.

미얀마의 절기 축제

이소정

미얀마 축제의 특징

축제라는 단어에서 연상되는 것들은 무엇이 있을까? 어떤 목적을 가지고 많은 사람들이 모여 떠들썩한 분위기 속에서 함께 즐기는 대규모 행사를 연상할 수도 있고, 다양한 음식을 차려놓고 독특한 복장을 한 채 분위기를 고조시켜주는 음악에 맞춰 몸을 흔드는 모습 등을 떠올릴 수도 있을 것이다. 축祝제祭는 일반적으로 '축하하여 벌이는 큰 규모의 행사' 또는 '축하와 제사를 통틀어 이르는 말'로 정의되며, 국가마다 뿌리내려진 고유의 독특한 문화적 요소들을 반영해 전통 사회에서 현대에 이르기까지 자신들의 색깔대로 거행하고 있다.

미얀마에서는 전통 왕조 시대부터 고유의 달력 체계에 기초해 각종 연중 의례와 국가적 행사를 개최해왔다. 불교를 수용한 이래 미얀마에서는 불력과 미얀마 고유의 달력을 함께 사용해왔는데, 국가의 공식 행사나 축제와 같은 연례행사의 경우 고유의 달력에 준하여 거행한다(사진 1). 현재까지 남아 있는 대부분의 전통 축제들은 먼 과거에 기원을 두고 있어 현재의 모습이 전통시대의 그것과 완전히 동일할 거라고 기대하기는 어렵다. 하지만 얼마간의 변화에도 불구하고 전통 축제가 미얀마 사람들의 삶에서 가지는 의미와 가치는 여전히 유효하다. 미얀마 사람들은 매년 돌아오는 축제를 통해 절기를 인식하고 새로 다가오는 날들에 대비한다.

매월 거행되는 미얀마의 연중 축제들은 '세흐닛라 야디브웨sehnitla yadhibwe'라고 불리는데, 이것은 12를 뜻하는 '세흐닛'과 월을 뜻하는 '라', 계절을 뜻하는 '야디', 그리고 축제를 뜻하는 '브웨'가 결합된 말로, '열두 달 계절 축제'를 의미한다. 1988년에 미얀마 정부는 미얀마 전통문화에 관한 라디오 프로그램을 국가 전역에 대대적으로 방송했는데, 이때 미얀마의 민속학에 많은 관심을 가지고 연구한 학자 쏘몽니Saw Mong Ni가 미얀마의 연중 축제 및 전통문화에 관해 약 15분 동안 강연을 하기도 했다.

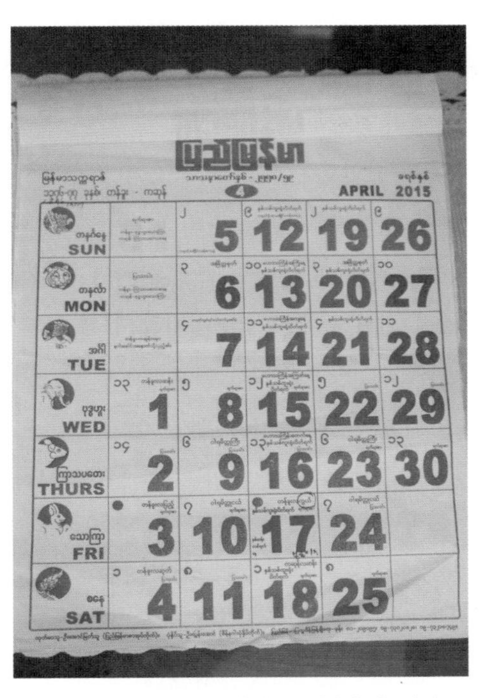

사진 1 미얀마 신년축제 공휴일이 표시되어 있는 달력

미얀마 연중 축제의 가장 중요한 특징은 종교, 특히 미얀마의 주요 종교인 불교적 색채가 짙다는 점이다. 하지만 흥미롭게도 미얀마에서 열리는 대부분의 축제들은 불교적 요소들만이 아니라 미얀마 전역에 퍼져 있는 민간신앙의 바탕 위에 불교적 요소가 융합된 형태로 발전해왔다. 민간에서 전승된 토착신앙의 요소와 불교적 우주관, 여기에 인도에서 전래한 힌두 점성술이 결합되어 연중 축제의 개최 시기와 여러 기일奇日이 정해진다.

이 밖에 또 다른 흥미로운 특징은 계절적 요소와도 밀접한 연관성을 맺고 있다는 것이다. 기후에 따라 변하는 자연환경의 특징은 미얀마의 의식주 문화는 물론이고 축제 시기의 결정에까지 영향을 미친다. 미얀마의 계절은 우기, 겨울, 여름의 세 기후로 구분된다. 우기는 남서 계절풍의 영향을 받아 일반적으로 5월 중순 무렵에 시작해 10월 중순에 끝나는데, 강수량은 지역에 따라 차이가 있다. 우기 이후의 3개월 정도를 겨울로, 다음 우기가 닥치기 전까지의 건조기를 여름으로 분류한다.

미얀마의 이 같은 기후 특성은 농업에 직접적인 영향을 미친다. 미얀마 농민들은 전前 몬순 벼, 몬순 벼, 후後 몬순 벼, 그리고 겨울 벼처럼 볍씨의 파종 시기에 따라 벼를 구분한다. 전 몬순 벼는 3월에 관개시설을 이용해 파종한 후 6월에 수확하는데, 미얀마에서 전 몬순 벼의 재배 면적은 전체의 2퍼센트 정도로 매우 적으며, 대부분이 중부 지역에 한정되어 있다. 이처럼 전체 벼 생산량 중에서 전 몬순 벼가 차지하는 비율은 극히 낮지만 벼 생산량이 적은 미얀마의 중부 지역에서 이 벼의 생산은 매우 중요한 의미를 가진다. 이 벼가 생산될 무렵은 이 지역에서 전년도에 생산한 쌀이 대부분 소진되는 시기이기 때문이다.

몬순 벼는 6월 중순에 파종해 7월에 이식하고 10월이나 11월에 수확하는 벼를 지칭한다. 우기에 집중적으로 생육이 이루어지는 벼로, 미얀마에서 생산하는 벼의 81퍼센트가 몬순 벼이다. 후 몬순 벼는 8월 무렵에 파종해 9월에 적절한 장소로 옮겨 심은 후 1월에 수확한다. 후 몬순 벼는 우기 후반에 주로 자라기 때문에 강의 수위가 낮아져 표면이 드러난 저지대의 델타에서 주로 재배된다. 후 몬순 벼 역시 전체 벼 재배 면적의 2퍼센트를 차지한다. 겨울 벼는 11월에 파종하고 12월에 이앙하여 3월에 수확한다. 겨울 벼의 경우 총 벼 재배 면적의 15퍼센트를 차지하고 대부분 강 유역 및 델타에 심는다.

미얀마에서 6월은 몬순 기후가 본격적으로 시작되는 달로, 이 시기에 파종해서 생산하는 벼가 가장 많기 때문에 미얀마에서 이 시

표1 미얀마 절기와 농경, 절기별 축제의 대조표

구 분	전 몬순 벼	몬순 벼	후 몬순 벼	겨울 벼
파종 시기	3월	6월 중순	8월	11월
수확 시기	6월	10월 또는 11월	1월	3월
재배 면적	2%	81%	2%	15%
절기 축제	띤잔(4월)	레퉁브웨(6월) 미퉁브웨(11월)	터머네브웨(1월~3월)	

기는 한 해의 풍요를 결정짓는 가장 중요한 시기로 인식된다. 이런 이유로 미얀마에서는 새해 농사의 시작을 알리는 행사로서 파종할 땅을 갈아 고르는 경운 축제lehtunmingala, 레퉁밍글라를 거행하여 풍작을 기원했다. 절기적 특징과 종교의 특징을 함께 보여주는 주요 축제로는 경운 축제 외에도 띤잔thingyan 축제, 더자웅몽 미퉁tazaungmon mithun 축제, 터머네htamane 축제 등이 꼽힌다. 이런 축제들이 지니는 사회문화적 의미를 파악하기에 앞서 먼저 각각의 축제들을 간략히 살펴보기로 한다.

띤잔 축제

미얀마의 대표적인 축제로는 가장 먼저 새해의 시작을 알리는 신년 축제 '띤잔'을 들 수 있다. 신년 축제는 절기 축제이자 미얀마의 연중 축제 중 가장 큰 규모이다. 이 축제는 느웨야디nweyadhi, 즉 여름에 개최되는데, 미얀마에서 이 시기는 평균기온이 40도 이상으로 올라가는 가장 더운 때에 해당한다. 띤잔이 시작되면, 미얀마 사람들은 거리로 나가 길을 지나가는 사람들에게 물을 뿌리며 더위를 날려보낸다. 물을 뿌리는 것은 지난해의 과오와 악운을 말끔히 씻어낸다는 의미를 내포한다. 띤잔 시기가 다가오면 미얀마 사람들도 한국에서 신년에 토정비결을 보는 것과 흡사하게 한 해의 운을 점치곤 한다. 띤잔 축제가 본격적으로 시작되기 전 미얀마 전역의 거리에서 판매되는 띤잔싸thingyansa도 한 해의 길흉을 점치는 데 사용된다. 띤잔싸는 열두 달의 길흉, 개인이 태어난 요일의 길흉, 한 해의 전반적인 길흉, 농부들에게 필요한 기후에 관한 예측을 기술해놓은 것으로, 매년 점성술사들이 제작해 미얀마 전역에 배포된다.

미얀마인들은 띤잔싸에 그려진 드자밍thagyamin의 모습을 보고 새해의 길흉을 예측한다. 드자밍은 미얀마의 토속 정령숭배 신앙인 낫 신앙에서 숭배하는 37낫들의 우두머리 격인 정령으로, 불교의 제석천帝釋天, 힌두교의 천신 인드라에 상응하는 존재다. 힌두교에서 천국 또는 메루 산에 거처한다고 믿어지는 인드라는 신들의 왕이자 날씨와 전쟁을 관장하는 신으로 알려져 있다. 미얀마 점성술에서는 띤잔싸에 드자밍이 황금색 옷을 입고 한 손에는 꽃다발, 다른 손에는 물병을 든 채 수송아지나 물소를 탄 모습으로 그려져 있으면 그해에 평화와 번영이 깃든다고 풀이한다.

낫들의 왕인 드자밍은 새해가 되기 전 금으로 장식된 명부와 개가죽으로 된 명부 두 가지를 가지고 천상에서 지상으로 내려온다고 알려져 있다. 금으로 장식된 명부는 좋은 일을 해서 공덕을 쌓은 사람들의 이름을 적기 위한 명부이고, 개가죽 명부는 죄를 지은 사람들을 기록하기 위한 것이다. 미얀마 사람들이 신년축제 기간에 서로에게 물을 뿌려주는 풍습은 이러한 드자밍의 도래와 밀접한 관련이 있다. 공덕부를 들고 세상에 내려온다는 드자밍에 대한 상상과 결합된 띤잔 축제의 의미는 토착 정령신앙과 불교적 공덕의 관념이 결합되어 있는 미얀마 사회의 신앙 체계를 보여주는 좋은 예이기도 하다.

레퉁밍글라 축제

미얀마력으로 서력 6월에 해당하는 너용Nayon 달 보름에는 레퉁밍글라 축제가 열린다. '레퉁밍글라'는 논이나 밭 등의 경작지를 가리키는 미얀마어 '레'와 써레를 뜻하는 '퉁'이 결합하여 경운耕耘을 의미하는 '레퉁'에 번영을 뜻하는 '밍글라'가 결합된 용어로, 풍작을 기원하며 땅을 가는 의식과 함께 개최되는 축제이다. 고대 왕조 시대부터 왕실에서 전통적으로 거행한 이 경운 축제에 대한 기록은 미얀마의 사료에서 발견된다.

민돈 왕Mindon, 재위기간 1853~1878의 경우, 의식에 사용할 수송아지가 여의치 않아 늙고 둔한 수송아지로 최소한의 의식밖에 하지 못할 상황이었음에도 재위기간 동안 단 한 번도 이 의식을 빠뜨리지 않았을 정도로 레퉁밍글라는 예로부터 중요한 의례로서 거행되었다.

레퉁밍글라 축제에 관한 것은 기록뿐 아니라 전통 삽화에서도 접할 수 있다. 역사적 사건들을 채색화로 그려넣은 서첩 빠러바잇parabaik의 삽화에는 너용 달에 거행된 왕실 주최의 레퉁밍글라 축제가 묘사되어 있다. 흰 물소들이 나무 쟁기에 밧줄로 매여 있고, 왕과 그를 따르는 관료들이 신성하다 여겨지는 흰 물소를 이용해 땅을 고르는 의식을 거행하는 모습이다. 이러한 사료들은 고대 미얀마 왕실에서 시작된 레통밍글라 축제가 마지막 왕조 때까지 지속적으로 개최되었음을 시사한다.

너용 달은 미얀마에서 우기가 본격적으로 시작되기 전 여름의 마지막 달이다. 우기가 되면 부도Floating Rice, 浮稻[1]를 재배할 수 있는 조건이 갖추어진다. 비가 조금씩 내려 건조한 땅에 습기가 스며들고 남서 계절풍이 찾아오는 이른 6월이면 레통밍글라 축제가 거행된다. 왕실에서 한 해의 풍작을 기원하는 이 축제를 직접 거행했다는 것은 미얀마에서 농업이 가지는 중요성이 그만큼 크다는 것을 말해준다. 미얀마력으로 새해가 시작된 후 첫 농사인 만큼, 사람들은 한 해의 농사를 준비하는 마음가짐을 새로이 하고 풍년을 기원하는 염원을 담아 이 의식을 치른다.

더자웅몽 미통 축제

서력으로 11월에 해당하는 더자웅몽 달 보름이 되면, 미얀마의 밤을 영롱한 불빛으로 밝히는 미통 축제가 열린다. '불 또는 빛'을 뜻하는 '미mi'와 '밝히다'라는 뜻의 '통thun'이 결합되어 만들어진 '미통'이라는 말 그대로, 이 시기가 되면 미얀마 사람들은 거리의 전봇대나 나무 등을 전깃줄로 장식하고, 전등불을 이용해 집 안팎을 아

---

1 열대지방에서 우기에 하천 유역 침수지대에서 재배하는 벼.

름답게 꾸민다(사진 2). 전기를 사용하기 전에는 촛불이나 등잔불 등을 이용했는데, 지금도 전기 공급이 원활하지 않은 농촌 지역에서는 촛불로 집 안팎을 장식하는 것을 볼 수 있다. 이 축제는 양곤과 같은 대도시뿐 아니라 전국 곳곳에서 거행되는 축제이며, 신년 축제인 띤잔과 함께 미얀마 사람들이 가장 즐겁게 맞이하는 축제이기도 하다. 서너 달 동안 계속된 우기 동안의 안거安居가 끝나고 6월에 파종한 몬순 벼의 추수가 끝나는 이 시기가 되면, 세상은 다시 활기를 되찾고 풍요로워진다. 한국의 추석처럼 외지로 떠난 가족이 고향으로 돌아와 마을 공동체에 합류하는 이 시기에 미얀마는 나라 전체가 흥겨운 축제의 장이 된다.

양곤대학교 인근의 흘레단Hledan 지역에서는 '네입반제neibbanzay' 라는 축제가 개최된다. '네입반제'는 산스크리트어로 '열반'을 뜻하는 '니르바나nirvana'의 미얀마어인 '네입반neibban'과 '시장'을 뜻하는 '제zay'가 합쳐진 말로, 흘레단 시장에서 개최되는 축제를 일컫는 말이다. 네입반제 시기가 다가오면, 시장 거리에는 축제가 개최되어온 회차와 일자가 적힌 현수막이 걸린다. 필자가 현지조사를 수행하던 2016년 11월 26일에 개최된 네입반제는 열번째였으며, 거리에 내걸린 현수막에는 전통 시대의 빛 축제에 사용되었던 등잔불의 그림이 그려져 있었다(사진 3).

네입반제 축제는 같은 구역에 거주하는 이웃들이 서로 생필품과 음식 등을 나누는 축제다. 각 상가마다 축제 때 제공할 물품을 정하고, 이렇게 정해진 물품들은 각 상가 앞의 가판대에 진열된다. 이

사진 2 전기 조명으로 장식한 미얀마 가정집의 모습

사진 3 양곤 흘레단 시장에 걸린 네입반제 축제 공고 현수막

웃들은 번호가 적힌 종이를 서로 교환하는데, 일종의 상품 쿠폰인 셈이다. 축제 당일 이 번호표를 가져가면 해당 상가에서 준비한 상품으로 바꿀 수가 있는데, 내걸린 상품이 고가인 경우 추첨을 통해 받을 사람을 가리기도 한다. 음식을 제공하는 상가에서는 가판대와 의자를 내어놓고 음식을 만들어 지나는 사람들에게 제공한다. 각 가정마다 성의껏 마련하여 내놓은 다양한 물품들이 즐비한 홀레단 거리의 모습을 보는 것만으로도 인심이 넉넉하고 풍성한 이 축제의 기쁨을 만끽할 수 있다(사진 4, 사진 5).

지금까지 살펴본 내용 외에도, 이 시기가 되면 미얀마 사람들은 거도gado[2]를 위해 손위의 친지와 스승 등을 방문하곤 한다. 풍요롭고 모든 것이 활기에 넘치는 이 시기가 되면 곳곳에서 결혼식이 열려 미얀마 전체가 더욱 흥겨운 분위기로 가득 찬다.

터머네 축제

서력 2월에 해당하는 더보드웨Thabodwe 달 보름날이 되면 미얀마에서는 터머네 축제가 개최된다. 터머네 축제가 되면 사람들은 미얀마 전통음식인 터머네를 만들어 녹차나 야자수액으로 만든 음료와 함께 마신다. 터머네는 '밥'을 뜻하는 '터민htamin'과 '끈적한' 또

2 존경의 표시로 하는 절이나 인사.

사진 4 축제 때 교환할 물품들이 진열되어 있는 모습

사진 5 번호표 아래 진열되어 있는 쌀과 기름

는 '치대다'라는 뜻의 '흐네hne'가 합쳐진 말로, 평소 미얀마 사람들이 밥을 지을 때 사용하는 찰기 없는 쌀 대신 미얀마어로 '까욱흐닝kaukhnyin'이라고 부르는 찹쌀을 주재료로 해서 만든다. 미얀마 사람들은 미얀마의 겨울에 해당하는 사웅야디Saungyadhi에 기름기 많은 밥에 참깨, 콩과 같은 여러 가지 곡물을 섞어 만든 이 음식을 먹으면 몸이 따뜻해진다고 말한다. 일종의 겨울철 보양식인 셈이다. 아침저녁으로 쌀쌀한 겨울 동안, 사람들은 이웃과 함께 터머네를 만들어 나누어 먹고, 사원의 승려들과 불상에 보시하기도 한다. 양곤외국어대학교에서는 매년 외국인 학생들에게 미얀마의 전통축제를 소개하기 위해 터머네 기술자를 고용해 터머네 축제를 개최하기도 한다.

터머네는 미얀마에서는 '데de'라고 부르는, 중국식 웍wok과 같은 형태의 커다란 철 냄비에 기름과 물 그리고 찹쌀을 넣어 끓인 다음 참깨와 말린 코코넛 조각, 양파 등을 넣고 긴 막대기로 저어서 만든다. 재료들을 골고루 섞으면서 저어야 하기 때문에 엄청난 힘이 필요하며, 이런 이유로 터머네는 여성이 아니라 3~5명의 건장한 남성들이 만든다. 그 과정을 단계별로 살펴보면 다음과 같다. 먼저 요리에 필요한 불을 지피기 위한 장작과 데를 받칠 철 구조물, 그리고 고임돌로 쓸 벽돌을 준비한다. 장작불을 피우고 고임돌 위에 데를 올리고 나면 본격적으로 조리가 시작된다. 데에 기름을 넣어 끓기 시작하면 소금과 콩, 참깨 등의 재료를 넣는다. 재료들이 잘 익으면 찹쌀을 넣고 다시 끓이는데, 이때 재료들이 바닥에 눌어붙어 타지 않

사진 6 녹차를 곁들인 터머네

도록 긴 막대기로 저어주어야 한다. 재료가 잘 익은 다음 마지막으로 말린 코코넛을 넣어주면 터머네가 완성된다(사진 6).

터머네는 일반 가정집에서도 만들어 먹는다(사진 7, 사진 8). 필자는 오랫동안 미얀마의 전통 터머네를 만들어온 집을 방문한 적이 있는데, 동네에서도 제법 부자로 알려진 집이었다. 그 집은 터머네 만드는 인력을 고용해 터머네를 만들었는데, 잘 만들어진 터머네를 이웃 주민들에게 나눠주기도 하고 사원에 공양으로 바치기도 했다. 만드는 과정이나 들어가는 재료는 대학교나 단체에서 만드는 것과 다르지 않았다. 터머네 만드는 것을 구경하는 동안, 필자는 운 좋게도 터머네를 직접 젓는 기회를 얻을 수 있었는데, 제법 의기양양하게 도전했지만 10초도 못 버티고 포기하고 말았다. 그 경험을 통해 남성들이 이 일을 맡는 데는 그럴 만한 이유가 있다는 것을 몸으로 깨달았다. 그렇게 큰 힘을 들여 정성껏 만든 터머네는 집주인의 이름과 주소를 적은 포장용기에 담겨 이웃이나 사원에 보내졌다.

터머네 만들기에서 파생된 '흐낭퓨두hnanhpyuthu'라는 재미난 용어가 있다. 터머네 만들기의 최종 단계에서 깨를 뿌리는 작업을 맡은 사람을 일컫는 용어인데, 이 용어에는 깨를 뿌리는 작업을 맡은 사람의 역할에 대한 상이한 해석이 내포되어 있다. 터머네 만들기에서 깨를 뿌리는 작업은 그에 앞서 긴 막대기로 젓는 작업에 비해 힘이 필요 없는 작업이다. 막대기로 젓는 작업에는 끼지 못하고 마지막에 깨를 뿌리는 일이나 하는 사람은 곧 힘이 약한 남자를 뜻하는

사진 7 일반 가정집에서 터머네를 만드는 모습

사진 8 네 명의 남성이 긴 막대기를 이용해 터머네를 젓는 모습

말이 된다. 하지만 달리 해석하면 깨를 뿌려야만 터머네 만들기가 완성되기 때문에, 흐낭퓨두는 마지막에 대미를 장식하는 중요한 인물이라는 뜻으로 해석될 수도 있다. 어느 쪽이든 사용되는 맥락에 따라 의미가 정해지는 재미있는 표현이 아닐 수 없다.

쉐더공 파고다의 터머네 축제

터머네 축제가 개최되는 시기는 서력 1월~3월에 해당하며, 서력 2월에 양곤의 쉐더공 파고다에서 개최되는 터머네 만들기 경연대회는 이 기간 중 열리는 가장 큰 축제이다. 경연대회 형태로 개최되는 쉐더공 파고다의 터머네 축제는 미얀마의 전통음식인 터머네를 널리 알리는 효과가 있을 뿐 아니라, 많은 사람들이 자발적으로 참여하게 함으로써 축제의 흥을 한껏 끌어올리는 데도 효과적이다. 경연대회는 쉐더공 파고다 내에서 일하는 사람들이 팀을 나누어 터머네를 만들어 심사를 받아 순위를 매기는 방식으로 치러지는데, 1등부터 10등까지 트로피와 상금이 수여된다. 일반인들은 경연을 지켜보는 즐거움과 함께 사원에서 만든 터머네를 구입함으로써 공덕까지 쌓는 이중의 즐거움을 누린다. 쉐더공에서 판매하는 터머네는 터머네 축제가 시작되기 약 일주일 전부터 미리 신청한 사람들만 축제 당일에 받아갈 수 있다. 터머네는 확인증과 함께 구입한 사람들에게 전달되는데, 구입한 사람의 이름과 연락처, 받아보기를 희망하는 날짜가 기입되어 있다.

쉐더공 사원이 미얀마 양곤에서 가장 유명하고 규모도 크다보니 이곳에서 개최되는 터머네 경연을 보기 위해 많은 인파가 몰려들고 미얀마의 각 방송국에서도 취재를 나오는 등 열기는 대단하다. 2016년 쉐더공 파고다의 터머네 만들기 경연을 지켜보았던 필자에게는 전통 응원도구를 이용하여 각자의 팀을 응원하는 미얀마 사람들의 흥겹고 열띤 모습과 이와 사뭇 대조적으로 땀을 뻘뻘 흘리며 터머네 젓기에 열중하던 경연자들의 진지한 모습이 매우 인상적인 기억으로 남아 있다.

터머네 만들기 경연대회는 사원에 소속된 인력들이 팀을 이루어 가장 빠른 시간에 가장 먹음직한 터머네를 만들어내는 것이다. 완성된 터머네는 심사위원들의 까다로운 심사를 거쳐 순위가 매겨진다. 심사위원들은 각 팀이 만든 터머네의 맛과 형태, 촉감 등을 세심하게 평가하여 순위를 정하고, 우승자들에게 순위별로 상금과 트로피를 수여한다.

터머네 축제는 농경의례의 성격을 띠는 축제다. 미얀마에서 생산되는 벼의 81퍼센트가량을 차지하는 몬순 벼의 수확이 끝난 11월에 미얀마 사람들은 더자웅몽 미퉁 축제를 열어 한 해의 풍작을 만끽하고, 이어 서력 2월에 해당하는 더보드웨 달이 오면 한 해의 마지막 작물을 거둔 다음 터머네 축제를 연다. 미퉁 축제와 터머네 축제 모두가 일종의 추수 의례인 셈이다. 이처럼 미얀마 사람들은 농경 절기와 관련된 축제들과 함께 일상을 영위해왔다. 사람들은 일생의 중요한 통과의례를 치를 수 있는 재화를 마련한 것을 기뻐하며 음식을 만들어 사원에 바치거나 이웃과 함께 나누어 먹었고, 이를 통해 내세를 위한 공덕을 쌓는 한편 이웃과의 관계 또한 돈독하게 유지할 수 있었다. 상좌부 불교 국가답게 미얀마에서 연중 개최되는 다양한 축제들의 외연은 불교적 성격을 띠지만, 그 내용에는 농경 절기와 관련된 의례와 민간신앙 등 불교 유입 이전부터 미얀마의 기층문화를 형성해온 토착 문화요소들이 녹아들어 있다.

연중 거행되는 축제들은 미얀마의 경제활성화에도 많은 영향을 미친다. 축제 기간 동안 나타나는 상업적 특징은 행상인들이 급증하는 것이다. 행상인들은 축제가 열리는 동안 단기적으로 많은 수익을 얻을 수 있고, 국가적 측면에서는 행상인들로부터 자릿세를 거둠으로써 세금 특수를 누리는 효과도 나타난다. 이처럼 축제가 가져다주는 호황도 달마다 개최되는 미얀마 축제의 연속성과 전통 축제에 대한 미얀마인들의 높은 관심이 있기에 가능한 일이다. 미얀마에서 거행되는 전통 축제들은 이처럼 인위적으로 개최되는 것이 아니라 미얀마인들의 삶과 밀접한 연관성을 맺고 있으며, 사람들의 자발적 참여를 통해 현재까지도 계승되고 있다.

전통 시대부터 개최되어온 미얀마의 다양한 축제들은 현재까지도 미얀마 사람들에게 중요한 사회문화적 의미를 가진다. 다양한 종족들로 복잡하게 구성되어 있는 미얀마 사회에서 축제는 미얀마 국민으로서의 유대감을 공유하는 장場을 제공해준다. 비록 종족이 다르고 풀어야 할 문제도 여전히 남아 있지만, 적어도 축제에 참여하는 동안만큼은 종족의 구분 없이 모두 참여하여 즐거움을 만끽한다. 또한 축제에 참여함으로써 다른 종족들의 전통문화를 이해하고, 때로 그 속에서 차이보다는 공통점을 발견해내기도 한다. 이런 점에서 미얀마의 축제는 수많은 차이와 다양성이 평화롭게 공존하는 사회적 이상이 잠시나마 지상에서 실현되는 장이라 할 수 있을 것이다.

나 그리고
원곡동의 인도네시아 사람들

박광우

이야기 하나: 고백

기억 1: 참석하지 못한 파티

영국에서 친구집 파티에 초대 받았을 때의 일이다. 약속 시간보다 일찍 친구 집 근처에 도착했다. 하지만 그는 파티 준비를 위해 잠시 집을 비웠고, 할 수 없이 나는 집 앞에서 그를 기다렸다. 한 10분쯤 지났을까, 동네 주민인 듯한 중년의 백인 남자가 여기서 무엇을 하고 있느냐고 물었다. 나는 파티에 초대를 받았는데 친구가 집에 없어 기다리는 중이라고 대답했다. 그런데 그는 내 대답을 듣자마자 여긴 내 집 앞이고 근처에 동양인은 살고 있지 않으니 거짓말하지 말라며 당장 가지 않으면 경찰을 부르겠다고 으름장을 놓았다. 나는 그의 공격적인 태도에 너무 놀라 황급히 자리를 피했고, 결국 그날의 파티에 참석하지 못했다. 그에게 나는 친구를 기다리는 사람이 아니라 자신의 동네를 서성이며 무엇인가를 훔치려는 절도범으로 보였던 것이다.

기억 2: 방 구하기

서식스대학에서 박사 과정 2년차를 보낼 때 나는 현지조사를 위해 대부분의 시간 동안 브라이턴Brighton[1]을 떠나 있었고, 3년차가 시작되는 늦은 9월에 조사를 마치고 학교로 돌아왔다. 도착하자마자 새로운 학기에 지낼 방을 구하러 다니기 시작했는데, 이미 가을 학기가 시작 된 터라 빈 방을 구하는 것이 여간 어려운 일이 아니었다. 간혹 빈 방을 찾긴 했지만, 세를 얻기는 힘들었다. 방을 구하려면 앞으로 그 집에서 같이 지낼 사람들과 인터뷰를 해야 했다. 그 인터뷰를 통해 그들은 내가 같이 살아도 문제가 없을 사람인지 판단했다. 당시 내가 인터뷰를 한 사람들은 유럽인들이었는데, 나는 그들에게 좋은 인상을 주기 위해 옷을 잘 차려입고 박사 과정인 내 신

1 영국 남부의 해안 도시.

분을 드러낼 수 있는 명함을 준비했다. 인터뷰가 끝나고 그들은 며칠 이내에 연락을 주겠다고 했지만, 끝내 연락은 오지 않았다. 나는 내가 거절당한 이유가 정확히 무엇인지 몰랐다. 하지만 노란 피부를 가진 내가 그들과는 섞일 수 없는 '이방인'으로 여겨졌다는 것을 그들의 눈빛과 말투를 통해 어렴풋이 짐작할 수 있었다.

기억 3: 한국인의 저력

동남아시아학 석사 과정에서는 동남아 현지어 수업이 필수과목이었다. 학부 시절 인도네시아어를 전공한 나는 아무런 주저 없이 인도네시아어를 선택했다. 나를 포함해 열 명 정도의 학생이 그 과목을 수강했는데, 초급 수업인지라 당연히 내가 돋보일 수밖에 없었다. 이를 본 교수는 한국인은 정말 열심히 공부한다며 수업 시간 중에 나를 치켜세워주었고, 덕분에 항상 즐거운 마음으로 수업에 임하곤 했다. 어느 날 교수가 강의실에 들어오더니, 곧바로 전날 밤에 있었던 동계 올림픽 쇼트트랙 경기 이야기를 했다. 당시 한국 대표팀은 여자 개인 결승에서 1, 2, 3등으로 결승선을 통과하는 쾌거를 이루었고, 이에 그는 '원더풀 코리아'를 외치고 있었던 것이다. 그 이야기를 들으며 나는 내심 한국인의 근면한 민족성에 대한 칭찬이 이어지겠구나 하고 생각했다. 하지만 교수가 덧붙인 말은 나의 기대에서 철저히 벗어났다. 그는 한국은 개고기를 먹는 나라이며 그래서 좋은 성적을 거둘 수 있었다고 말하면서 미개인을 쳐다보듯 나를 바라보았다.

이 세 개의 짧은 에피소드는 영국 유학 생활 중의 내 기억을 옮긴 것이다. '이방인'으로 살아가던 나에게 그곳은 낯설고 고통스러운 장소였다. 어릴 때부터 그들의 선진 문화를 동경했고 그곳에서의 근사한 유학 생활을 기대했던 나에게 '차별'과 '무시'의 경험은 적지 않은 충격이었다. 그럴 때면 누가 영국을 신사의 나라라고 했는가? 라며 그들을 탓하기도 하고, 내가 영어를 조금 더 잘했으면 어땠을까 혹은 내가 그들처럼 파란 눈에 하얀 피부를 가졌어도 이런 차별과 무시를 당했을까 하며 나를 자책하기도 했다. 그런 생각들 끝엔 빨리 공부를 마치고 한국으로 돌아가 지금 이곳에서 겪는 설움과 어색함을 더 이상 느끼지 말자고 다짐했다.

하지만 이제는 더 이상 그때의 기억들을 상처로 생각하지 않는다. 이방인으로서 경험했던 많은 일들은 인도네시아 이주민을 연구하는 학자로서 내가 분석해야 할 과제가 되었다. 박사 과정 동안 나는 내 연구대상자인 인도네시아 이주민과 함께 생활하면서 인도네시아 이주민들이 한국 사회에서 경험하는 차별과 배제 그리고 그것을 극복하기 위한 노력을 연구주제로 설정하고 오랜 기간 현장조사를 수행했다. 한 발짝 떨어져 그들을 관찰하기도 했고, 때로는 참여자로서 그들의 일상을 경험했다. 인도네시아 이주민들이 한국에서 겪고 있는 상처와 그것을 극복하는 과정을 현장에서 마주하면서 나는 그들과 나를 둘러싼 사회의 분위기를 좀 더 객관적이고 분석적으로 바라볼 수 있게 되었다. 이 글은 그것에 대한 짧은 기록이다.

이야기 둘: 초대 받지 못한 자들의 삶

차가운 시선들

한국으로 이주한 인도네시아 사람들이 일상을 통해 느끼는 한국인들에 대한 인상은 차가움이다. 대부분의 한국인들은 그들을 그저 가난한 나라에서 온 불쌍한 사람으로 여기지만 그런 인식 뒤에는 '그들은 열등하고 우리는 우월하다'는 인종차별적인 태도가 숨어 있으며, 이런 태도는 결국 한국 사회에서 인도네시아 이주민들을 향한 '무시'와 '차별'을 만들어내는 기제로 작용하고 있다.

> 한국인 친구요? 없어요. 내 생각엔 한국 사람들이 우리를 싫어해요. 지하철에서 내 옆자리가 비어 있어도 앉지 않고 다른 먼 쪽의 자리를 찾아가요. 〔쓴 웃음을 지으면서〕
>
> —공장 노동자 M씨

> 공장 일이 힘들어도 나는 한국 사랑해요. [...] 한국인 친구 만들고 싶어요. 그래서 왕십리 한국어 학원도 열심히 다니고 또 한국인 여자 친구도 사귀고 싶어요. 그런데 한국 사람들 우리 안 좋아하는 거 알아요. 우린 돈도 없고 한국 사람하고 다르니까.
>
> —찌르본 출신 웬디

이들이 일상에서 겪는 '차별'과 '무시'는 직장생활을 통해 더욱더

구체화된다. 한국인 관리자들은 인도네시아 사람들의 검은 피부, 어눌한 한국어 그리고 미숙한 업무 능력을 탓하며, 그들을 향한 '차별'과 '홀대'는 그렇게 정당화된다.

> 공장에 한국 사람 있어요. 그렇지만 그냥 아는 사람이지 친구는 아니에요. [...] 한국 사람은 우리에게 일을 시키고, 우리는 그냥 일하는 사람이죠. 괜찮아요. 하지만 실수하면 한국 사람들이 "검둥이 새끼야"라고 욕해요. 그러면 슬퍼요. [...] 나 인도네시아 사람이라서 한국말 잘 못 알아듣고 공장 일이 처음이니까 실수한 건데……
>
> —공장 노동자 M씨

> 처음 한국에 왔을 때, 저는 의정부에 있는 공장에서 일을 했어요. [...] 당시에 인도네시아 사람 세 명과 같이 일했는데, 우리 모두 한국말을 잘 못했어요. 한국 사람들이 우리가 한국말 못하는 거 알고 욕 많이 했어요. 그럴 때 나는 그들과 싸우고 싶었는데 그럴 수 없잖아요. 내가 한국말을 잘 못하니까.
>
> —공장 노동자 U씨

시간이 흘러가면서 인도네시아 이주민들은 한국어 구사에 익숙해지고 공장 일에도 적응해간다. 하지만 그들은 인도네시아와 다른 한국의 직장 내 문화로 인한 심리적·육체적 어려움을 호소한다.

> 공장에서 반장이 제일 많이 하는 말이 '빨리빨리'예요. 일 빨리 못하면 욕을 해요. 이거 인도네시아와 달라요. 천천히 하는 것이 인도네시아 방식인데 [...] 이거 잘못된 거잖아요. 그 사람은 한국 사람이고 나는 인도네시아 사람이니까 문화가 다르잖아요. [...] 한국 사람들도 오래전에 독일에서 그리고 사우디아라비아에서 우리처럼 일했고 우리와 같은 문제 있었을 텐데, 우리한테 왜 그래요?
>
> —공장 노동자B씨

이런 부정적인 경험을 통해 인도네시아인들은 한국인들이 자기들을 '하찮은 존재'로 여긴다는 것을 깨닫게 되며, 차별과 멸시로 인해 낮아진 자존감과 문화적 차이에 의해 생겨난 피로감을 해소하기 위한 삶을 만들어간다.

고향에서 생활하기: 일상에서 문화적 피로감 해소하기

안산 원곡동은 이주민 친화적인 공간으로 평가받는다. 인도네시아 이주민들은 원곡동의 여러 상점에서 생활에 필요한 본국 생필품들을 손쉽게 구할 수 있다. 이주민의 거주 비율이 한국인보다 높아 한국 사람들의 눈치를 보지 않고 지낼 수 있는 해방 공간이기도 하다. 그래서 주중에 안산이 아닌 다른 지역에서 일하는 인도네시아 이주민들은 주말을 이용해 '고향 분위기'를 느끼기 위해 원곡동을 방문한다.

그들은 원곡동에서 스스로 '고향집'이라고 부르는 곳에서 주말을 보낸다. 현장조사 기간 중 내가 첫번째로 방문한 '고향집'은 지하에 위치해 있었으며 방 두 개와 주방, 화장실이 갖춰져 있었다. 방으로 들어서니 수많은 베개와 이불들이 눈에 들어왔지만 신발·칫솔·접시와 같은 다른 생필품은 얼마 보이지 않아, 그곳에 거주하는 인도네시아 이주민에게 질문을 던졌다.

필자: 이 집에 몇 명이 살고 있어요?
조니: 세 명이요. 그런데 금요일 저녁이 되면 경기도 각지에서 고향 친구들이 와요. 토요일 잔업이 있는 사람을 빼고요. 그러면 열 명이 넘는 사람들이 여기서 지내요.

인도네시아인들은 원곡동에 같은 고향 출신 사람들과 함께 지낼 수 있는 공동 주거지를 형성하고 있다. 이를 '계약한Kontrakan 집Rumah'이라는 뜻의 '루마 꼰뜨라깐Rumah Kontrakan'이라고 부르기도 한다. 대부분의 구성원들이 안산이 아닌 수도권 혹은 지방에 거주하기 때문에 주중에는 한두 명이 이곳에서 지내고, 주말인 금요일 저녁부터 일요일 저녁까지는 다수의 사람들이 머무는 장소로 활용된다. 이곳에 거주하면서 출퇴근하는 사람들이 집을 유지하는 데 드는 월세·전기요금·수도요금 등을 부담하지만, 주말에 이곳을 활용하는 구성원들이 매월 일정한 금액을 모금해 경제적 부담을 나눔으로써 이곳을 원곡동 내 자신들의 '고향집'으로 안정적으로 유지할 수 있게 된다.

사진 1 원곡동의 루마 꼰뜨라깐에서 주말 저녁을 보내는 인도네시아 사람들의 모습, 2011년

이곳에서 그들은 '한국적 상황'에서 완전히 벗어날 수 있었다. 모임에서 그들은 한국어가 아닌 그들의 언어로 일상을 이야기했으며 매일 공장 식당에서 먹는 한국 음식 대신 직접 요리한 음식을 먹으며 미소 지었다. 또한 모임 시작 •시간이 한참 지났음에도 조급해하는 사람이 아무도 없었다. 내가 "왜 빨리 모임을 시작하지 않아요?" 라고 묻자, 무리 중 한 사람이 대답했다. "이것이 고무 시간, 잠까렛 Jam Karet이에요. 인도네시아 사람들은 약속 시간이 고무처럼 늘어날 수 있다고 생각해요 그래서 시간 지키는 것을 잊고 편안히 있을 수 있어요." 모두 모여 모임을 시작하기까지 한 시간이 넘게 걸렸다. 그들은 한국이 아니라 마치 고향에 있는 것처럼 기나긴 주말 밤을 즐기고 있었다.

인도네시아 만들기: 자존감 세우기[2]

인도네시아 이주민들은 종족과 출신 지역에 바탕을 둔 공간 만들기와 더불어 인도네시아라는 보다 큰 범주 아래 원곡동 내에 거점을 구축하기 위해 노력했고, 그 결과로 인도네시아 이슬람 사원을 건립했다. 하지만 그 이슬람 사원은 폐쇄적인 루마 꼰뜨라깐과는 달리 누구나 드나들 수 있는 공적 공간이었다. 사원을 방문한 어느 날, 건물로 들어가기 전 입구에서 한 인도네시아인을 보았다. 그는 내 앞에서 계단을 오르고 있었는데, 2층에 도착하자 의심스러운 눈

2 이 글은 「동남아시아연구」 제26권 1호(2016)에 게재된 글을 수정·보완한 것이다.

초리로 나를 훑어보았다. 나는 대수롭지 않게 여기며 계속 계단을 올랐고, 그의 의심스러운 눈길은 4층에 위치한 사원에 도착할 때까지 계속되었다. 그곳에 있던 몇몇 인도네시아인들이 나를 반갑게 맞이하는 것을 보고 나서야 나에 대한 경계를 푸는 듯했다. 사원에서 함께 저녁 식사를 나누던 중 나는 그 상황에 대해 질문을 했고, 한 인도네시아인이 다음과 같이 대답해주었다.

> 며칠 전에 경찰이 왔었어요. 사원 명의로 된 통장에 대해 물었는데, 당시에 불법체류자 몇 명이 있었거든요. 그 사람들 경찰이 와서 무서워했죠. 잡혀갈까봐. [...] 아까 그 사람도 똑같은 기분이었을 거예요.
>
> —공장 노동자 R씨

인도네시아 이주민들은 그들이 지내는 사원이 안전한 장소가 아니라는 것을 느끼고 있었다. 그들이 세를 얻어 지내는 그 건물에는 그들이 아닌 다른 사람들을 위한 시설들도 입점해 있으며, 경찰의 단속에 노출될 가능성도 있었다. 그렇기 때문에 외부인의 존재로부터 자유로울 수 있는 그들만의 공간을 원하고 있었다.

> 인도네시아 애들이 사원을 운영하고 있지만 [...] 걔네들이 꼭 자기 건물을 가지고 싶어해서 제가 좀 도와줬어요. [...] 원곡동에 적절한 장소를 알아봐달라고 했는데, 아시잖아요? 근래에 원곡동 땅값이 많이 오른 거. 그래서 걔네들이 아직 괜찮은 장소를 찾지 못했어요.

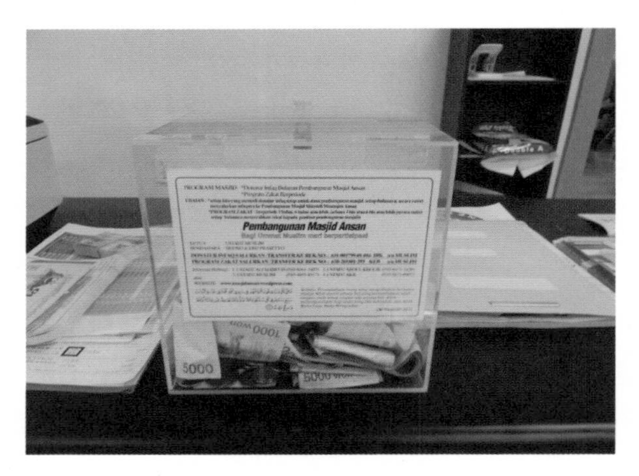

사진 2 안산 인도네시아 이슬람 사원 건립을 위한 모금함, 2011년

[…] 한 삼 년 전인가, 그때부터 사원 짓는다고 모금을 하긴 했어요.

—인도네시아 식당 한국인 사장 P씨

내가 안산에 머무르는 동안 사원 건립을 위한 모금이 진행되고 있었다. 원곡동에 위치한 인도네시아 식당 열두 곳에서 손님들을 대상으로 모금 활동이 이루어지고 있었으며, 사원 관계자들은 다양한 채널을 동원해 인도네시아 이주민들에게 자동이체를 통한 기부를 독려하고 있었다. 그 결과 약 2억 원의 금액이 모였는데, 나의 주 정보제공자는 모금 활동의 동기를 아래와 같이 설명했다.

인도네시아에는 어딜 가나 이슬람 사원이 있어요. 이슬람 사원이 없다는 것은 우리에게 상상할 수 없는 일이죠. 하지만 지금 우리는 한국에 있고, 여기 있는 사원도 인도네시아에 있는 사원들과는 달라요. […] 우리 인도네시아 사람이니까 (사원을 짓는 데) 힘을 모아야죠.

—공장 노동자 W씨

인도네시아 이주민들은 한국 사회에서 '친숙함'과 '안정감'을 느끼지 못하며, 이는 한국 사회에서 '인도네시아'의 부재로 여겨진다. 이런 감정이 독립적인 공간에서 누구에게도 방해받지 않고 종교 활동을 할 수 있는 인도네시아 사원 건립을 위한 이주민들의 노력으로 이어졌다. 한국 사회에 '온전한 인도네시아'를 만들어냄으로써 자신들의 존재를 확인하려는 시도인 것이다.

인도네시아 이슬람 사원 건립을 준비하는 과정에서 이들이 느낀 감정이 인도네시아인으로서의 존재감 확인이라면, 사원이라는 물리적 공간은 인도네시아라는 실체를 마주할 수 있는 공간이었다. 라마단 금식 기간의 마지막 날, 나는 사원을 방문했고 몇몇 인도네시아 이주민들을 만날 수 있었다. 다음날 있을 이둘 피트리Idul Fitri 행사를 위해 전국 각지에서 사원을 방문한 사람들이었다. 인도네시아에서는 도시 근로자들이 단식 기간이 끝나는 날인 이둘 피트리를 가족과 함께 보내기 위해 고향으로 돌아간다. 하지만 한국에 머무르고 있어 고향에 돌아갈 수도 가족을 만날 수도 없는 그들은 큰 행사를 치르기 위해 방문한 이곳에 다음과 같은 상징성을 부여한다.

> 한국에 온 지는 4년 되었어요. 지금은 제주도에 살고 있는데, 매년 안산에서 열리는 이둘 피트리 행사에 참여해요. […] 비행기를 타고 인천에 와서 버스 타고 안산에 도착했어요. 돈이 많이 들었지만 나에겐 여기가 인도네시아예요. 그래서 왔어요. 저기 보면 인도네시아 국기 상 메라뿌띠Sang Merah Putih도 있고…… 인도네시아 사람들도 많고……
>
> —어업 노동자 S씨

행사에 참여하기 위해 전국에서 모인 인도네시아인들은 그들만의 사원에서 인도네시아의 실체를 확인함과 동시에 이둘 피트리라는 종교 행사를 통해 인도네시아 사람으로서의 자긍심을 고취한다. 다음날 원곡동 광장에서는 인도네시아 이슬람 사원의 주관으로 이둘 피트리 행사가 열렸다. 이른 아침부터 송꼭songkok과 질밥jilbab[3]을 단정하게 착용한 인도네시아 이주민들이 삼삼오오 모여들기 시작하더니, 얼마 지나지 않아 행사장은 이들로 가득 찼다. 7시에 시작한 행사는 약 한 시간가량 계속되었고, 모든 행사가 끝난 뒤 나는 사원에서 준비한 도시락을 인도네시아 이주민들과 함께 먹으며 행사에 대한 이야기를 나눌 수 있었다.

> 안산에서 이둘 피트리를 보내는 거 이번이 세번째예요. 가족들이 멀리 떨어져 있어 슬프지만 여기 오면 항상 힘이 나요. 많은 인도네시아 사람들이 금식 기간을 잘 견뎌내고 만나서 서로를 격려하는 모습을 보면서 이곳 생활이 힘들지만 나도 잘할 수 있으리란 생각이 들어요.
>
> —공장 노동자 N씨

행사가 끝나고 며칠이 지나 한 인도네시아 이주민의 소셜미디어에 영상 하나가 올라왔다. 영상에는 이둘 피트리 행사가 있었던 그날의 모습들이 생생이 담겨 있었는데, 영상의 말미에 조용한 색소폰 연주를 배경으로 아래와 같은 내레이션이 흘러나왔다.

---

3 '송꼭'은 인도네시아 남자들이 쓰는 모자, '질밥'은 이슬람권 여자들이 옷 위에 걸치는 천이다.

사진 3 원곡동 광장에서 열린 이둘 피트리 행사, 2011년

우리는 무슬림임을 자랑스러워해야 합니다.
우리는 인도네시아인임을 자랑스러워해야 합니다.

외국에 있어 많은 어려움을 맞이하더라도
우리는 가족을 위해 일해야 합니다.
우리는 인도네시아를 위해 일해야 합니다.
그리고 우리는 이상을 위해 일해야 합니다.

언제나 힘을 내요, 내 친구여,
성공을 위하여.

이 영상 아래의 댓글 중 하나에는 다음과 같이 쓰여 있었다. “다들 한국 생활을 잘 견뎌줘서 자랑스러워요. 내년에 다시 만나요.”

이야기 셋: 그리고 우리

인류학은 타자를 통해 나를 발견하는 것이라고 레비노가 말했던가? 이 말처럼 내가 원곡동에서 만난 인도네시아 이주민들은 영국에서 이주민으로 살아가던 나의 모습과 너무도 닮아 있었다. 한국에서 당한 차별과 멸시에 대해 슬프게 이야기하던 사람들, 한국에서 숨어 지내듯 그들만의 삶을 영위하는 공간들, 자신의 정체성을 확인하며 한국 사회에서 살아가야 할 이유를 찾는 모습들은 내가 현장조사를 하고 논문을 쓰는 동안 그리고 심지어 현재까지도 영국에서 생활하던 내 모습을 떠올리게 한다.

인도네시아 이주민들이 고향 사람들과의 정기적인 만남을 통해 일시적으로나마 고향 분위기를 만끽하려고 노력했듯이, 나 또한 유학 생활 중 한인 모임에 참 많이 참석했었다. 금요일 밤이면 동년배 한국인 친구들과 모임을 가졌고, 토요일에는 한인 축구회 모임에 달려갔으며, 비록 기독교인은 아니었지만 한인 교회에 가는 일 또한 생활의 일부였다. 같은 문화적 배경을 가진 한국인들과 함께할 수 있었던 그 모임들은 유학 생활 중 나에게 '영국적인 환경'에서 벗어날 수 있는 유일한 탈출구였다.

그뿐만 아니라 나는 '한국'이라는 이름에 기대어 그곳에서 버텨야 할 이유를 찾았다. 런던을 방문할 때마다 피카딜리 서커스에서 낯익은 한국 기업의 광고판들을 찾았고, 한국인 프리미어 리거들이 좋은 경기력을 보인 날이면 현지 언론의 호평을 찾느라 바빴다. 런던 올림픽이 열린 해에는 한국 선수들을 응원하기 위해 런던 그리고 브라이턴에서 한국인들과 잦은 모임을 가졌고, 그들이 우리가 머무는 그 땅에서 좋은 성적을 거두면 기쁨에 겨워 밤새 술잔을 기울이기도 했다. 돌이켜보면 내가 '한국'이라는 이름에 기대려 노력했던 것은 그곳에서 생활하면서 무너졌던 자존심을 회복하는 하나의 방법이었다. 그곳에서 나는 원곡동에서 만난 인도네시아 사람들처럼 한국을 상징하는 실체를 찾으러 다녔으며, 타국 땅에서 성공을 거두는 한국 사람들을 보면서 그들이 그랬듯이 나도 나를 다시 일으켜 세울 수 있었다.

인도네시아 이주민들은 나에 의해 조사되고 기술된다는 점에서 '타자'였다. 하지만 '보다 나은 삶'을 위해 고향을 떠나 타국에서 삶을 지탱하는 모습을 보면서 그들이 나에게 더 이상 '타자'가 아니라는 것을 깨달았다. 그러면서 내가 이방인으로서 느꼈던 아픔도 서서히 잊혀갔다.

박장식 부산외국어대학교 동남아창의융합학부 교수 겸 동남아지역원장. 한국동남아학회 회장 역임 · 인도 바나라스힌두대학교 언어학 박사

김예겸 부산외국어대학교 동남아지역원 HK교수 · 영국 헐대학교 동남아시아학(사회인류학) 박사

이미지 부산외국어대학교 동남아지역원 HK연구교수 · 일본 교토대학 지역연구 박사

이지은 부산외국어대학교 동남아지역원 HK연구보조원 · 부산외국어대학교 글로벌지역학과 박사과정 재학

김인아 동아대학교 동아시아연구원 조교수 · 부산대학교 국제학 박사

김수남 부산외국어대학교 동남아지역원 HK연구보조원 · 부산외국어대학교 글로벌지역학과 박사과정 재학

강민지 싱가포르 국립대학 역사학과 박사과정 재학

김동엽 부산외국어대학교 동남아지역원 HK교수 · 국립 필리핀대학교 정치학 박사

김희숙 부산외국어대학교 동남아지역원 HK연구교수 · 전북대학교 문화인류학 박사

김형종 연세대학교 원주캠퍼스 국제관계학과 부교수 · 말라야대학교 정치학 박사

신재혁 고려대학교 정치외교학과 부교수 · UCLA 정치학 박사

황규희 부산외국어대학교 동남아창의융합학부 교수 · 동아대학교 정치학 박사

이소정 부산외국어대학교 동남아지역원 행정실장 · 부산외국어대학교 동남아시아학 석사

박광우 부산외국어대학교 동남아창의융합학부 조교수 · 영국 서식스대학교 인류학 박사

엮은이 **박장식**

한국외국어대학교 인도어과를 졸업하고 일본 오사카외대를 거쳐 인도 바나라스힌두대학교에서 언어학 박사학위를 받았다. 현재 부산외국어대학교 동남아창의융합학부 교수 및 동남아지역원장으로 재직하고 있다. 2013년에서 2014년까지 한국동남아학회장(12대)을 역임한 바 있다. 미얀마어의 음운론 및 문법 연구를 시작하여 미얀마를 비롯한 동남아 전반에 걸친 예술문화를 집중적으로 연구하고 있다. 『동남아 문화 이야기』(편저), 『동남아의 예술 세계』(공역), 『동남아의 역사와 문화』(공역), 『줌인 동남아시아 1』(편저), 『현대 미얀마어 기초어휘집』 등의 저서를 출간하고 다수 논문을 발표했다

동남아 문화 돋보기

1판 1쇄 찍음 2019년 5월 23일
1판 1쇄 펴냄 2019년 5월 30일

엮은이 박장식
펴낸이 정성원 · 심민규
펴낸곳 도서출판 눌민

출판등록 2013. 2. 28 제25100-2017-000028호
주소 서울시 마포구 월드컵로10길 37, 서진빌딩 401호 (04003)
전화 (02) 332-2486 팩스 (02) 332-2487
이메일 nulminbooks@gmail.com

Printed in Seoul, Korea

ISBN 979-11-87750-25-3 03910

• 이 저서는 2009년도 정부재원(교육과학기술부 학술연구조성사업비)으로 한국연구재단의 지원을 받아 연구되었습니다 (NRF-2009-362-B00016).